ENFANTS NÉS HORS MARIAGE

EN DROIT ROMAIN
ET DANS L'ANCIEN DROIT

ET

SPÉCIALEMENT DE LA

CONDITION DES ENFANTS NATURELS

AU POINT DE VUE DU DROIT DE FAMILLE

D'APRÈS LE CODE CIVIL

PAR

JOSEPH MIGNONAC

AVOCAT A LA COUR D'APPEL DE PARIS

PARIS

F. PICHON, IMPRIMEUR-LIBRAIRE

14, RUE CUJAS, 14

—

1875

THÈSE

POUR LE DOCTORAT

DES ENFANTS NÉS HORS MARIAGE

EN DROIT ROMAIN
ET DANS L'ANCIEN DROIT

ET

SPÉCIALEMENT DE LA

CONDITION DES ENFANTS NATURELS

AU POINT DE VUE DU DROIT DE FAMILLE

D'APRÈS LE CODE CIVIL

THÈSE POUR LE DOCTORAT

PAR

JOSEPH MIGNONAC

AVOCAT A LA COUR D'APPEL DE PARIS

L'acte public sur les matières ci-après sera soutenu
jeudi 15 mars 1875, à 2 heures

PRÉSIDENT : M. BUFNOIR,

SUFFRAGANTS :
MM. DEMANTE,
GÉRARDIN,
LEVEILLÉ,   PROFESSEURS.
GLASSON,   AGRÉGÉ.

PARIS

F. PICHON, IMPRIMEUR-LIBRAIRE,

14, RUE CUJAS ET 7, RUE VICTOR-COUSIN

1875

A MON PÈRE

A MA MÈRE

A MA SŒUR ET A MON BEAU-FRÈRE

DROIT ROMAIN

NOTIONS GÉNÉRALES
SUR LE CONCUBINAT

Dès l'origine même de la cité romaine on trouve la population divisée en deux classes profondément séparées : les patriciens et les plébéiens. Les premiers, descendants des conquérants qui avaient accompagné Romulus, possédaient toute l'influence politique, étaient seuls admis aux charges et aux honneurs. Les plébéiens bien plus nombreux, race formée des habitants du pays conquis et de la foule d'étrangers ou de fugitifs qui avaient profité du droit d'asile, étaient exclus de toutes les magistratures, de toutes les fonctions publiques. Les lois et les mœurs avaient organisé le patriciat comme une aristocratie fermée ; le mariage qui aurait pu rapprocher et confondre les deux classes avait été rigoureusement prohibé entre elles. Cicéron prétend que cette prohibition datait de la loi des Douze-

1

Tables; elle était contenue dans une des tables supplémentaires que les seconds décemvirs rédigèrent pour compléter l'œuvre de leurs prédécesseurs (1). Mais tout porte à croire qu'elle remontait bien plus haut, et nous n'hésitons pas à dire qu'elle était aussi ancienne que la distinction même des deux ordres (2).

Au-dessous des plébéiens étaient encore relégués les affranchis naguère marqués du sceau de l'esclavage. La loi les déclarait incapables d'aspirer aux honneurs et indignes du service militaire, et elle leur défendait de s'unir en mariage avec des ingénus. Tite-Live rapporte que lorsque le Sénat voulut récompenser l'affranchie Hispana Fécennia d'avoir révélé au consul Postumius les mystères secrets des Bacchanales, il lui accorda la faveur d'épouser un homme d'origine ingénue (3).

Il est probable que c'est dans ces antiques prohibitions ou plutôt dans l'organisation sociale dont elles dérivaient, dans les idées et dans les mœurs dont elles furent l'expression, qu'on doit chercher l'origine du concubinat. En effet il dut arriver

---

(1) Cicéron, *De republicâ*, II, 37; cf. Tite-Live, *Hist. rom.*, IV, C. 3 et 4; Denys d'Halicarnasse, X, 60.

(2) « La plèbe, dit M. Fustel de Coulanges, était une population méprisée et abjecte, hors de la religion, hors de la loi, hors de la société, hors de la famille. Les décemvirs dans leurs dix premières tables avaient oublié d'interdire le mariage entre les deux ordres, c'est que ces premiers décemvirs étaient tous patriciens, et qu'il ne vint à l'esprit d'aucun d'eux qu'un tel mariage fût possible. » *La cité antique*, liv. IV, ch. 2, p. 280.

(3) Tite-Live, *Hist. rom.*, liv. XXXIX, C. 19.

qu'un patricien ou un ingénu ordinaire, épris d'une vive affection pour une femme que l'opinion publique et la loi elle-même lui interdisaient d'épouser entretint avec elle des relations régulières et suivies. Le caractère permanent et stable de ces unions ne permit pas de les assimiler aux liaisons coupables et passagères que la morale flétrit si justement : et si aux yeux de la loi la concubine ne pouvait être qu'une maîtresse ordinaire, du moins elle n'était ni déconsidérée ni méprisée dans la société. Aimée d'un homme qu'il lui était impossible de prendre pour époux et répondant elle-même à son amour, elle avait refusé de n'être qu'un instrument de plaisirs passagers : elle avait consenti seulement à partager sa destinée, à associer son existence à la sienne. Ainsi le concubinat prit place peu à peu à côté du mariage légitime, des *justæ nuptiæ* dont il devint en quelque sorte l'image et la copie. Nous savons qu'il existait à cette époque d'autres unions distinctes des justes noces qui n'avaient rien d'illicite ni même de honteux. Ainsi le mariage civil était impossible soit entre esclaves, soit entre Romains et étrangers ; mais entre ces personnes il pouvait se former des unions stables et régulières, parfaitement licites et honorables. Si on eur refusait la qualification de *justæ nuptiæ*, c'était uniquement à cause de la différence de nationalité ou de la condition servile des conjoints. Nous pensons qu'il en fut de même pour le concubinat; s'il ne produisait aucun effet juridique cela tenait à l'inégalité de condition sociale qui séparait le patricien de la plébéienne et l'ingénu de l'affranchie.

Il est vrai que peu de temps après la promulgation des Douze-Tables, le tribun Canuléius fit admettre le *connubium* entre patriciens et plébéiens; mais le mariage ne prit pas pour cela la place du concubinat. L'esprit de caste était encore trop vivace chez les patriciens; aux barrières que la loi venait de renverser leur orgueil substitua des obstacles non moins infranchissables. La religion leur faisait d'ailleurs un devoir de conserver leur race pure de toute souillure; les unions que Canuléius avait pu rêver leur paraissaient monstrueuses(1); et il est probable qu'ils continuèrent à s'en abstenir. D'ailleurs le mariage demeura défendu entre ingénus et affranchis, et le maintien de cette prohibition suffirait à expliquer la persistance du concubinat.

Du reste nous n'avons sur cette question que des renseignements fort incomplets, et nous sommes réduits à de pures conjectures. Le langage des auteurs nous montre même que le sens des mots n'était pas rigoureusement fixé. D'après Massurius Sabinus le mot *concubina* est une qualification un peu plus honnête que *pellex* ou *amica*, qui sert à désigner la femme vivant avec un homme dont elle

______

(1) Quam enim aliam vim connubia promiscua habere, nisi ut ferarum prope ritu vulgentur concubitus plebis patrumque? Tite-Live liv. IV, c. 2).

n'est pas l'épouse : « Libro memoralium Massu-
» rius scribit, pellicem quæ, cum uxor non esset,
» cum aliquo tamen vivebat : quem nunc vero no-
» mine amicam, paulo honestiore concubinam
» appellari (1). » Nous trouvons cette expression
employée assez fréquemment dans le théâtre de
Plaute; la concubine paraît avoir été de son temps
placée dans une situation intermédiaire entre la
courtisane et la femme mariée. Dans le *Trinummus*
un personnage demande la main d'une jeune fille
à son frère; celui-ci refuse avec indignation, parce
qu'il n'est pas assez riche pour la doter. S'il accé-
dait à cette demande sa sœur passerait pour une
concubine, et non pour une épouse et il encourrait
le mépris public.

« Meam vis sororem tibi dem; suades sine dote
» hoc non convenit nolo mihi te tam prospicere,
» qui meam egestatem leves sed ut inops infamis
» ne sim, ne mihi ham famam disferant me germa-
» nam meam sororem in concubinatum tibi sic sine
» dot dedisse magis quam in matrimonium (2). »

Dans deux autres passages, le même auteur nous
montre un individu achetant une esclave, dans
l'intention de l'affranchir et d'en faire sa concubine (3). Or, il est évident que si l'acheteur voulait
faire de cette esclave un simple objet de son caprice,

(1) L. 144. Dig., *De verborum significatione*, 50, 16.
(2) Trinummus acte III, sc., 2, v. 738 et suiv.
(3) Epidicus acte III, sc., 4. v, 443; *Pœnulus præmium* v, 102.

il n'avait nul besoin de l'affranchir ; s'il la prend pour concubine, c'est parce que la loi lui défend de l'élever au rang d'épouse. Mais d'un autre côté, à une époque postérieure, Cicéron applique le mot de concubine à la maîtresse d'un homme marié non légalement divorcé, c'est-à-dire à une femme qui entretient un commerce illicite et criminel (1). Nous concluons de là que cette expression n'avait pas encore la signification précise et technique qu'elle devait acquérir plus tard. En fait, l'opinion mettait généralement la concubine au-dessus de la courtisane, mais en droit, rien ne les distinguait tant que le concubinat n'avait été réglé par aucune disposition législative.

Nous avons hâte d'arriver à une période moins éloignée, où ces incertitudes vont se dissiper, et où il nous sera possible de marquer, d'après des textes positifs, le véritable caractère du concubinat. Ce furent sans doute les lois caducaires qui lui donnèrent sa règlementation juridique et qui consacrèrent son existence légale. L'origine et le but de ces lois célèbres sont connus de tout le monde. Vers la fin de la république, la corruption païenne était arrivée au dernier degré. Les habitudes de débauche qui ne faisaient que s'aggraver avec le raffinement de la civilisation eurent pour conséquence naturelle l'extension indéfinie du célibat. La passion du

____

(1) Cicéron, *De oratore* I, 40.

luxe détournait d'ailleurs les citoyens du mariage, par crainte des charges qu'entraîne la paternité. De là un décroissement rapide de la population ; tous les historiens signalent le mal et le déplorent, comme ils l'avaient jadis déploré en Grèce ; il semble, en effet, que la dépopulation ait été le résultat et comme le résumé des misères sous lesquelles la civilisation païenne devait succomber(1). Auguste essaya par les lois caducaires d'arrêter le progrès du mal. D'un côté, il voulut pousser au mariage et encourager les unions fécondes en prononçant des déchéances contre les célibataires et en accordant des récompenses aux pères de famille. De l'autre, il tenta de réorganiser la famille en rehaussant la dignité du mariage, et en maintenant autant que possible l'honnêteté du foyer conjugal ; dans ce but, il établit des peines sévères contre l'adultère, il défendit de contracter mariage avec des comédiennes, des courtisanes et, en général, avec des femmes notées d'infamie. Ces dispositions étaient renfermées dans la loi Julia, dont la teneur fut reproduite par la loi Papia Poppea, rendue quelques années après (2).

(1) Dureau de la Malle. *Économie politique des Romains*, liv. II, ch. VII et suivants.

(2) Ces lois avaient encore pour but d'enrichir le trésor impérial fort appauvri par les guerres civiles. Ce motif est clairement indiqué par Tacite : « Relatam deinde de (moderandâ) Papia Poppæa, quam » senior Augustus post Julias rogationes, incitandis cælibum pœnis » et augendo ærario sanxerat » (*Annales*, liv. III, ch. 25).

Ces tentatives de réforme rencontrèrent d'abord une vive résistance ; d'ailleurs, Auguste semblait mal préparé par les désordres de sa vie privée au rôle de restaurateur des bonnes mœurs. Le peuple romain qui avait assisté avec une muette indifférence au renversement de ses libertés civiles se révolta dès qu'on voulut toucher à ses vices, et au témoignages de Suétone, des comices tumultueux rejetèrent le projet du Sénat (1). Le prince recula pour mieux prendre ses mesures, et il réussit bientôt à faire passer le projet de loi. Peut-être est-ce dans le projet ainsi accordé que le concubinat trouva place ; l'empereur permit à ceux qui ne voudraient pas s'engager dans les liens du mariage, de ne pas briser des unions qui leur étaient chères, en gardant à titre de concubines des femmes qu'ils ne voulaient ou ne pouvaient épouser.

Nous ne connaissons pas la teneur des lois caducaires, mais il paraît certain qu'elles se sont occupées du concubinat. Deux des textes qui sont insérés dans le titre du Digeste qui lui est consacré, sont extraits de commentaires composés par Paul et Ulpien sur les lois Julia et Papia (2), Bien plus, le jurisconsulte Marcien nous dit formellement que le concubinat a reçu son nom deslois : *concubinatus per leges nomen assumpsit* (3) ; or, tout le monde

---

(1) Suétone, Octave 34 ; cf., Gide, *Étude sur la conduite privée de la femme*, p. 170.

(2) L. 1 et L. 2, Dig., *De concubinis*, 25, 7.

(3) L. 3, § 1, *De concubinis*, ibid.

reconnaît que cette expression *leges*, ainsi employée isolément, sert à désigner les lois caducaires. Hei neccius, dans son commentaire sur les lois Julia et Papia, prétend que le concubinat était réglementé dans le chap. IV de la loi Papia Poppea, qui devait être à peu près ainsi conçu : « Quas personas per » hanc legem uxores habere non licet, concubinas » habere jus esto, ingenuam honestam in concu- » binatu habere jus ne esto. » (1) Cette restitution est reproduite à peu près dans les mêmes termes par M. Giraud (2).

Mais quel but Auguste se proposait-il, en organisant le concubinat ? Dans sa pensée, quelle place devait au juste être assignée à cette institution à côté du mariage ? C'est là un problème fort délicat et qui est demeuré assez obscur.

On a dit que l'empereur avait voulu accroître et favoriser l'immoralité, afin de mieux asservir les esprits, et on lui a reproché sévèrement d'avoir fait de la corruption un moyen de gouvernement en donnant à la débauche le caractère d'une institution (3). Nous ne croyons pas devoir nous arrêter longuement à défendre la mémoire de ce prince contre une autre aussi grave accusation. Tout dans

(1) Heineccii ad legem Julia et Papiam commentarius, lib. 1, cap. IV
(2) Novum Enchiridion. Legis Juliæ et Papiæ reliquiæ superstites frag., 4.
(3) Fernand Desportes. *Essai historique sur les enfants naturels* pp. 8, 15, etc.

ses lois témoigne de son désir, souvent impuissant, mais sincère de résister à la corruption. D'ailleurs, n'oublions pas qu'il a trouvé le concubinat depuis longtemps enraciné dans les mœurs ; les règles qu'il lui a données ont eu pour but de le régulariser de le purifier en quelque sorte. Il nous paraît exagéré de dire qu'il y avait là une institution immorale, car dans une législation où le divorce était admis sans aucune condition, le concubinat ne se distinguait en réalité du mariage que par un caractère social moins élevé. La concubine est une femme que l'obscurité de sa naissance ou les désordres de sa vie passée empêchent d'élever au rang d'épouse légitime, elle n'est pas associée aux honneurs et à la condition sociale de l'homme avec lequel elle vit ; mais elle partage son domicile, elle est tenue dans une certaine mesure à la fidélité conjugale, ell'. porte souvent le titre honorable de *matrona* ou de *mater familias*. Le concubinat n'est donc pas une simple liaison formée par le caprice ou la passion, c'est une union qui, grâce à l'appui de la loi, est quelquefois aussi heureuse et aussi durable que le mariage. On l'a souvent comparé au mariage morganatique, en usage dans la plupart des états allemands, cette comparaison nous semble assez exacte et assez propre à faire ressortir son véritable caractère. On pourrait le définir de la manière suivante : « La société que contractent deux personnes de sexe différent, dans le but d'imprimer un caractère de stabilité et en quelque sorte de moralité naturelle

à leur union sexuelle et aux rapports qui en dérivent » (1).

Nous ne voyons dans aucun texte qu'une pareille
union ait jamais eu pour l'homme un caractère
dégradant. Quant à la femme les textes nous disent
qu'elles se distingue de l'épouse légitime en ce
qu'elle est l'objet d'une affection moins respectueuse
et moins digne dans sa vivacité. *Concubina ab
uxore solo dilectu separatur. Concubinam ex sola
animi destinatione æstimari oportet* nous dit Paul(2).
La même idée est énoncée par Ulpien, lorsque
après avoir rapproché la situation de la concubine de celle de l'épouse, il ajoute: « *sane enim
nisi dignate nihil interest.* » (3) Enfin le concubinat
confinait de si près au mariage qu'on pouvait ét
re dans bien des cas embarassé pour les distinguer :
nous verrons qu'on recherchait alors si les personnes
unies étaient de même condition ou occupaient un
rang inégal dans la société.

C'est surtout entre ingénus et affranchis que
cette union était fréquente : c'était même pendant longtemps la seule qui leur fût permise. Nous
en rencontrons dans l'histoire plusieurs exemples
célèbres. Vespasien, au dire de Suétone, après la

---

(1) Cette définition se rapproche beaucoup de celle que donne
Mülhembruch : « Concubinatus est conjunctio quodammodo perpetua
inter virum et mulierem ad vitæ societatem venerisque consuetudi-
nem jure naturali inita. » (*Doctrina Pandectarum*, I, § 101).
(2) Paul, *Sentent.* II, 20; L. 4, *De concubinis*, 25, 7.
(3) L. 49, § 5, *in fine, De legatis* 3; L. 32.

mort de sa femme prit pour concubine l'affranchie Cænide qu'il avait autrefois aimée (1). De même Marc Aurèle, prit une concubine après la mort de sa femme Faustine, par ce qu'il ne voulait pas en se remariant donner une marâtre à ses nombreux enfants : « Concubinam sibi adscivit, ne tot liberis » superinduceret novercam. » (2) C'est encore à une union de ce genre que Constantin devait le jour. Son père Constance, général des armées romaines, avait contracté un concubinat avec une femme de basse condition, hôtelière suivant Saint Ambroise, nommée Hélène, qu'il devait répudier plus tard pour pouser la belle-fille de l'auguste Maximien Hecule (3).

Suivant une opinion longuement développée par M. Pilette (4) Auguste en autorisant spécialement le concubinat se serait proposé de mettre ceux qui adoptaient ce genre d'union à l'abri des déchéances infligées aux célibataires : les enfants *ex concubinatu* auraient mérité à leurs parents toutes les prérogatives attribuées à la paternité légitime.

M. Pilette range les divers priviléges de la paternité et de la maternité sous les trois dénominations suivantes : 1° Le *jus capiendi*, 2° le *jus caduca vindicandi* ; 3° le *jus liberum*.

<hr>

(1) Suétone. Vespasien, C. 3.
(2) Julius Capitolinus. *Vie de Marc-Aurèle*, cap. 8.
(3) Albert de Broglie. L'église et l'empire romain au IVᵉ siècle, 1ʳᵉ partie, *Règne de Constantin*, I. p. 189.
(4) Du concubinat chez les Romains, par M. Pilette. (*Revue historique de droit français et étranger*. 1865, t. XI, p. 209 et suiv., 331 et suiv.. 433 et suiv.).

Le *jus capiendi ex testamento* ou *solidi capacitas* permettait aux pères de famille de recueillir dans leur intégrité les libéralités testamentaires faites à leur profit.

Le *jus caduca vindicandi* ou *jus patrem* était le droit pour tous les *patres*, inscrits à un titre quelconque dans un testament, de recueillir préférablement aux fisc, les parts héréditaires caduques qui échappaient aux *cœlibes* et aux *orbi*.

Sous le non de *Jus liberum* on comprend divers avantages, la plupart honorifiques, que les lois accordaient aux gens mariés et ayant des enfants. Voici les principaux : Le citoyen père de famille était dispensé de l'obligation d'être *judex* (1). Celui qui avait un certain nombre d'enfants (ce nombre variait suivant la nationalité de l'individu, il était de trois pour le citoyen. de quatre pour le latin et de cinq pour l'habitant d'une province) pouvait s'excuser de la tutelle (2). Une disposition spéciale à la succession des affranhis les obligeait, s'ils étaient riches de plus de cent mille sesterces, à laisser à leur patron une partie de leur fortune; mais une faveur spéciale à l'affranchi père de trois enfants lui laissait l'entière disposition de son patrimoine (3). Aulu-Gelle nous apprend que celui des deux consuls qui avait le plus d'enfants pouvait

(1) *Frag.*, Vat., § 192.
(2) *Frag.*, Vatic., §§ 191 et 192.
(3) Gaius, *Comment.* III, § 42; Inst., §27. *De successione libert.* III, 3.

dans les cérémonies publiques prendre le pas sur
son collègue. (1). La maternité était de même
utile aux femmes à plusieurs points de vue. Elle
les exemptait de la tutelle perpétuelle à laquelle
elles étaient soumises, et par conséquent elles les
dispensait de la nécessité de recourir à l'*auctoritas* du
tuteur pour faire leur testament (2). Le sénatus
consulte Tertullien appelait la mère qui avait un
certain nombre d'enfants à leur succéder *ab
intestat* (3). Pour jouir de ces prérogatives il suffisait
à la femme ingénue d'avoir trois enfants; on en
exigeait quatre s'il s'agissait d'une affranchie.
Enfin la patronne qui était mère de famille avait été
investie à l'égal du patron, de droits de successions importants sur les biens de ses affranchis (4).

Tout le système de M. Pilette consiste à soutenir
que ces trois sortes de prérogatives étaient accordées
indifféremment à ceux qui avaient des enfants *ex
concubinatu*, et à ceux qui avaient des enfants légitimes. Voici comment procède le savant auteur.

Examinant d'abord le *jus liberorum* il prouve que
ce droit est indépendant de la puissance paternelle
puisque les femmes en jouissaient. Bien plus, dit-il
les femmes jouissaient de ce droit, quelle que fût la
qualité des enfants; on ne s'enquérait pas s'ils

(1) *Nuits attiques*, liv. II, ch. 15.
(2) Gaius, Comm. I, § 194; Comm. III, § 44.
(3) Paul, Sent., liv. IV, tit. IX, §§ 1, 7, 9.
(4) Gaius, Comm. III, §§ 50 et 52.

étaient légitimes ou naturels, il suffisait que leur filiation fût légalement constatée. Il devait en être de même pour les hommes, il suffisait que la paternité fût certaine et elle l'est en cas de concubinat. A l'appui de ce raisonnement M. Pilette invoque deux textes dans lesquels il croit trouver une confirmation péremptoire de sa conclusion (frag. vatic. § 194. L. 3, § 2. D. de excusation.)

Quant au *jus capendi*, M. Pilette établit qu'il était accordé aux femmes aussi bien qu'aux hommes. La preuve en est dans ce fait que les lois caducaires accordaient aux femmes veuves ou divorcées, un délai de deux ans (*vacatio biennii*), avant de contracter une nouvelle union, délai pendant lequel les lois leur faisaient remise des incapacités prononcées contre les célibataires: or la seule incapacité dont il est question dans ces lois est celle de *capere ex testamento*. Le savant romaniste cherche ensuite à prouver que la femme jouissait de ce droit, pourvu qu'elle eût mis au monde un seul enfant. C'est là une controverse entièrement étrangère à la question actuelle. D'ailleurs il nous semble que les raisons alléguées par l'auteur n'ébranlent pas l'opinion commune, d'après laquelle la femme n'a le *jus capiendi* qu'autant qu'elle a mis au monde trois enfants si elle est ingénue et quatre si elle est affranchie.

Vient ensuite le *jus caduca vindicandi*. M. Pilette refuse avec raison ce privilége à la mère. Pour prouver qu'il doit être attribué à l'homme qui a un enfant *ex concubinatu*, il réfute une prétendue opinion de Rudorff, d'après laquelle les seuls *heredes sui* procureraient au père la *caducorum vindicatio*. Il suffit pour cette réfutation d'indiquer que les enfants donnés en adoption ne sont pas les *heredes sui* de leur père naturel, et cependant ils lui servent pour la revendication des caduques.

Nous sommes d'accord avec M. Pilette sur bien des points, mais il nous est impossible de nous rallier à ses conclusions; sa théorie ne nous paraît nullement renfermée dans les prémisses desquelles il essaie de la faire découler.

Que les enfants *ex concubinatu* aient procuré à leur mère le *jus liberorum*, c'est là un point que nul ne songe à révoquer en doute, il est établi par des textes formels. Mais il nous semble assez téméraire de raisonner par analogie et d'étendre *a priori* cette solution au père naturel. Remarquons en effet que lorsqu'il s'est agi de récompenser les unions fécondes, la loi romaine n'a pas traité l'homme et la femme de la même manière: elle a consacré de notables différences entre les personnes des deux sexes. C'est ainsi que les femmes n'ont jamais la *caducorum vindicatio* tandis que ce droit est accordé aux hommes: de même la mère n'a le *jus capiendi* que si elle a mis au monde au moins trois enfants, tandis que le père jouit de ce privilége à condition d'avoir un seul fils. D'un autre côté l'homme ne peut exercer le *jus patrum* que s'il a un enfant actuellement vivant; pour la femme au contraire on n'exige pas que les enfants aient survécu, on s'attache uniquement à cette circonstance qu'il y a eu trois ou quatre accouchements, pourvu qu'ils aient eu lieu à terme (1). On voit que la question dont il s'agit demande une grande circonspection, et si on n'y était autorisé par un texte on serait bien peu fondé à invoquer un simple argument d'analogie. Aussi M. Pilette a senti besoin de s'appuyer sur des témoignages positifs; mais nous allons montrer que les textes qu'il a mis en avant sont trop ambigus pour qu'on en tire des déductions bien sûres, et qu'il peuvent même être retournés contre lui.

Le premier texte allégué est le § 194 des fragments du Vatican. Il est question des enfants qui procurent à leur père l'exemption de la tutelle: peu importe, dit-on, qu'ils soient *justi* ou *injusti* « *Justi autem an injusti sint filii non requiritur.* » Les enfants *justi* sont ceux qui naissent de justes noces. Les *injusti*, d'après M. Pilette, sont ceux qui naissent du concubinat (2). Mais cette interprétation a été énergiquement contestée. Les *injusti*, a-t-on répondu, sont les enfants nés d'un mariage valable suivant l'ancien droit civil mais contracté au mépris des prohibitions nouvelles créées par les lois Julia et Papia. En effet les mariages célébrés contrairement aux dispositions de ces lois, n'étaient pas déclarés nuls, du moins jusque à Marc-Aurèle,

(1) Machelard, *Dissertation sur l'accroissement.* p. 121.
(2) Pilette, *op. et loc. citt.*, p. 224 et suiv.

ils étaient seulement impuissants à procurer les avantages pécuniaires que la législation caducaire avait attachés au mariage (1). La question posée et résolue par le texte est donc celle-ci: pour être excusé de la tutelle, l'homme doit-il avoir des enfants d'un mariage conforme au droit nouveau des lois caducaires, ou seulement d'un mariage conforme à l'ancien droit civil. Cette interprétation est d'autant plus probable, que le § 168 des fragments du Vatican nous apprend que ce point avait été sérieusement controversé. Certains auteurs soutenaient la première opinion: d'après eux on ne devait excuser que le père qui avait eu des *liberi secundum has leges*, mais leur doctrine ne prévalut pas, et l'on se contenta d'exiger que les enfants fussent nés d'un mariage conforme au *jus civile*, c'est-à-dire conforme au droit antérieur. « Sed justorum men- » tio ita accipienda est, ut secundum jus civile quæ- » siti sint ».

Le deuxième texte est une phrase où Modestin dit que les enfants ne procurent l'*excusatio tutelæ*, qu'autant qu'il sont *legitimi*: « *Legitimos autem liberos esse oportet omnes* » (2). Les *legitimi*, dit M. Pilette, et non les *justi!* « Les *legitimi*, par conséquent tous les enfants reconnus par la loi! L'enfant né du concubinat n'est pas *justus*, il n'y a de *justi*

<hr>

(1) De Savigny, *Traité de droit romain*, trad. Guenoux II, appendice VII, p. 477 — Machelard, *Dissert. sur l'accroiss.*, p. 114 — Demangeat, *Cours élémentaire de droit romain*, I, p. 272.
(2) L. 2, § 3, *De excusationibus*, 27, 1.

que les enfants nés de justes noces, mais il est *se-cundum legem natus*, il est *legitimus !* »Il nous semble qu'on ne peut raisonner ainsi sans fausser singulièrement le sens naturel des mots. Dire que le *legitimus* est l'enfant né *secundum leges*, celui par conséquent qui est né du concubinat, c'est émettre une assertion purement gratuite et contre laquelle proteste le langage habituel des jurisconsultes romains. En effet c'est aux enfants nés en mariage qu'ils appliquent sans cesse la dénomination de *legitimus, legitime natus, juste procreatus.* Si Modestin eût voulu désigner les enfants naturels, il aurait pris un singulier moyen en les qualifiant de *legitimi*, et il se serait bien exposé à donner le change à ses lecteurs sur sa véritable pensée.

En ce qui concerne le *jus capiendi* et la *caducorum vindicatio* les conjectures de M. Pilette sont encore plus hasardées ; aucun texte n'autorise à croire que de pareils avantages aient été attachés au concubinat. Bien au contraire ceux que nous possédons supposent toujours un véritable mariage; ils emploient constamment les expressions *vir, uxor, matrimonium, justæ nuptiæ*, qui de l'aveu unanime doivent uniquement s'appliquer aux justes noces. M. Pilette est dans le vrai quand il affirme que la *caducorum vindicatio* est accordée au père lors même que les enfants ne seraient pas ses *heredes sui;* mais il nous semble avoir prêté gratuitement à ses adversaires une opinion facile à réfuter. En effet suivant le principe que M. Machelard établit d'après Rudorff (1) lorsqu'il s'agit du *jus patrum* le mot *liberi* doit s'entendre dans le même sens que dans l'édit du préteur relatif à *la Bonorum posessio unde liberi*, il doit donc comprendre non-seulement ceux qui sont de véritables *sui*, mais encore ceux qui l'auraient été sans une émancipation dont le préteur ne tient pas compte. Ces auteurs admettent eux-mêmes qu'il n'est pas nécessaire d'avoir ses enfants *in potestate*, pour profiter du *jus patrum*. Quant à la décision spéciale aux enfants adoptifs, il nous semble que c'est à tort que M. Pilette y voit une objection contre l'exactitude du principe admis par Rudorff. Tacite nous apprend que dans les premiers temps qui suivirent les lois caducaires, on recourait à l'adoption comme à un moyen facile d'obtenir les priviléges de la paternité. Il paraît même que l'adoption n'était pas sérieuse, et une fois le but atteint, l'adoptant se hâtait de se débarasser du fils qu'il s'était donné. On comprend combien une pareille pratique était contraire au résultat que le législateur s'était proposé. Les pères de familles protestèrent ; ils trouvaient injuste que ceux qui avaient obtenu une paternité fictive aussi peu onéreuse pussent jouir des prérogatives qu'ils n'avaient acquises eux-mêmes qu'en compensation des lourdes charges

______

(1) Machelard, *Dissert. sur l'accrois.*, p. 210.

auxquelles ils s'étaient soumis (1). Un sénatus consulte fut alors rendu sous Néron pour mettre fin à cet abus. Le sénat décida que désormais les enfants donnés en adoption compteraient à leur père naturel et non à leur père adoptif. Mais si le sénat fut obligé d'intervenir pour introduire cette solution, n'est-ce pas parce que d'après le texte des lois caducaires et d'après la jurisprudence chargée de les interpréter, on ne tenait compte que des *liberi* au sens ordinaire et prétorien de ce mot? C'est ici le lieu de rappeler l'adage que l'exception sert à confirmer et à démontrer la règle. Pour décider que l'enfant né du concubinat confère à son père les avantages de la paternité, il faudrait donc un texte formel : or ce texte n'existe pas, la solution admise exceptionnellement au cas d'adoption n'ayant pas été étendue hors de ce cas.

D'ailleurs la simple réflexion doit suffire à nous tenir en garde contre le système que nous combattons. En édictant les lois caducaires Auguste se proposait de rendre le mariage plus fréquent. Or c'eût été un singulier moyen d'arriver à ce résultat, que d'organiser légalement à côté de l'union légitime, une institution parallèle et rivale procurant aux conjoints les mêmes avantages ; rien n'eût mieux

(1) Sibi promissa legum diu expectata in ludibrium verti, quando quis sine sollicitudine parens, sine luctu orbus, longa patrum vota repente adæquaret (*Annales*, L. XV, C. 19).

contribué à ruiner le *justum matrimonium*. Les contemporains d'Auguste étaient trop naturellement éloignés du mariage pour que cet empereur ait pu songer à les pousser plus avant dans cette voie, en leur permettant de ne pas se marier et d'éviter en même temps les déchéances infligées au célibat.

Nous adhérons plus volontiers à une autre opinion d'après laquelle le législateur se serait occupé du concubinat, pour le soustraire aux peines dont il frappait certaines unions irrégulières. La législation caducaire contenait des dispositions pénales assez rigoureuses contre l'adultère et contre le *stuprum*. Ce dernier mot a plusieurs significations : dans son acception technique il sert à désigner l'enlèvement, la séduction. Il est probable même qu'il fut étendu un peu au-delà et que sous prétexte de séduction, les Romains arrivèrent à punir tout commerce illicite avec une femme libre et honorable. Le concubinat était déjà entré dans les mœurs du temps d'Auguste ; cet empereur comprit qu'il eût été impossible de punir tous les citoyens de sexe différent qui vivaient ensemble sans être mariés. L'expérience a démontré en effet que lorsqu'une loi pénale heurte trop violemment les mœurs et les habitudes reçus elle n'est pas appliquée et tombe vite en désuétude. Voilà pourquoi on crut devoir faire exception en faveur de ces unions stables et régulières désignés sous le nom de concubinat, et voilà comment ont fut amené à les réglementer et à bien préciser les caractères distinctifs auxquels on pourrait les reconnaître.

Ce système à le mérite de s'appuyer sur des textes formels. Si le concubinat a prix place dans la loi, nous dit Marcien, c'est parce qu'on a voulu le distinguer du *stuprum* afin de le soustraire à toute disposition pénale. « Nec adulterium per » concubinatum ab ipso committitur. Nam quia » concubinatus per leges nomen assumpsit, extra » legis pœnam est. » (1) Modectin écrit de même que celui-là commet un stuprum qui retient auprès de lui une femme libre pour vivre avec elle et non pour en faire à son épouse, à moins que ce ne soit sa concubine. « Stuprum committit qui liberam » mulierem consuetudinis causâ non matrimonii » continet, exceptâ videlicet concubinâ » (2) Mais on fait contre cette opinion une objection d'autant plus grave qu'elle s'appuie sur un texte assez embarrassant. En général la fréquentation des femmes de mœurs suspectes et d'une inconduite notoire n'était pas punie ; cela s'explique aisément si on songe que le but du législateur avait été de réprimer la séduction. Or les concubines, nous le verrons

(1) L. 6, § 1, *De concub.*, 25, 7. L'expression *adulterium* employée par le jurisconsulte doit être regardée ici comme synonime de *stuprum*. Nous savons, d'après les témoignages les plus certains, que les lois romaines employaient parfois ces deux mots l'un pour l'autre : *Leœ stuprum et adulterium promiscué et* καταχρηστικωτερον *idt eœ abusiré appellat* dit Papinien. (L. 6, § 1, *Ad leg. Jul., de adult.*, 48, 5) ; cf., L. 101, pr., *De verbor. signif.*, 50, 16).

(2) L. 34, pr., *Ad legem Juliam, de adult.*, 48, 5.

bientôt, se recrutaient dans la plupart de cass parmi ces femmes peu honorables que la loi Julia défendait d'épouser et vis-à-vis desquelles le *stuprum* n'était pas possible. L'objection est sérieuse : elle est corroborée par ce passage d'Ulpien : « Cum Atilicinio sentio et puto eas solas in concubinatu » habere posse sine meta criminis, in quas stuprum » non committitur. » (1) Le jurisconsulte dit bien d'une manière formelle que la concubine est toujours une femme avec laquelle on ne peut commettre de *stuprum*. Cependant nous répondrons quele texte ainsi entendu est évidemment inexact, etqu'il doit probablement s'interpréter d'une autre manière. En effet il peut arriver qu'on ait pour concubine une femme ingénue et de bonnes mœurs, le concubinat du patron avec son affranchie était très-fréquent : or le patron serait certainement coupable s'il voulait entretenir avec son affranchie honnête des relations passagères. Il est donc faux de dire qu'on ne puisse prendre pour concubine qu'une de ces femmes tombées assez bas pour que leur fréquentation ne puisse jamais être assimilée au *stuprum*. Ce mot a donc ici une autre signification, on pourrait soutenir qu'il est synonime *d'alduterium*. Nous croyons que la pensée d'Ulpien est celle-ci ; le concubinat étant une union régulière et licite, il ne peut exister dans aucun cas où

(1) L. 1, § 1, *De concub.*, 25, 7.

il serait entâché d'une immortalité évidente, par exemple dans des conditions où il y aurait adultère ou inceste ou enlèvement.

Avant d'étudier spécialement la condition des enfants nés du concubinat, nous croyons qu'il est bon d'examiner cette institution de plus près afin de bien montrer en quoi elle se rapproche et en quoi elle diffère du mariage. Nous allons indiquer rapidement à quelles conditions le concubinat est soumis, comment il se contracte et comment il se dissout, et quels sont ses effets à l'égard des conjoints.

D'abord le principe de la monogamie qui a toujours été admis par la législation romaine, bien que la facilité du divorce en ait singulièrement restreint la portée, s'appliquait au concubinat aussi rigoureusement qu'au mariage. Ainsi il était interdit d'avoir en même temps une concubine et une épouse, (1) et cette règle remonte à une haute antiquité, d'après le témoignage de Justinien : « Ho- » minibus uxores habentibus concubinas habere » nec antiqua jura nec nostra concedunt. » (2) Il était également défendu d'avoir plusieurs concubines (3), c'est surtout par ses multiples concubinats simultanés que le favori de Néron, Tigellin excita l'indignation de la plèbe romaine (4).

---

(1) Paul, *Sent.* II, 20 ; *L. un.,* C., *De concubinis,* 5, 27.
(2) L. 3, C.. *Communia de manumiss.,* 3, 15.
(3) Nov., 18, C., 5 ; Nov. 89, C., 12, § 5.
(4) Tacite, *Hist.* I, C., 72.

La validité des justes noces est subordonnée, d'après les Institutes aux trois conditions suivantes : 1º La puberté des futurs : 2º Leur consentement et le consentement de leurs ascendants : 3º Le *connubium*. Voyons si on doit faire au concubinat l'application de ces trois conditions :

La puberté c'est-à-dire l'aptitude physique à la procréation doit être certainement exigée des personnes qui veulent s'unir en concubinat. Ulpien dit expressément qu'on ne peut pas avoir pour concubine une femme qui n'a pas encore atteint sa douzième année, on sait que c'est l'âge auquel la femme était réputée nubile. « Cujuscumque ætatis » concubinam habere posse palam est, nisi mi- » nor annis duodecim sit (1). » Il nous parait hors de doute qu'on doit appliquer à l'homme ce que le jurisconsulte dit uniquement de la femme.

Nous nous bornerons à cet égard à rappeler que la jurisprudence romaine n'avait pas dès l'origine fixé à un certain âge la puberté de l'homme. Ce n'est qu'après de longues controverses que Justinien acceptant l'opinion de l'école proculienne, détermina à quatorze ans l'époque de la virilité (2). Le texte que nous venons de citer nous montre qu'on n'exigeait pas des concubins certaines conditions d'âge qu'on réclamait des époux. D'après certains sénatus consultes destinés à compléter la législation

<hr>

(1) L. 1, § 4, *De concubinis*, 25, 7.
(2) Gaius, *Comm.* I, § 196, pr., Inst., *Quib. mod. tut.* I, 22.

caducaire, les hommes après soixante ans, les femmes après cinquante n'étaient plus aptes à contracter mariage (1); mais il est certain qu'on pouvait prendre une concubine quinquagénaire.

Il est inutile d'insister sur le consentement des parties : évidemment nul ne peut être contraint de vivre en concubinat malgré soi. Nous croyons que le consentement des ascendants était en général nécessaire, mais il nous semble qu'on ne doit pas suivre à cet égard toutes les règles tracées pour le consentement au mariage. Lorsqu'un fils de famille se mariait, il devait obtenir le consentement non-seulement de l'ascendant supérieur investi de l'autorité paternelle, mais encore de tous les ascendants intermédiaires en la puissance desquels il devait tomber un jour; car les enfants à naître du mariage sont destinés à devenir héritiers siens des ascendants et nul ne doit avoir un héritier sien malgré soi. *Ne cui invito heres suus agnascatur.* Il suffisait à la fille d'obtenir le consentement du *paterfamilias*, car les enfants qu'elle aura ne doivent pas entrer dans la famille dont elle fait partie. Quelques auteurs ont conclu du silence des textes qu'un fils ou une fille pouvaient former un concubinat sans le consen-

---

(1) Les interprètes ne sont pas d'accord sur la sanction de cette prohibition. Les uns prétendent que de tels mariages n'étaient pas nuls *jure civili*; ils étaient seulement destitués des avantages pécuniaires que les lois caducaires attachaient au mariage (Machelard, *Accroissement*, p. 73, note 2). D'autres soutiennent en s'appuyant sur deux constitutions de Justinien (L. 27, C., *De nuptiis*, et L. 12, C., *De legit. hered.*) qu'ils furent radicalement nuls jusqu'à cet empereur.

tement du chef de la famille. Cette conclusion nous
paraît peu en harmonie avec le caractère absolu
dont l'autorité paternelle était revêtue. On comprend qu'il devait importer beaucoup à la considération des familles qu'une de leurs parentes ne
descendit pas au rang peu flatteur de concubine; le
chef de la famille devait être armé de pouvoirs nécessaires pour sauvegarder l'honorabilité de ses
membres. D'ailleurs le père qui avait ses enfants en
puissance pouvait à son gré faire cesser leur concubinat, comme il pouvait faire cesser leur mariage;
et si on lui avait permis de dissoudre l'union contractée n'avait-on pas dû à plus forte raison lui
donner le droit de s'opposer à sa formation. Mais
nous croyons que lorsque le chef investi de la *patria
potestas* a consenti, il est inutile de consulter les
ascendants intermédiaires, puisque les enfants à
naître ne seront pas appelés à faire partie de leur
famille.

Le *connubium* existe entre deux personnes toutes
les fois que la loi n'a pas apporté quelque empêchement à leur mariage. Parmi ces divers empêchements il en est qui sont fondés sur des considérations de moralité publique; il faut sans contredit
les étendre au concubinat. Toutes les fois, dit Heineccius, que la décence et l'honnêteté naturelles
s'opposaient à une union, le concubinat était défendu
aussi rigoureusement que les justes noces (1). Tels

(1) Heineccii ad Leg. Jul. et Pap., *Comm.*, C. IV, § 4, p. 166.

sont en première ligne les empêchements pour cause de parenté ou d'alliance. Entre parents, le mariage était prohibé en ligne directe à l'infini ; en ligne collatérale dès que l'une des deux personnes se trouvait à un degré seulement de l'auteur commun. Entre cousins germains la prohibition que Théodose avait établie au témoignage de S. Ambroise, ne subsista pas longtemps ; du moins elle n'existait plus à l'époque de Justinien (1). Dans la mesure que nous venons d'indiquer, la parenté fait certainement obstacle au concubinat. Toute union formée au mépris de ces prohibitions, quel que fût d'ailleurs le caractère que les parties eussent voulu lui donner, aurait constitué un inceste et aurait été frappée de peines rigoureuses (2). Nous avons un texte de Paul qui ne permet aucun doute sur ce point. « Etiam si concubinam quis habuerit sororis filiam, » incestum committitur (3). »

En l'an 802 l'empereur Claude désirant épouser sa nièce Agrippine, obtint de la complaisance du sénat un décret autorisant désormais le mariage de l'oncle avec la fille de son frère. Cette décision ne fut qu'une faveur personnelle, une honteuse complicité aux passions du prince ; ce qui le prouve bien, c'est que la prohibition subsista entière entre l'oncle maternel et la nièce, fille de sa sœur, et

---

(1) §§ 1, 2, 3, 4 et 5, Inst., *De nuptiis* (I, 10).
(2) Paul, *Sentent.*, lib. II, tit. 26, § 15.
(3) L. 56, *De ritu nuptiarum*, 23, 2 ; cf. L. 11, § 2, *Ad leg. Jul., de adult.*, 48, 5.

même entre le grand oncle paternel et sa petite nièce (1). Malgré la façon restrictive dont il fut interprété, nous pensons que ce sénatus consulte dut s'appliquer non-seulement au mariage, mais encore au concubinat. En effet l'esprit général de la loi romaine tendait à rendre cette dernière union plus facile que la première, et nous avons de la peine à croire que dans une législation où le système des dispenses était inconnu, on ce fût attaché à quelque solennités accessoires qui séparaient le mariage du concubinat, pour décider si les relations d'un oncle paternel avec sa nièce constituaient un commerce incestueux ou une union parfaitement licite.

La parenté purement civile qui naissait de l'adoption créait un empêchement définitif au mariage en ligne directe : en ligne collatérale l'obstacle ne survivait pas à la rupture du lien civil (2); ainsi, un homme pouvait après son émancipation épouser celle qui avait été sa sœur adoptive. L'alliance ou affinité qui rattachait un époux aux parents de son conjoint formait obstacle au mariage en ligne directe à l'infini; en ligne collatérale, le mariage des beaux-frères et belles-sœurs fut interdit par Constantin seulement (3). Le désir de sauvegarder l'honnêteté du foyer domestique avait même fait admettre certaines prohibitions au delà de ces limites. Ainsi, quand une femme a divorcé et a eu une fille

(1) Gaïus, *Comm.* I. § 62; Tacite, *Ann.*, L. XII, C. 1 à 7.
(2) L. 14, pr. et § 1 ; L. 17, pr. et § 1, *De ritu nuptiarum*, 23, 2.
(3) L. 2, C., Theod., *De il. nuptiis*, 3, 12.

de son second mariage, aucun lien d'affinité ne rattache cette fille au premier mari de sa mère, ce lien n'existe pas davantage entre un fils et la fiancée de son père. Néanmoins les jurisconsultes conseillaient de s'abstenir de pareils mariage et leur conseil se convertit en une prohibition (1). Entre ces diverses personnes le concubinat était impossible aussi bien que le mariage, car nous l'avons déjà dit, toute union formée au mépris de ces prohibitions était entachée du vice d'inceste.

Voici une série d'empêchements qui ont un caractère plus arbitraire et qui sont fondés sur des considérations de l'ordre politique ou sur des motifs d'intérêt privé particuliers au peuple romain.

Un sénatus consulte rendu sous Marc-Aurèle, défendit à celui qui avait été tuteur ou curateur d'une femme, de la prendre pour épouse avant qu'elle eût atteint sa vingt-sixième année. Cette défense s'étendait même aux descendants de l'extuteur ou curateur (2). Malgré le silence des textes, nous appliquerions sans hésiter cette prohibition au concubinat. En effet, l'on avait craint que le tuteur n'abusât de son influence sur sa pupille pour la contraindre au mariage et se soustraire par là à l'obligation de rendre ses comptes; mais cette influence serait bien plus redoutable si elle pouvait amener la femme à accepter la condition inférieure

____

(1) L. 12, §§ 1, 2 et 3, *De ritu nuptiarum*, 23, 2.
(2) L. 59; L. 60, § 5; L. 66, *De ritu nuptiarum*, 23, 2.

de concubine, et la jeune fille qui se serait soumise à cette situation n'aurait probablement pas l'énergie d'attaquer des comptes infidèles.

On avait encore interdit à tout citoyen investi d'une magistrature publique dans une province d'épouser une femme qui fût originaire de cette province ou qui y eût son domicile (1). On craignait que les fonctionnaires n'abusassent de leur autorité pour contraindre de riches familles à s'allier à eux, mais on craignait surtout qu'ils ne se procurassent par de grands mariages une influence dont la métropole pourrait avoir un jour à souffrir. Ce dernier motif n'existait pas pour le concubinat, car la concubine n'avait pas de dot et c'était, en général, une femme d'assez humble condition. Aussi tout magistrat était libre d'en choisir une dans la province qu'il administrait. « Concubinam ex eâ » provinciâ in quâ quis aliquid administrat, habere » potest (2). » Mais des abus d'influence étaient à redouter : peut-être est-ce pour obvier à ce danger que l'empereur Alexandre Sévère, avant d'envoyer un gouverneur dans une province, prenait soin de le pourvoir lui-même d'une concubine lorsqu'il n'était pas marié (3).

Diverses constitutions des empereurs chrétiens défendirent tout mariage d'abord entre des juifs et des femmes chrétiennes, puis d'une manière plus

(1) L. 33, pr. et § 1 ; L. 65, pr., *De ritu nuptiarum*.
(2) L. 5, *De concubinis*, 25. 7.
(3) Ælius Lampridius, *Vie d'Alexandre Sévère*, C. 42.

g'nérale, entre juifs et chrétiens (1). Il nous semble résulter des termes même dans lesquels la prohibition est conçue, qu'elle embrasse toutes les autres unions. Si le mariage des juifs et des chrétiens constitue un sacrilége que la loi ne peut tolérer (*ne christianas mulieres suis jungant flagitiis*), le concubinat qui s'établirait entre eux ne serait-il pas encore plus criminel?

Enfin, des prohibitions de deux sortes avaient été établies par les lois caducaires : les premières s'adressaient à tous les ingénus et leur interdisaient d'épouser des femmes que le censeur avait notées d'infamie pour leurs mauvaises mœurs. Telles sont d'après les textes, celles qui exercent le métier de comédienne (*quæ artem lubricam exercuit*), ou de courtisanne (*quæ quæstum corpore ferit*), la *lena*, toute femme qui est affranchie d'un *leno* ou d'une *lena*, enfin celle qui a été surprise en adultère ou qui a subi une condamnation publique (1). C'est la première fois que nous voyons apparaître dans la loi des dispositions de ce genre; il est probable qu'elles ont été créés par Auguste. Cet empereur a voulu rehausser la dignité du mariage en l'interdisant aux personnes déshonnêtes, et il a cru que pour assurer la régénération de la famille le meilleur moyen était d'en écarter à jamais les femmes qui en sont les plus dangereux ennemis. Les lois

____

(1) Ulpien, *Regulæ*, tit. XIII; LL. 12, 13, 44, *De ritu nuptiarum*, 23, 2, MI, 62.

Julia et Papia renfermaient, en outre, certaines prohibitions spéciales aux sénateurs et à leurs descendants; il leur était défendu de s'unir en justes noces avec une affranchie; pareillement il était interdit aux femmes de l'ordre sénatorial d'épouser des affranchis. En édictant une pareille mesure, Auguste n'a pas innové, il n'a fait que maintenir sur un point particulier une prohibition bien plus ancienne. Jusque-là le mariage était interdit d'une manière générale entre ingénus et affranchis. Cette règle, peu en harmonie avec les idées nouvelles, a été abrogée; seulement l'empereur n'a pas voulu la faire disparaître complétement, et il a décidé qu'elle continuerait de s'appliquer aux hommes de race sénatoriale.

Aucune de ces incapacités ne fut étendu au concubinat; en règle générale il fut permis de prendre comme concubines les femmes que les lois Julia et Papia défendaient d'épouser. Ulpien et Marcien nous ont laissé deux textes bien explicites en ce sens (1). D'ailleurs, nous l'avons montré dès le début, c'est grâce à des prohibitions analogues fondées sur la distinction des classes, que le concubinat s'était introduit dans les mœurs et avait pris place à côté du mariage. Il continua à remplir le même rôle et en quelque sorte la même fonction sociale sous les empereurs; il fut toujours une institution au service

(1) L. 6, 1, § 2; L. 3, *De concubinis*, 25, 7.

des hommes que la loi empêchait de se mésallier, et qui n'avaient pas le courage de sacrifier leurs sentiments à leur devoir. Presque toutes les concubines étaient ou des affranchies ou des femmes auxquelles leur passé peu honorable défendait d'aspirer au titre très-respecté d'*uxores*.

Ce fait était devenu si fréquent qu'il servait à discerner le mariage du concubinat, dans le cas où le doute était possible. Pour reconnaître ces deux unions les jurisconsultes s'étaient attachés parait-il à la règle suivante : Entre personnes ingénues et toutes deux honorables (*inter pares honestate personas*) la vie commune emportait présomption de mariage (1). « In liberæ mulieris consuetudine non » concubinatus sed nuptiæ intelligendæ sunt, si » non corpore quæstum fecerit (2). » Si au contraire un ingénu ou une personne d'un rang élevé s'est associé une affranchie, un *mulier famosa*, ou une femme pauvre et de basse extraction, on présume qu'il y a simple concubinat. Mais cette présomption n'est pas invincible : aucune loi n'empêche qu'une femme ingénue ou même de race illustre, qui a conservé des mœurs honnêtes ne descende au rang de simple concubine, mais c'est là un fait extraordinaire et tout-à-fait anormal.

Le concubinat se contractait de la même manière que le mariage. En effet s'il y avait eu quelque

(1) L. 22, C., *De nuptiis*, 5, 4.
(2) L. 24, *De ritu nuptiarum*, 23, 2.

différence dans la manière dont ces unions étaient formées, on n'aurait pas manqué de nous la signaler, or les textes disent que c'est par la seule intention des parties et par l'affection plus respectueuse dont elle est l'objet que la concubine se distingue de l'épouse. Nous avons donc à rechercher à quelle condition était subordonnée la célébration du mariage. Y avait-il à cette égard certaines formalités extérieures obligatoires ou suffisait-il du consentement des parties s'accordant pour vivre ensemble comme mari et femme? Il y a tout d'abord un point certain : l'existence légale du mariage est indépendante de sa consommation : la validité des justes noces n'a jamais été subordonnée à la cohabitation effective des époux. *Nuptias non concubitus sed consensus facit*, dit Ulpien dans une maxime célèbre (1). Mais cette question est la seule sur laquelle les interprètes aient pu tomber d'accord; sur tous les autres points de cette théorie se sont engagées de vives controverses. Les anciens commentateurs soutenaient que le mariage romain se formait *solo consensu* et ce système est encore défendu par d'imposantes autorités (2). Cependant il est généralement abandonné en France, et nos

---

(1) L. 15, *De condit. et demonstr.*, 35, 1 ; l.. 7, *De ritu nupt.*

(2) Cujas, Paratit. in libro 5, tit. 4, Cod. just. et lib. 50, tit. 17, *De diversis regulis juris* ; — Donellus, *Comment.*, *juris civ*, lib. 13, cap. 18, nº 2, et cap. 20, nº 1 à 4. — Troplong. *Influence du christianisme sur le droit romain*, p. 167. — Pilette, *op. et loc. citt.*, p. 243. — Decaurroy, *Institutes expliquées* 1, p. 79.

maîtres les plus éminents enseignent que le consentement ne suffisait pas, mais qu'il devait être soutenu par la possibilité d'une réalisation immédiate. Le mariage ne commençait que par la *deductio mulieris in domum mariti*, par l'installation de la femme dans la maison conjugale où elle était appelée à vivre (1). Cette discussion entraînerait de trop longs développements, elle est d'ailleurs étrangère à notre sujet; bornons-nous à dire que le second système nous paraît préférable, mais il nous semble qu'on le présente parfois sous une formule trop absolue. Nous accordons que deux personnes éloignées l'une de l'autre ne pouvaient par simple correspondance établir entre elles un lien conjugal; dans ce cas la *deductio mulieris* a pu être exigée pour marquer l'instant précis où commence cette communauté d'existence qui constitue l'état de mariage. Mais entre personnes présentes le mariage se forme *solo consensu*, c'est-à-dire qu'il existe indépendamment de toute formalité, dès l'instant qu'il a plu aux parties d'assigner comme point de départ à leur union; la *deductio* devient alors une formalité superflue (2). C'est ce que le jurisconsulte Scœvola exprime très-clairement. Peu importe, dit-il, à propos d'une donation faite par un fiancé à sa future, qu'elle soit faite avant ou après la *deductio*

(1) Machelard. *Textes choisis*, p. 212 et suiv. — Demangeat, *Cours élémentaire* I, p. 211 et suiv; — Ortolan, *Explicat. hist.* II, p. 80; — Accarias, *Précis* I, p. 147.

(2) Maynz. *Cours de droit romain* II', § 330, note 1.

in domum, car cette formalité n'intervient souvent qu'après la célébration du mariage. « Non attinuisse » tempus an antequam domum deduceretur dona- » tio facta esset, an tabularum consignatarum, » quæ plerumque post contractum matrinonium » fierent (1). »

Si en droit le mariage et le concubinat se formaient de la même manière, en fait l'usage avait établi entre eux de notables différences. Ainsi les mœurs avaient entouré la célébration du mariage de nombreuses et brillantes cérémonies dont les poëtes nous ont laissé la description (2). La *deductio in domum* se faisait toujours avec une certaine solennité, lors même qu'elle n'était pas obligatoire. Le mariage était surtout un acte sacré, la femme qui abandonnait le foyer et les dieux paternels pour invoquer le foyer et les dieux de l'époux devait être initiée par des cérémonies religieuses au culte qu'elle allait suivre désormais. De là l'usage de *l'aquâ et igni receptio* et de la *confarreatio*. Devant la maison conjugale on présentait à la nouvelle épouse le feu et l'eau, le feu emblème de la divinité domestique et l'eau lustrale qui servait à la famille pour les actes religieux ; puis on la conduisait au devant du foyer où les dieux domestiques étaient groupés autour du feu sacré, et là les deux

(1) L. 63, pr., *De donation. inter virum et uxorem*, 24, 1.
(2) Plaut Casina, acte IV, sc. 2 et 3. — Catulle *carmen in nuptias Juliæ et Manlii*. — Lucain, *De bello pharsal.* II, v, 333 et suiv.

époux offraient des sacrifices et des libations et mangeaient ensemble un gâteau de fleur de farine (1). Mais rien de pareil n'avait lieu pour le concubinat. La concubine n'était pas admise à partager les rites et les sacrifices de son compagnon, la religion n'intervenait pas pour consacrer une union qui ne devait produire aucun effet religieux.

Le concubinat cessait par le mutuel consentement des parties ou même par la seule volonté de celle qui était fatiguée de la vie commune. En général l'époux qui voulait mettre fin au mariage devait envoyer à son conjoint le *libellum repudii* ; la loi Julia exigea même que la volonté de divorcer fût exprimée en présence de sept témoins citoyens romains et pubères (2). Mais le concubinat était une union plus fragile que le mariage, nul texte ne nous apprend que l'homme qui voulait renvoyer sa concubine eût autre chose à faire qu'à lui notifier sa volonté.

Voyons entre quelles personnes pouvait se former le concubinat. Généralement la concubine était tirée des rangs inférieurs de la société ; c'était souvent une affranchie, souvent encore une femme de mœurs suspectes compromise par les désordres de sa vie passée. Mais cette condition dut être parfois acceptée par des jeunes filles peu favorisées de la fortune, quoique d'origine ingénue et de mœurs

(1) Fustel de Coulanges, *La cité antique*, liv. II, ch. 9.
(2) L. 9, *De divortiis et repudiis*, 24, 2 ; L. 1, § 1, l'inde vir, 38, 11.

honnêtes. Il peut se faire qu'une concubine soit ingénue, dit Marcien, cela arrivera surtout si elle est
de naissance obscure. « In concubinatu potest esse
» ingenua, maxime quæ obscuro loco nata est (1). »
Il suffit d'ailleurs de parcourir les auteurs qui nous
ont dépeint les mœurs de la société romaine pour
voir combien le désintéressement était peu en honneur et quel empire la cupidité exerçait sur le cœur
des Romains de l'époque impériale. Sans doute on
ne doit pas prendre à la lettre tous les traits que la
satire et la comédie lançaient alors comme de nos
jours sur les mariages d'argent, et il est permis de
croire à l'exagération quand on lit que les hommes
acceptaient plus volontiers le déshonneur que la
pauvreté chez celle dont ils voulaient faire leur
épouse (2). Néanmoins il est probable que les
femmes mal dotées avaient fort peu de chances de
trouver un mari, et qu'elles devaient se contenter
souvent du titre de concubines. Nous savons en
effet qu'aucune constitution de dot n'accompagnait
le concubinat; qu'il nous suffise de rappeler un passage déjà cité de Plaute dans lequel un frère se révolte à la pensée que sa sœur pourrait se marier

(1) L. 3, pr., *De concubinis*, 25, 7.
(2) La *première* objection qui s'élève contre une jeune fille à marier,
c'est qu'elle n'a pas de dot, la *deuxième* c'est qu'elle a perdu son honneur, dit un personnage de Térence :

Primum indotata est. Tum præterea quæ secunda ei dos erat
Periit : pro virgine dari nuptum non potest (Adelphes, act. III, sc. 2).

sans dot, parce qu'aux yeux du public elle passait pour une concubine.

Il pouvait arriver qu'un homme prît pour concubine une femme d'une condition égale ou supérieure à la sienne. Mais ce fait était si peu conforme aux usages établis, qu'on refusait d'y croire à moins que la volonté des parties ne fût manifestement exprimée par une attestation formelle. Jusque là on présumait qu'il y avait mariage, et même on croyait à un *stuprum* c'est-à-dire à une union coupable plutôt qu'à un concubinat, entre une femme de race et un homme de condition inférieure. « Si honestæ » vitæ et ingenuam mulierem in concubinatum » habere voluerit, sine testatione hoc manifestum » faciente non conceditur, sed necesse est ei vel » uxorem eam habere vel hoc recusantem stuprum » cum eâ committere (1). »

Le concubinat était surtout très-fréquent entre le patron et son affranchie. La loi voyait de très-bon œil une pareille union et Ulpien n'hésite pas à dire qu'il convient mieux à un patron d'avoir son affranchie pour concubine que d'en faire son épouse. « Quippe cum honestius sit patrono libertam con- » cubinam quam matremfamilias habere (2). » Dans ce cas le concubinat présentait certaines particularités notables, sur lesquelles nous allons nous arrêter un instant. Lorsque l'affranchie avait épousé

____

(1) L. 3, pr., *De concubinis*, 25, 7.
(2) L. 1, pr., *Ibid.*

son patron elle ne pouvait le quitter malgré lui
sans perdre pour toujours la faculté de se remarier.
C'est seulement lorsque le patron avait pris lui-
même l'initiative de la répudiation, qu'elle conservait le droit de choisir un nouvel époux (1). On
était même allé plus loin, l'affranchie qui avait
divorcé d'avec son patron perdait la faculté de devenir malgré lui la concubine d'un autre homme.
Telle était du moins l'opinion de Julien. Ulpien
étendait ces solutions au concubinat, et tout porte
à croire que son opinion avait prévalu, puisqu'elle
est rapportée au Digeste où rien ne la contredit. Si
l'affranchie n'avait été que la concubine de son patron, elle ne lui devait pas moins reconnaissance
et respect ; quand elle le quittait malgré lui, elle ne
pouvait plus devenir sans son consentement l'é-
pouse ou la concubine d'un autre. « Quæ in con-
» cubinatu est ab invito patrono discedere poterit et
» alteri se aut in matrimonium aut in concubina-
» tum dare. Ego quidem puto in concubinâ adi-
» mendum ei connubium, si invitum patronum
» deserat (2). » A cet égard Paul nous apprend que
la folie du patron ne rend pas la liberté à l'affranchie qui vit avec lui en concubinat, mais que leur
union continue toujours à subsister. « Si patronus
» libertam concubinam habens furere cœperit, in

(1) L. 45, *De ritu nuptiarum*, 23, 2 ; L. 11, pr., *De divort. et repud.*
24, 2.
(2) L. 1, pr., *De concubinis*, 25, 7.

» concubinatu eam es humaniùs dicitur (1). »

Il nous reste à examiner les effets que le concubinat produisait entre les parties. Nous prendrons le mariage pour terme de comparaison et nous essaierons de montrer en quoi la situation respective des deux concubins se rapprochait ou différait de celle des époux légitimes. Le principal effet du mariage était d'établir entre les époux communauté de culte privé, égalité complète de rang et de condition dans la société. C'est le caractère que Modestin fait si bien ressortir, lorsqu'il le définit : « Omnis vitæ consortium, divini et humani juris » communicatio (2). » L'*uxor* était associée à tous les honneurs, à toutes les prérogatives dont jouissait son mari. Mais entre concubins il n'y avait rien de pareil, la concubine n'était jamais élevée au rang de son compagnon (3). C'est là ce qui fait que la concubine est moins honorée que l'épouse, son union n'a pas pour effet de la relever de la condition inférieure où elle se trouvait. Il importe néanmoins de remarquer que si le mépris a dû s'attacher personnellement à certaines concubines, cet état n'avait en lui-même rien de méprisable et de déshonorant. Dans le recueil d'inscriptions publiées par Orelli on voit souvent figurer des concubines, parfois même un individu réunit dans un souvenir commun et inscrit sur la même pierre le nom de

(2) L. 2, *Ibid.*
(3) L. 10, *De ritu nuptiorum*, 23, 2.
(1) L. 19, § 4, *De legatis* 3°, liv. 32.

son *uxor* et celui de la concubine qu'il a eue après le décès de sa femme (1); ces faits attestent que ces personnes n'étaient pas déconsidérées et qu'on se gardait bien de les confondre avec les courtisanes. La concubine n'était en réalité qu'une épouse d'un rang inférieur, c'est avec raison que Cujas la qualifie de *semi-nupta* ou de *vice-conjux* (2).

Le mariage quand il était contracté avec les cérémonies religieuses que nous avons décrites conférait au mari sur la personne et les biens de sa femme une autorité aussi absolue que celle qu'il exerçait sur ses enfants. (3) Ce pouvoir, appelé *manus*, n'existait que sur l'épouse légitime et non sur la concubine; d'ailleurs l'autorité maritale était fort amoindrie et comme abrogée par les mœurs à l'époque où se développa le concubinat.

Il ne pouvait y avoir de dot au sens juridique du mot en cas de concubinat, par conséquent il n'y avait pas lieu à la rédaction d'un contrat de mariage (*instrumentum dotale*) pour constater les apports que la concubine aurait pu faire à son compagnon; « ubicumque matrimonii nomen non est, » nec dos est (4). »

Le vol commis par l'un des époux au préjudice de l'autre ne donnait pas lieu contre le coupable à

(1) Orelli, *Inscript. latin. ampliss. collectio*, tome I, cap. 7, n° 2672, t. III, cap. 14, § 1, n° 6673 et § 3, n° 6691.
(2) Cujacii, Récit. solemnes ad Codicem ad lib. 5, tit. 1 et tit. 26.
(3) Gaius, *Comment.* I, § 108 et suiv.
(4) L. 3, *De jure dotium*, 23, 3.

l'action ordinaire de vol. Comme cette action *(actio furti)* entrainait l'infâmie pour la personne condamnée, on avait craint le caractère particulièrement blessant qu'elle aurait présenté dans les rapports du mari et de la femme ; on l'avait remplacée par une action en réparation du dommage causé appelé *actio rerum amotarum* (1). Mais on n'avait pas cru devoir garder pour la concubine les ménagements qu'on avait pour l'épouse légitime. Ulpien nous dit que si elle a commis un détournement elle sera soumise au droit commun et poursuivie par l'action *furti* « Si concubina res amoverit hoc jure » utimur, ut furti teneatur (2).

Les Romains redoutant l'excès de l'affection que le mariage fait naître, craignant aussi que l'un des époux ne fût amené trop facilement par une menace de divorce à se dépouiller au profit de l'autre, avaient prohibé à peine de nullité, les donations entre époux (3). Mais cette défense ne fut jamais étendue au concubinat ; à tort ou à raison la captation avait paru moins dangereuse. D'ailleurs, suivant la remarque de M. Machelard, la règle n'était faite que pour sauvegarder la dignité du mariage, et la délicatesse de sentiments qu'on exigeait des époux restait étrangère aux concubins (4). Les donations entre concubins sont irré-

(1) L. 1, pr., L. 2, L. 9, *De actione rerum amotarum*, 25, 2.
(2) L. 17, ibid.
(3) LL. 1, 2, 3, pr., *De donat. inter virum et uxorem*, 24, 1.
(4) Machelard, *Textes de droit romain*, p. 208.

vocables, nous dit Papinien, et elles doivent être maintenues quand même le mariage viendrait à remplacer le concubinat. » Donationes in concubi-» nam collatas non posse revocari convenit, nec si » matrimonium inter eosdem postea fuerit contrac-» tum » (1). De même Ulpien nous apprend que l'empereur Sévère avait maintenu la donation faite par un sénateur à son affranchie, parce qu'il ne s'agissait pas d'une épouse mais d'une simple concubine. « Quia non erat affectione uxoris habita, » sed magis concubinæ (2). »

Le concubinat devenait-il comme le mariage une cause d'alliance? On serait d'abord tenté de répondre négativement car dans les définitions qu'ils donnent de l'affinité les jurisconsultes supposent toujours que ce lien dérive des justes noces, qu'il unit un époux aux parents de l'autre époux (3). Nous croyons cependant que l'affirmative avait prévalu. En effet le seul effet juridique produit par l'affinité à savoir la prohibition du mariage entre alliés en ligne directe, fut attaché à l'espèce d'alliance qui découle du concubinat. Si une affranchie dit Ulpien, vit successivement avec son patron et avec le fils et le petit-fils du patron, elle commet un inceste : *prope nefaria est hujusmodi conjunctio* (4). Une constitu-

---

(1) L. 31 pr., *De donationibus*, 39, 5.
(2) L. 3, § 1, *De donat. cut. int. et ux.*, 24, 1.
(3) L. 4, § 3, *De gradibus et affinibus*, 38, 10.
(4) L. 1, § 3, *De concubinis*, 25, 7.

tion d'Alexandre Sévère insérée au Code défend
d'une manière générale aux enfants de jamais
épouser les concubines de leurs ascendants (1). Du
reste les Romains avaient compris que les prescriptions de la morale doivent l'emporter ici sur les
strictes dispositions de la loi, et ils avaient étendu
la prohibition du mariage au-delà des véritables
rapports de parenté légale. Aussi malgré l'impossibilité juridique de constater la paternité, il était
défendu à un homme d'épouser la fille *vulgo quæsita*
dont il était soupçonné être le père, « quoniam in
» contrahendis matrimoniis naturale jus et pudor
» inspiciendus est (2). »

La loi Julia avait prononcé des peines très-
sévères contre la femme adultère. Constantin s'était
montré encore plus rigoureux et avait puni de mort
l'épouse coupable et son complice. La concubine
pouvait-elle aussi être condamnée et poursuivie
adulterii causâ? La question a été longuement discutée par les anciens commentateurs (3). Ulpien qui
l'examine la résout par une distinction. La concubine, dit-il, ne doit être punie comme adultère que
si elle n'a pas perdu le nom et la qualité de matrone,
telle est par exemple l'affranchie qui vit avec son
patron « Si modo ea sit, quæ in concubinatu se

(1) L. 4, C., *De nuptiis*, 5, 4.
(2) L. 14, § 2, *De ritu nuptiarum*, 23, 2.
(3) L'affirmative était soutenue par Cujas (ad libr. 5, C., tit. 26 ; ad
lib. 6, tit. 57) et Tulden (C., l. 5, tit. 26); Connan enseignait la négative
(*Comment., juris civilis libri* X, lib. 8, cap. 13).

» dando matronæ nomen non amisit, utputa quæ
» patroni concubina fuit (1). » A notre avis il ressort
clairement de ce passage que l'affranchie concubine
du patron n'est pas la seule qui soit passible des
peines de l'adultère : elle est citée seulement à titre
d'exemple. Pourquoi l'ingénue de naissance obscure,
mais de mœurs honorables, qui a été réduite à vivre
en concubinat serait-elle traitée à cet égard autrement que l'affranchie? Pourquoi cette dignité serait-
elle enlevé à la femme de condition illustre, qui sans
avoir commis aucune action déshonnête a accepté
la situation de concubine, au moyen de la *testatio*
exigée en pareille circonstance? Nous croyons que
le nom de matrone n'était enlevé qu'aux femmes
déshonorées sur lesquelles le désordre de leur conduite avait attiré une note d'infamie, et que les lois
caducaires avaient défendu dépouser. Ainsi enten-
due la distinction d'Ulpien se justifie parfaitement
en raison; il est naturel qu'on ait songé à retenir
dans le devoir les personnes auxquelles on témoi-
gnait de l'estime et de la considération, tandis
qu'on n'ait pas cru devoir réprimer les écarts des
femmes vouées au mépris public. Pour tout frein
on leur laissait la crainte de se voir abandonner par
l'homme qui souvent les avaient tirées de la boue.
Quant à celui-ci il n'avait, pensait-on, probablement
pas dû compter sur leur fidélité (2). Cette distinc-

---

(1) L. 13 pr., *Ad leg. Jul. de adult.*, 48, 5.
(2) M. Pilette, *op. et loo. citt.*, p. 334.

tion est d'ailleurs confirmée par d'autres textes qui nous montrent que l'adultère n'était châtié qu'autant qu'il avait été commis par une femme *honesta* : ainsi, d'après certains jurisconsultes, l'épouse qui exerçait la profession de marchande publique ou d'aubergiste pouvait inpunément violer la foi conjugale (1).

Lorsque le mariage était dissous par la mort du mari, la femme devait porter le deuil pendant dix mois, il lui était défendu de se remarier avant l'expiration de ce délai, sous peine d'infâmie pour elle et son nouvel époux (2). Ce veuvage forcé reposait sur un double motif. La femme devait témoigner publiquement les regrets qu'elle éprouvait de la mort du mari. Il fallait encore éviter que la présomption de paternité établie par le mariage ne pût s'appliquer simultanément à deux maris ; car il eût pu être fort difficile de reconnaître le véritable père de l'enfant. Cette dernière raison était la principale, car dans les cas exceptionnels où l'homme était indigne de regrets, par exemple s'il était passé à l'ennemi ou s'était rendu coupable de haute trahison, sa veuve ne devait pas moins attendre le délai ordinaire. « Etsi talis sit maritus, quem more

(1) Paul, *Sent.* II, tit. 26, § 11 ; Constantin distingua entre la maîtresse et la servante de l'auberge, et décida que cette dernière serait seule exemptée des peines de l'adultère (L. 29, C., 9, 9). L'empereur, dit Pothier, se souvenant que sa mère Hélène avait exercé la profession d'hôtelière cherchait par cette loi à effacer la tache de sa naissance (Pothier, *Pandectæ*, lib. 43, tit. 5, § 3).

(2) L. 6, *De ritu nupt.*, 23, 2 ; L. 1, *De his qui not. inf.*, 3, 2.

» majorum lugeri non oportet, non posse eam
» nuptum intra legitimum tempus collocari (1) ».
Aussi croyons-nous que cette obligation devait être
imposée à la concubine. En effet s'il peut lui être
permis de ne pas regretter publiquement l'homme
qui n'a pas jugé à propos de l'élever jusqu'à lui,
une confusion de part est toujours à éviter. Le concubinat était démonstratif de la paternité au même
titre que le mariage, et il importait de savoir avec
certitude quel était le véritable auteur de l'enfant
que la concubine aurait pu mettre au monde.

Les droits de succession que le mariage créait entre époux n'ont jamais été étendus au concubinat.
La femme légitime avait espoir d'arriver à la succession de son mari, lorsque par l'effet de la *manus*
elle devenait par rapport à lui *loco filiæ*. Mais la concubine n'était jamais soumise à la puissance maritale, il lui était donc impossible de remplir la
condition que le vieux droit romain exigeait de
l'*uxor*. Lorsque la *bonorum possessio undè vir et
uxor* eût été intistuée pour appeler dans certains
cas le conjoint survivant à la succession de l'époux
prédécédé, il fut expressément déclaré que cette faveur ne serait pas étendue aux autres unions que le
mariage légitime. « Ut bonorum possessio peti possit
» unde vir et uxor, justum esse matrimonium opor-
» tet... nihil enim capi propter injustum (2) ».

<hr>

(1) L. 11, § 1. *De his qui notant infamia*, 3, 2
(2) L. 1, pr., *Unde vir. et uxor*, 38, 11.

Quand plus tard Justinien accorda à l'*uxor* indigente le droit de prendre un quart de la succession de son mari (pourvu qu'il n'eût pas laissé plus de trois enfants), il n'eut certainement pas l'intention d'étendre cet avantage à la concubine, car il a évité d'en faire mention, pour parler exclusivement de l'*uxor* (1).

Le concubinat, tel que nous venons de le décrire, subsista longtemps dans la législation romaine. Il semble qu'il n'aurait pas dû survivre au triomphe officiel du christianisme. Mais malgré la répugnance légitime que Constantin et ses successeurs éprouvaient pour cette institution elle était trop profondément enracinée dans les mœurs pour qu'ils aient songé à la détruire. L'Eglise obligée de tolérer le divorce dut se résigner aussi à subir le concubinat, et se contenter de l'interdire aux fidèles (2). C'est seulement vers la fin du neuvième siècle, sous l'empereur Léon le Philosophe, qu'il disparut de la législation de l'empire d'Orient. « La loi, dit ce prince, qui a cru devoir autoriser ceux qui ne rougisaient pas de vivre en concubinat, a outragé la pudeur publique, qu'elle soit à jamais abolie. Si la loi divine nous invite à puiser avec modération à la source où nous devons nous désaltérer, pourquoi lorsque nous

(1) Novelle 53, c, 6; Nov., 117, c. 5.

(2) On a remarqué que sur la tombe des épouses chrétiennes, quelle que fût d'ailleurs l'humilité de leur condition, ne se trouvait jamais l'expression de *concubina* (Gide, *Etude sur la condit. privée de la femme*, p. 107).

pouvons nous abreuver d'une onde limpide lui préférer une boue sordide. Alors même que nous ne
pourrions nous approcher de cette source, nous ne
devrions pas chercher un breuvage défendu. Mais
il n'est difficile à personne de trouver la compagne
de sa vie «. Et quidem si fontem habeas, sobrie
» inde haurire divino præcepto moneare : qua ra-
» tione cum puras aquas haurire licet, lutum tu
» mavis ? Tunc et tametsi fontem non habeas, rebus
» tamen vetitis uti non potes. Cœterum vitæ con-
» sortem invenire difficile non est (1) ».

Nous connaissons maintenant le concubinat.
Nous avons indiqué à grands traits ses caractères
distinctifs et nous avons résumé les principales
phases de son développement historique. Il est
temps d'étudier la condition des enfants nés de
cette union. Ces enfants étaient désignés sous la
dénomination spéciale de *liberi nuturales*; c'est
surtout dans la législation impériale à partir de
Constantin que cette expression leur a été consacrée (2). Ce mot sert quelquefois aussi à qualifier
l'enfant qui naît du commerce d'un homme libre
avec une esclave, mais il est pris alors dans un sens
détourné; la seule expression exacte pour désigner
cet enfant serait celle de *contubernalis*. Dans le

(1) Leonis, Nov. 91.
(2) Voir la rubrique au Code, liv. 5, tit. 27. — Dès l'époque classique
il n'est pas rare de trouver l'expression *liberi naturales* appliquée
aux enfants nés du concubinat (L. 45, pr., *De vulg. et pup. subst.* 28, 6.
L. 17, § 4, ad sc. *Trebell.*, 33, 1).

cours de cette étude nous entendrons toujours la dénomination de *liberi naturales* dans son acception primitive et ordinaire, c'est-à-dire comme se référant uniquement aux enfants nés du concubinat.

Voici la division qui nous paraît le plus claire et la plus rationnelle sur ce sujet :

1° Nous dirons de quelle manière les enfants naturels pouvaient établir leur filiation.

2° Nous étudierons quelle était leur condition soit au point de vue du droit public soit au point de vue du droit privé.

3° Nous rechercherons par quels moyens ils pouvaient acquérir la qualité d'enfants légitimes.

4° Dans un appendice nous dirons quelques mots des enfants nés hors mariage des unions (formées entre citoyens) autres que le concubinat.

CHAPITRE PREMIER

DE LA FILIATION NATURELLE ET DES MOYENS DE LA PROUVER

Ce chapitre présente des questions fort délicates et sur plusieurs points importants le silence du texte nous réduit à former de simples conjectures. Nous exposerons d'abord le système adopté pour la preuve de la filiation légitime, sur lequel nous possédons des renseignements assez nombreux ; nous dirons ensuite ce qu'on doit penser de son extension à la filiation naturelle.

La théorie de la recherche de la filiation a été longtemps inconnue des Romains. L'autorité souveraine du père de famille choisissait à son gré les enfants qui devaient être admis dans la famille, et ceux qui devaient en être écartés : sa sentence était sans appel. Aucune loi n'intervenait entre le père et l'enfant, car la famille était comme un asile sacré où on ne tolérait l'entremise d'aucun pouvoir étranger. Si la protection de la loi lui faisait défaut, l'enfant trouvait sans doute une garantie dans l'intervention du conseil de famille. Cependant cette autorité illimitée du père devait ouvrir la porte aux plus graves abus ; l'exposition des enfants nouveaux-nés au bord du Tibre était devenue un usage assez fréquent, et bien que la voix indignée du jurisconsulte Paul l'eût dénoncée comme un crime (1) le législateur ne crut pas devoir l'empêcher. C'est alors seulement que les enfants avaient été recueillis et que leur vie était assurée que la loi leur donna les moyens de forcer leurs parents à les reconnaître et à les nourrir ; dans ce but fut introduite la recherche de la paternité et de la maternité.

Cette recherche fut organisée par deux sénatus-consultes, dont le premier rendu sous le règne de Trajan est appelé sénatus-consulte Plancien, l'autre est du règne d'Adrien.

Le sénatus-consulte Plancien ne statuait que pour un cas spécial : celui où le mari divorçait abandonnant sa femme enceinte. Pour empêcher que celle-ci ne demeurât seule soumise aux charges de la maternité, le sénat permit à l'enfant de prouver qu'il avait pour père le mari de sa mère, et même il décida que dans certains cas il serait réputé son fils jusqu'à preuve contraire. A cet effet on avait imposé à la femme répudiée certaines obligations dont voici le résumé.

Dans les trente jours qui suivaient le divorce elle devait dénoncer sa grossesse à son ancien mari. Si

____

(1) L. 4, *De agn. et al. lib.*, 25, 3.

celui-ci envoie des gardiens pour prévenir toute su-
percherie, elle doit le recevoir et se soumettre à leur
surveillance. Moyennant l'observation de ces prescriptions elle a la faculté de réclamer des aliments
à titre provisoire pour elle et plus tard pour l'enfant qui viendrait à naître : bien plus cet enfant est
réputé jusqu'à preuve contraire appartenir au
mari ; si celui-ci veut dénier sa paternité il doit intenter une action à cet effet et fournir la preuve de
sa prétention. Ce n'est que dans le cas où la mère
n'aurait pas fait de dénonciation, ou bien aurait refusé d'admettre les gardiens envoyés par le mari,
que l'enfant sera privé du bénéfice de la présomption légale ; s'il veut faire reconnaître sa filiation, il
devra alors prendre l'initiative et intenter une
action contre celui dont il invoque la paternité (1).

Cette décision contenait en germe une disposition fort importante. Si l'enfant que la femme mettait au monde après le divorce était admis à prouver
qu'il appartenait au mari, s'il était même, sous certaines conditions, dispensé de fournir cette preuve,
pourquoi ne pas accorder les mêmes droits à l'enfant qui naît durant le mariage ? Les motifs de décider ne sont-ils pas les mêmes ? Les raisons alléguées dans un cas ne se présentent-elle pas dans
l'autre, avec plus de force et de gravité ? Cette conséquence du principe posé ne se fit pas longtemps

(1) L. 1, *De agn. et al. lib.*, 25, 3. — Paul. *Sentent.* II, 21, §§ 5 et 6.

attendre. Un sénatus-consulte du temps d'Adrien vint permettre à l'enfant né au cours du mariage de rechercher sa paternité. « Aliud senatus con-
» sultum temporibus divi Hadriani factum est, ut
» etiam si constante matrimonio partus sit editus,
» de agnoscendo eo agatur (1). » On ne pouvait pas s'arrêter là ; on décida bientôt que l'enfant né en justes noces n'aurait pas même besoin d'intenter une action, qu'il serait de plein droit réputé né du mari de sa mère ; c'était à celui-ci à le désavouer s'il avait quelque raison de dénier la paternité. Telle est la règle que Paul a formulée dans la célèbre maxime : *Pater is est quem nuptiæ demonstrant* (2). Le mari était réputé le père des enfants que sa femme mettait au monde, mais cette présomption n'avait rien d'irréfragable : son effet consistait à établir la paternité malgré la dénégation du mari et même malgré la déclaration contraire de la femme, jusqu'à preuve contraire ; mais cette preuve était toujours recevable, la loi romaine n'ayant pas limité les cas de désaveu (3).

Vers le même temps il fut permis à l'enfant de rechercher la maternité, car il était juste que la mère fût tenue de contribuer pour une part à sa nourriture et à son éducation (4).

(1) L. 3, § 1. *De agn. et al. lib.*, 25, 3.
(2) L. 5. *De in jus vocando*, 2, 4.
(3) V. Louis Amiable, *De la paternité du mari en droit romain.* *Revue historique de droit*, 1862, t. VIII, p. 25.
(4) L. 5, §§ 3 et suiv., *De agn. et al., lib.*, 25, 3.

Ces dispositions ont été édictées uniquement en vue du mariage et de la filiation légitime. Partout il est question de personnes mariées, de *vir*, d'*uxor* de *matrimonium* ; il y a même un texte qui dit que lorsqu'il y a doute pour savoir si la femme est une véritable épouse, une *uxor*, c'est là une question préjudicielle qu'il faut d'abord examiner. « Si an » uxor fuerit disceptetur, Julianus scribit locum » esse præjudicio (1). » Néanmoins on aurait tort à notre avis d'attacher à ce passage une importance exagérée, il prouve simplement que cet ensemble de dispositions a été introduit en vue du mariage. Mais nous croyons que ces règles furent plus tard étendues au concubinat, et que les enfants naturels jouirent à cet égard des mêmes prérogatives que les enfants légitimes, et furent admis comme eux à invoquer l'opplication de la maxime : *Pater is est* (2).

C'est là un point fort délicat, voici les principales raisons qui déterminent notre conviction.

1º Il nous semble erroné de restreindre exclusivement au cas de mariage la portée de la règle *Pater is est* : ce qui prouve bien qu'on l'étendait au-delà des termes dans lesquels elle est rédigée, c'est qu'on l'appliquait à certaines unions entièrement nulles,

---

(1) L. 3, § 4, *De agn. et al.*, lib., 25, 3.
(2) *En ce sens :* de Fresquet, *Traité de droit romain* I, p. 133. — Ortolan, *Explicat. hist. des Instituts* II, p. 101. — Accarias, *Précis de droit romain* I, p. 197. — *Contrà* Van Vetter, *Cours de droit romain* II, p. 251. — Maynz I, § 101.

dépourvues de toutes les conséquences juridiques
qui sont la suite ordinaire du mariage, « ubi nec
» vir, nec uxor, nec nuptiæ, nec matrimonium, nec
» dos intelligitur (1). » C'est ce qui ressort à notre
avis du texte suivant : « Paulus respondit eum qui,
» vivente patre et ignorante de conjunctione filiæ,
» conceptus est, licet post mortem avi natus sit,
» justum filium ei ex quo conceptus est esse non
» videri (2). » Voici l'espèce : une femme a contracté
mariage sans le consentement de son père, cette
union est radicalement nulle, le père venant à
mourir elle est validée mais sans effet rétroactif :
aussi l'enfant qui en est issu n'est pas légitime s'il
est conçu avant la mort du père (on pourrait dire
plus tard qu'il y a eu une sorte de légitimation par
mariage subséquent, mais cette légitimation était
inconnue du temps de Paul). Mais ce qu'il importe
de remarquer c'est que le jurisconsulte rattache formellement cet enfant à celui qui a vécu avec sa
mère au moment de la conception *ei ex quo conceptus est*, la présomption de paternité est invoquée
contre cet homme bien qu'il n'eût pas alors la qualité de mari, seulement cette paternité illégitime
n'aurait produit aucun effet civil (3). Si cette présomption est appliquée à une union où il n'y a pas
même l'ombre d'un mariage, à combien plus forte

---

(1) Gaius, *Comm.* I, §, 61. — § 12, Inst., *De nuptiis.*
(2) L. 11, *De statu hominum,* 1, 5.
(3) Amiable, *De la paternité du mari, loc. cit.,* p. 8.

raison ne doit-elle pas l'être au concubinat qui est
à tant d'égards assimilé au mariage et qu'on peut
en regarder comme la copie.

2° Le concubinat était une union revêtue d'un
caractère légal, n'ayant rien d'illicite, rien de répré-
hensible. C'était une sorte de mariage de droit naturel, affranchi de certaines prohibitions arbitrai-
res, mais soumis aux prescriptions de la morale ; il
était contracté comme le mariage dans un but de
perpétuité, il devait donc produire les effets que le
droit naturel attache au mariage, or parmi ces
effets le premier et le plus important est la présomption de paternité dont nous nous occupons.
Le motif principal sur lequel repose cette présomption, le fait de la cohabitation existe aussi
bien dans un cas que dans l'autre. Il semble qu'il
y aurait eu suprême inconséquence de la part du
législateur à entourer le concubinat de nombreuse
règles, à en faire une union légale et à ne pas en
faire découler la présomption de paternité. On
objectera peut-être qu'il y a une juste raison de
distinguer entre le mariage et le concubinat ; c'est
que la concubine n'est pas tenue comme l'épouse,
au moins légalement, à la fidélité conjugale, il serait donc dangereux d'étendre la présomption de
paternité alors que les motifs sur lesquelle elle
est basée font défaut. A cela nous ferons une double réponse. D'abord l'objection ainsi présentée est
fausse dans sa généralité, il faudrait au moins
distinguer, car nous avons vu que parmi les con-

cubines il s'en trouvait qui étaient tenues à la fidélité conjugale aussi strictement que l'épouse légitime : telle est l'affranchie qui vit avec son patron. De plus en admettant que l'objection fût exacte, nous ne la croirions pas de nature à ébranler notre système ; car en réalité le fondement de la règle *pater is est*, c'est la supposition des relations qui ont existé entre les époux, l'idée de la fidélité n'est qu'une idée accessoire et secondaire, qui doit être prise en considération, nous ne le nions pas ; mais qui est loin d'être déterminante. Cela est si vrai que l'adultère n'a jamais suffi en droit romain à faire tomber la présomption de paternité, il n'a jamais été à lui seul une cause de désaveu. Tout le monde connaît ce texte de Papinien. « Non utique crimen adulterii quod mulieri » objicitur infanti prœjudicat : quum possit et » illa adultera esse et impubes defunctum pa-
» trem habuisse (1). » Nous concluons donc que la présomption de paternite s'appliquait en droit au concubinat comme au mariage : (2) seulement nous accorderons volontiers qu'en fait sa force probante pouvait être moins grande. On comprend que dans certains cas le juge devait hésiter à bon

(1) L. 11, § 9, *Ad leg. Jul. de adult.*, 48, 5.
(2) Cujas exprime la même opinion dans les termes suivants : Est enim concubinatus imitatio justi matrimonii et consequenter qui ex concubinatu nascuntur etiam civilem patrem matremque habent (*Recitat. in lib.* IV, *Pauli, ad Edictum ad leg.* 5, *De in jus vocando*).

droit, il est probable qu'il ce montrait plus disposé à accueillir la preuve contraire.

Quant à la maternité naturelle tout le monde reconnait qu'elle pouvait être légalement prouvée par les mêmes moyens que la maternité légitime (1). Vis-à-vis de la mère les Romains ne paraissent pas avoir distingué diverses classes d'enfants ; ils les ont tous traités de la même manière, qu'ils fussent légitimes, *liberi naturales* ou même *spurii*.

Quant aux modes de preuve qu'on peut invoquer dans une action en recherche de paternité ou de maternité, voici ceux qui nous sont signalés par les textes. Il est probable qu'ils doivent s'appliquer également à la filiations légitime et à la filiation naturelle.

1º La possession d'état était généralement admise dans toutes les questions d'état, elle parait bien l'avoir été en matière de filiation. La vérification de cette possession est une question de fait sur laquelle les jurisconsultes romains ne nous fournissent aucun renseignement particulier (2).

2º Les registres du cens. Dans ces registres le Romains n'indiquaient pas seulement le montant de leur fortune mais encore le nom de leurs enfants: aussi pouvaient-ils servir d'éléments de preuve

(1) L. 5 initio. *De in jus vocando*, 2, 4.
(2) Arg., L. 14, *De probationibus*, 23, 3. — Pothier s'exprime ainsi : In omnibus status quæstionibus, hæc maxime viget præsumptio, ut pro statu in cujus quasi possessione quis est præsumatur (*Pandect.* lib. XXII, tit. III, sectio IV, § 2).

dans les procès civils et criminels. Dans les provinces ont tenait des registres analogues où devait être indiqué l'âge de l'individu soumis à la capitation. C'est ce qui ressort assez clairement du texte suivant : « Œtatem in censendo significare necesse » est, quia quibusdam œtas tribuit ne tributo » onerentur, veluti in Syria a quatuordecim annis » masculi, a duodecim feminœ usque ad sexagesi- » mum quintum annum tributo capitis obligan- » tur, œtas autem spectatur censendi tempore (1) ».

3° La preuve testimoniale. En général il paraît qu'on exigeait cinq témoins ; on se contentait de trois s'il y avait commencement de preuve par écrit, ainsi que l'atteste une constitution de Zénon (2) Scœvola nous apprend aussi qu'on tenait grand compte du commencement de preuve par écrit, quand il dit qu'on ne doit pas en matière de filiation se borner à produire des témoins, mais qu'il faut encore consulter les lettres écrites (3).

4° Sous Justinien l'enfant peut invoquer pour établir sa filiation, soit une reconnaissance émanée du père et signée de trois témoins, soit le testament paternel (4).

5° Enfin il paraît que les Romains avaient des registres de naissance analogues à nos actes de

(1) L. 3, D., *De censibus*, 50, 15.
(2) L. 13, § 1, Code. *De testibus*, 4, 20.
(3) L. 20, *De probationibus*, 22, 3.
(4) Nov. 117, cap. 2, initio.

l'état civil, les déclarations des parents étaient cons-
tatées sur des registres publics, et c'est à une déclaration de ce genre qu'il est fait allusion dans ces
vers de Juvénal tant de fois cités.

> Tollis enim et *libris actorum* spargere gaudes.
> Argumenta viri : foribus suspende coronas.
> Jam pater es (1).

Marc Aurèle, au dire de son biographe Julius
Capitolinus aurait rendu ces déclarations obligatoires. A Rome elles étaient reçues par le préfet de
l'*Ærarium*, et en province par des magistrats mu-
nicipaux institués à cet effet, qu'on nommait *tabu-
larii* (2). La déclaration devait être faite par le père
dans les trente jours qui suivaient la naissance. A
défaut du père, cette obligation incombait à l'aïeul
et ensuite à la mère (3). Quoi qu'il en soit, nous
trouvons au Digeste plusieurs textes où il est question de ces *professiones parentum* et de la force probante qui y est attachée. Il paraît certain que ces
déclarations font foi pleine et entière du fait de la
paternité, et n'ont aucun besoin d'être corroborées
par la preuve testimoniale sur laquelle en principe
elles doivent l'emporter (4). Mais la preuve contraire

(1) Juvénal, Sat. VI. — Suétone, Tibère, n° 5. — L. 8, *De stato ho-*
minum, 1, 5.
(2) Capitolinus, *Marc-Aurèle*, 9.
(3) L. 10, *De probationibus*, 22, 3.
(4) L. 15, § 1 *in fine*, Code, *De testibus*, 4, 20.

paraît bien être toujours admise. Le jurisconsulte Scævola nous dit qu'une femme dans un moment de colère contre son mari qui l'avait abandonnée déclara faussement que l'enfant dont elle était accouchée était *spurius*, mais une pareille déclaration n'empêche pas qu'on établisse la vérité. « Mulier » gravide, repudiata, filium enixa, absente marito » ut spurium professa est : quæsitum est an is in po- » testate patris sit et matre intestatâ mortuâ jussu » ejus hereditatem adire possit. Respondi veritati » locum perfore (1). » De même, est-il dit au Code, une fausse déclaration ne doit jamais prévaloir contre la vérité. « Nec omissa professio probatio- » nem generis excludit, nec falsa simulatio verita- » tem minuit (2). »

CHAPITRE II

CONDITION JURIDIQUE DES ENFANTS NATURELS.

Ce chapitre est le plus important de notre travail. Voici les divers points de vue auxquels nous nous placerons successivement, pour traiter avec quelque méthode les nombreuses questions que nous aurons à examiner. Nous rechercherons d'abord quelle situation était faite aux enfants naturels dans la société et dans la famille : puis nous étudierons les droits dont ils étaient investis sur la succession de leurs parents. Enfin nous dirons quelques mots de leur capacité relativement aux libéralités qui pouvaient leur être adressées par leurs père et mère.

SECTION PREMIÈRE

CONDITION DES ENFANTS NATURELS DANS LA SOCIÉTÉ

Les enfants naturels qui naissaient libres et citoyens romains n'étaient frappés d'aucune déchéance au sein de la société. A Athènes le bâtard était traité comme un étranger et on lui refusait le titre citoyen, mais à Rome il jouissait pleinement de tous les droits de cité. Il avait certainement le *jus suffragii* et même le *jus honorum*, non-seulement il était apte à remplir les charges privées telles que la tutelle, mais encore il pouvait aspirer aux fonctions publiques. Aucune magistrature ne lui était inaccessible et il avait l'espoir de s'élever aux plus hautes dignités. Les textes nous l'attestent de la manière la plus formelle (1) ; leur témoignage est d'ailleurs confirmé par un grand nombre d'inscriptions tumulaires. En voici une citée par Heineccius (2).

(1) L. 3, § 2; L. 6, pr., *De Decurionibus*, 50, 2.
(2) Heineccii, *Ad leg. Jul. et Pap.*, *Commentarius*, 161.

C. Mamercio s. p. f.

Januario. q. ed. præt.

II vir. q. it.

P. Puccius Januarius

filio naturali et

Mamercia grapta

mater infeliciss. filio

et cognatæ piissimis

fecerunt.

On voit que l'enfant naturel dont il est question fut successivement questeur, édile, préteur et duumvir. Nous pourrions rappeler aussi que Constantin était né d'un concubinat.

Il y a néanmoins un texte qui pourrait faire naître des doutes sur la question. On y lit que lorsqu'il s'agit de nommer un magistrat, on doit rechercher d'abord quelle est la capacité des candidats, mais qu'il faut aussi se préoccuper de leur naissance : *item inspicienda est origo natalium* (1). Nous ne croyons pas qu'il y ait là une incapacité légale

(1) L. 14, § 3, *De muneribus et honoribus*, 50, 4.

établie contre les enfants naturels ; il est probable seulement que lorsqu'ils avaient pour compétiteur un enfant légitime, celui-ci, toutes choses égales, devait être préféré. Telle est l'opinion adoptée par le chancelier d'Aguesseau : « Quelques interprètes, dit-il, croient que cette loi doit s'entendre, non pas des bâtards, mais des étrangers ; d'autres conviennent que sa disposition doit être appliquée aux bâtards, mais qu'elle ne les exclut pas des dignités, qu'elle veut seulement qu'entre plusieurs compétiteurs on préfère le légitime au bâtard, et ils fondent leur interprétation sur la loi 3. § 2, « *De decus* » purios posse in ordinem allegi nulla dubi- » tatio est, sed si habeant competitorem ligitimè » quœsitum, prœferri eum oportere. » Et cette dernière interprétation paraît tout à fait conforme à l'esprit de la loi qu'on objecte. En effet, ce n'est pas une loi prohibitive, mais elle marque seulement ceux qui doivent être préférés lorsqu'on élit des magistrats (1). »

Il est de principe que dans la cité l'enfant naturel jouit de la même condition que sa mère au jour de l'accouchement ; est-elle à cette époque citoyenne romaine, latine, pérégrine, il naît citoyen romain, latin, pérégrin : « Lex naturœ hœc est, ut qui nas- « citur sine legitimo matrimonio matrem sequa-

---

(1) *Dissertation sur les bâtards* (*Œuvres de Daguesseau*, Paris, 1772, t. VII, p. 385).

» tur (1). » Il suit de là que ces enfants portaient le *nomen* de leur mère. Heineccius estime qu'ils étaient dans l'usage d'y joindre le *cognomen* de leur père : cette opinion est confirmée par l'inscription que nous venons de reproduire.

SECTION II

CONDITION DES ENFANTS NATURELS
DANS LA FAMILLE

Examinons maintenant la condition des enfants naturels au point de vue des droits de famille proprement dits. La famille est un groupe de personnes unies par des liens de parenté ou d'alliance et destinées le plus souvent à mener une vie commune. Entre ces personnes il existe des devoirs et des droits réciproques qui ne sauraient s'étendre aux étrangers, car ils ont leur source dans cette affection spéciale et exclusive que la nature a mis au cœur de l'homme pour ses parents et ses proches. La plupart des devoirs qui nous sont ainsi imposés

(1) L. 24, *De statu hominum*, I, 5 ; — L. 19, *Ibid.* ; — Ulpien, *Regul.*, tit. V, §§ 8 et 10 ; — Gaius, *Comm.* I, §§ 80 et suiv.

échappent à toute sanction de la loi civile, la voix intime de la conscience est seule chargée de nous les rappeler et de nous punir si nous venons à y manquer. Il en est cependant qui se traduisent par des effets pratiques très-importants et que le législateur a cru devoir réglementer; c'est dans l'étude de ces derniers que doit se renfermer l'interprète, leur ensemble forme le droit de famille. Un savant jurisconsulte a groupé sous les trois termes suivants les diverses obligations qui font l'objet du droit de famille : protection, assistance, fidélité (1). Cette division nous paraît assez exacte, et nous croyons qu'on peut ranger sous ces trois chefs les rapports juridiques existants entre les enfants et leurs auteurs, les seuls dont nous ayons à nous occuper ici.

1º Au devoir de *protection* se rattache l'organisation de la puissance paternelle et de la tutelle;

2º Sous le devoir d'*assistance* on peut comprendre l'obligation alimentaire;

3º Le devoir de *fidélité* se traduit pratiquement par le respect que l'enfant doit à ses père et mère et les conséquences juridiques qui en découlent.

Dans cette section, nous ne nous occupons pas des droits héréditaires, malgré leurs rapports intimes avec le droit de famille. Sans doute, une législation équitable doit s'inspirer des relations de famille quand elle règle l'ordre des successions,

_____

(1) Oudot., *Du droit de famille*, pp. 2 et 3.

c'est d'après l'affection présumée du défunt que son hérédité doit être dévolue. Mais l'idée de famille n'est ici qu'accessoire, puisque c'est alors seulement que la mort a rompu ces relations et brisé cette affection que les droits de succession commencent à produire leur effet.

Voici d'abord une question préalable et fondamentale. Les enfants naturels font-ils partie de la famille? Il est nécessaire, pour répondre, d'indiquer à grands traits les diverses règles légales qui ont présidé successivement à l'organisation de la famille romaine. Dans toute société bien organisée, c'est le mariage qui doit être l'unique source et le principe constitutif de la famille. Les Romains n'avaient pas complétement méconnu cette grande loi sociale; les enfants, nés de justes noces, entraient seuls de plein droit, supprimer par le fait de leur naissance, dans la famille civile, telle qu'elle était primitivement organisée. Mais la loi romaine était allée plus loin; à côté et même au-dessus du mariage, elle avait établi la puissance paternelle comme le fondement principal sur lequel reposait la famille. La famille civile ou agnative n'embrassait pas toutes les personnes entre lesquelles la procréation *ex justis nuptiis*, créait des rapports d'alliance ou de parenté; le lien d'agnation qui unissait ses divers membres, s'analysait toujours en un rapport de puissance paternelle. Ceux-là seuls sont agnats, c'est-à-dire membres d'une même famille, qui se trouvent sous la puissance d'un même chef, ou qui s'y trouveraient encore, si ce chef avait vécu plus longtemps (1). C'était donner à la famille une base beaucoup trop étroite et en quelque sorte artificielle. En effet, si on l'examine de près, on voit qu'elle laisse hors de son sein des personnes que la nature devait y faire admettre. Tous les parents par les femmes en sont exclus : il n'y a d'agnats que les parents liés entre eux par une série non interrompue de générations masculines (2). Bien plus, la volonté souveraine du père peut à son gré modifier la composition de la famille, il est libre d'y faire entrer des étrangers par l'adoption ou l'adrogation; il peut en chasser ses propres enfants par l'émancipation. Il va sans dire que les enfants naturels ne trouvaient jamais place dès leur naissance, dans la famille ainsi organisée car un père n'avait sous sa puissance, pour les avoir procréés, que les enfants nés de justes noces (3). La volonté seule de ce père pouvait les y introduire comme elle y introduisait des étrangers ordinaires. On voit que le mariage au lieu d'être l'unique base de la famille s'effaçait et disparaissait derrière la puissance paternelle qui en devenait le principal et même le seul fondement.

La réaction ne devait pas tarder à se faire : cette conception de la famille plus politique qu'équi-

(1) L. 195, § 2, De verbor. signif., 5), 13.
(2) § 1, Inst., De legit. agnator. success. III, 2.
(3) Gaius, Comm. I, § 55. — Ulpien, Regulæ, tit. V, § 1.

table était destinée à faire place à un autre type conçu d'après les idées naturelles de justice et d'humanité. L'œuvre réformatrice s'accomplit surtout grâce à l'influence des préteurs; dans les rapports de droit les plus importants, ils tendirent sans cesse à substituer la famille naturelle à la famille civile, à faire prévaloir les liens de la cognation sur ceux de l'agnation. C'est surtout dans la législation successorale qu'il est aisé de suivre le progrès de cette lente évolution; il serait trop long de les retracer ici. Disons seulement que cette tentative fut couronnée de succès : la famille civile des agnats avait à peu près disparu des mœurs, lorsque Justinien effaça les derniers vestiges qu'elle avait encore laissés dans les lois (1). Si nous avions à exprimer notre avis, nous dirions que la réaction fut excessive et qu'elle dépassa le but. Le fondement sur lequel reposait la famille romaine se trouva déplacé; c'était jadis la puissance paternelle, ce fut désormais le fait de la procréation légalement constatée ; la première base était trop étroite, mais la seconde nous semble un peu trop large. La famille cognative fut établie uniquement sur les rapports de parenté naturelle, sur la communauté de sang et d'origine, *ratio sanguinis*, nous dit Gaius (2). Les cognats sont tous ceux qui se rattachent à un au-

(1) Nov. 118, *De heredibus ab intestato venientibus et agnatorum jure sublato.*
(2) L. 2, *Unde cognati*, 38, 8.

teur commun. Modestin nous dit même que c'est
là que se trouve l'étymologie du mot : « cognati ab
» eo dici putantur quod quasi unà communiter ve
» nati, vel ab eodem nati progenitive sint (1). » Il
arriva dès lors que les enfants nés hors mariage
furent compris dans cette famille au même titre
que les enfants légitimes, et y furent admis avec
eux sur le pied d'une égalité parfaite. Ce point est
indiscutable à l'égard de la famille maternelle ; les
textes disent qu'on ne fait aucune distinction entre
les divers enfants qu'une femme a mis au monde ;
qu'ils soient légitimes, qu'ils naissent *ex concubinatu,* qu'ils soient le fruit d'une union coupable ou
passagère, ils sont tous ses cognats au même degré
« Vulgo quœsiti cognati sunt sibi sicut et matris
cognatis (2).» Nous croyons qu'il est encore vrai
quand on se place au point de vue de la famille
paternelle ; ici nous devons forcément exclure une
certaine catégorie d'enfants, il ne saurait être question des *spurii* ou *vulgo concepti* ; car, à leur égard,
la paternité est incertaine, le fait de la procréation
ne peut pas être légalement constaté. Mais s'il s'agit
des enfants naturels ordinaires, c'est-à-dire des
enfants nés du concubinat, nous croyons qu'ils
sont cognats de leur père et de leurs parents paternels aussi bien que s'ils étaient nés de justes
noces. Si on admet, en effet, que la paternité est

---

(1) L. 4, § 1, *De gradibus et affinibus,* 38, 10.
(2) § 4, Inst., *De success. cognat.* III, 5 ; — L. 2, *Unde cognati.*

aussi certaine dans un cas que dans l'autre, on est bien forcé de reconnaître entre ces enfants et leurs parents paternels cette communauté d'origine, cette *ratio sanguinis* qui suffit à établir le lien de cognation (1).

Ainsi, l'interrogation que nous posions tout-à-l'heure doit se décomposer en deux questions dont chacune reçoit en sens inverse, une solution bien nette et bien précise. Les *liberi naturales* ne font point partie de la famille civile des agnats. Ils font partie de la famille naturelle des cognats.

Les enfants naturels, avons-nous dit, naissaient *sui juris* c'est-à-dire de la puissance paternelle, libres Or pour toute personne *sui juris* incapable de se défendre elle-même, les Romains ont organisé une protection légale, qui s'étend à la personne et aux biens de l'incapable, c'est la tutelle. Ces enfants doivent donc se trouver en tutelle jusqu'à l'époque de leur puberté; mais reste à voir quel sera leur tuteur.

La tutelle testamentaire organisée déjà par la loi des Douze Tables, au témoignage d'Ulpien (2), n'était qu'une émanation des pouvoirs du père des fa-

(1) Contr*à*. Maynz. *Cours de droit romain* 1, § 102. « La légitimation, dit le savant auteur, ne fait que constater une cognation que la loi civile refusait de reconnaître. » Même en admettant que le lien de cognation n'existe pas entre le père et les fils naturels, il nous paraît inexact de présenter la légitimation comme créant un rapport de cognation, nous croyons que les enfants légitimés entrent plutôt dans la famille avec le titre et la qualité d'agnats.

(2) Ulpien, *Regular.* tit. XI, § 4.

mille, et comme « un attribut de la puissance paternelle se survivant en quelque sorte à elle-même jusqu'à la puberté (1). » Elle n'avait donc lieu qu'à l'é-
gard des enfants qui avaient été soumis à la *patria
potestas*, et il ne saurait en être question pour les
enfants nés du concubinat. En l'absence du tuteur
testamentaire, la loi des Douze Tables appelait
expressément le plus proche agnat (2); mais les
enfants naturels étant complètement exclus de la
famille civile des agnats, cette tutulle leur était
inapplicable. De même pour la tutelle des gen-
tils (3); nous croyons que la *gentilitas* n'était que
l'extension de l'agnation ; les enfants naturels ont
dû rester aussi étrangers aux rapports de la genti-
lité qu'à ceux de l'agnation. Il ne saurait davantage
être question de la tutelle fiduciaire ni de la tutelle
légitime des ascendants, puisque l'enfant est né
sui juris, il est évident qu'il n'a pas été émancipé.
Il restait donc uniquement la tutelle dative déférée
par le magistrat, qu'on appelait aussi tutelle ati-
lienne, il paraît que cette tutelle ne fut admise qu'à
une époque assez tardive. D'après les conjectures
les plus probables elle daterait du milieu du cin-
quième siècle de Rome fondée.

(1) Accarias, *Précis de droit romain* I, p. 231.
(2) Ulp., *Regulæ*, tit. XI, § 3.
(3) Malgré le silence des textes, on décide généralement que les gen-
tils étaient appelés à la tutelle légitime à défaut d'agnats : On se fonde
sur leur double vocation à l'hérédité et à la curatelle des fous (Demangeat, I, p. 310. — Accarias, I, p. 272).

Mais les règles du droit classique relativement à la délation de la tutelle reçurent peu à peu divers tempéraments. La tutelle testamentaire se modifia bientôt; on comprit que le bon choix du tuteur était plus sûrement garanti par l'affection du père que par la puissance paternelle dont il était revêtu. Déjà du temps de Trajan, Nératius nous apprend que la désignation du tuteur faite par la mère dans son testament, devra être confirmée par le magistrat, après une enquête préalable sur la moralité, l'aptitude et la solvabilité de la personne désignée. « Mulier liberis non recte testamento tutorem dat; » sed si dederit, decreto prætoris vel proconsulis, » ex inquisitione, confirmabitur (1). » Ce texte ne fait aucune distinction entre les enfants légitimes et les enfants naturels, il est probable qu'il s'applique également aux uns et aux autres, car dans le langage habituel des jurisconsultes romains tous les enfants sont dans une même situation relativement à leur mère. Mais ce droit ne fut accordé à la mère que moyennant une condition : il fallait qu'elle eût fait preuve d'une affection véritable pour l'enfant en l'instituant héritier (2).

Il eût été illogique de s'en tenir là et de refuser au père naturel une prérogative qu'on venait d'accorder à la mère, aussi ce droit lui fut aussitôt attribué et même dans une mesure plus libérale. Si le père a

____

(1) L. 2, pr., *De confirmando tutore*, 26, 3.

(2) L. 4, pr., *De testamentariâ tutelâ*, 26, 2. — L. 1, Code, *De confirm. tut.*, 5, 29.

institué son fils naturel, le tuteur testamentaire qu'il nomme doit être confirmé purement et simplement par le magistrat. Celui-ci n'a plus à apprécier les qualités de la personne choisie. Si au contraire, le père n'a rien laissé à l'enfant, une enquête est nécessaire, et le magistrat est libre de ratifier ou non le choix proposé. « Naturali filio cui nihil » relictum est tutor frustra datur a patre : nec » sine inquisitione confirmatur (1). »

Il est probable que le père naturel était souvent investi par le magistrat de la tutelle sur son fils impubère ; une incapacité spéciale empêchait que cette fonction fût dévolue à la mère. La tutelle était considérée comme une charge publique, les femmes en étaient exclues à raison de leur sexe (2); d'ailleurs on les tenait en général pour inhabiles aux affaires et on les avait soumises elles-mêmes à une tutelle perpétuelle. La réforme ne devait pas tarder à s'accomplir. Nous voyons dès l'époque classique que si la mère adresse une requête au prince, celui-ci, dans son omnipotence, peut la relever de son incapacité et lui accorder par une faveur spéciale la tutelle de ses enfants (3); il est probable qu'il n'y a pas à

---

(1) L. 7, pr., *De confirm. tut.*, 26, 3. Toutefois certains jurisconsultes interprètent ce texte d'une manière différente. D'après eux si le père naturel n'a rien laissé à l'enfant la nomination est dépourvue de toute espèce d'effet ; si au contraire il a fait quelque disposition en faveur de l'enfant, la nomination pourra être confirmé *cum inquisitione* (Demangeat, I, p. 335).

(2) L. 1. Code, *Quando mulier*, 5, 35.

(3) L. 18, *De tutelis*, 26, 1.

distinguer entre les enfants légitimes et les enfants naturels.

Plus tard, Justinien, par une mesure générale autorisa la mère naturelle à gérer la tutelle de ses enfants nés *ex concubinatu*, lorsque le père était mort sans leur désigner un tuteur. Elle devait seulement s'engager par serment à ne pas se marier et à ne pas invoquer la protection du sénatus-consulte Velleien. Acte de cet engagement était dressé devant le magistrat et inséré dans les registres publics (1). Si elle contractait mariage sans se faire remplacer dans la tutelle, une constitution de Théodose et Valentinien, qui dans un cas analogue privait la mère légitime de tous droits à la succession de ses enfants lui devenait applicable. Le motif de cette double condition est facile à saisir. D'une part, la loi se méfie de l'influence du mari qui gérerait en réalité la tutelle sous le nom de sa femme et qui se préoccuperait assez peu des véritables intérêts du pupille. D'un autre côté, le sénatus-consulte Velleien déclarait la femme incapable d'*intercedere*, c'est-à-dire de s'obliger pour autrui. Or, toutes les fois que le tuteur fait lui-même, en l'absence du pupille, un acte dont les conséquences juridiques doivent retomber sur lui seul, il s'oblige dans l'intérêt d'autrui : il importait que la mère tutrice pût valablement *intercedere*, si non les tiers n'auraient pas consenti à traiter avec elle.

(2) L. 3, Code, *Qvando mulier*, 5, 35. — Nov. 118, cap. 5.

Mais la tutelle n'était pas la seule protection
légale organisée pour défendre les intérêts des
incapables. Dans le dernier état du droit romain,
l'ex-pupille recevait un curateur qui devait l'assister dans la réception de son compte de tutelle.
et qui l'aidait dans l'administration de son patrimoine jusqu'à l'âge de vingt-cinq ans (1). Ce curateur était nommé par le magistrat: le père naturel
dut être souvent désigné pour remplir cette fonction ; mais aucun texte ne nous apprend qu'on eût
levé en faveur de la mère naturelle l'incapacité qui
excluait les femmes de la curatelle. En principe il
n'y avait pas de curatelle testamentaire. Cependant
on attacha un certain effet à la désignation contenue dans le testament du père de famille. Le préteur
confirmait presque toujours le choix fait par le père
légitime (2) et probablement aussi par le père naturel. Le curateur désigné par la mère devait être
confirmé après enquête (3); nous croyons qu'il n'y
a pas à distinguer entre la mère légitime et la mère
naturelle.

Les Romains avaient reconnu de bonne heure
l'existence d'une dette alimentaire, civilement obligatoire entre les parents et les enfants. Le jurisconsulte Paul dit énergiquement que le père est
meurtrier non-seulement quand il tue son fils, mais

(1) Accarias, *Précis*, I, p. 303. — Maynz, *Cours de droit romain*, III,
§ 410.
(2) § 1, Inst., *De curator* (I, 23). — L. 1, § 3, *De confirm. tut.*, 26, 3.
(3) L. 2, § 1, *Ibid.*
MI. 82.

encore quand il lui refuse des aliments. *Necare vi-
detur... et qui alimonia denegat* (1). Sous ce nom
d'aliments le père, et à son défaut, les parents plus
éloignés sont tenus de fournir à l'enfant dans le
besoin, tout ce qui est nécessaire à la vie matérielle, la nourriture, l'habitation, le vêtement, les
soins et les remèdes en cas de maladie. Ils doivent
même lui faire donner une éducatieu en rapport
avec le rang qu'ils occupeut dans la société (2). Ce
devoir n'incombe à la mère et aux parents maternels quo lorsque le père et les parents paternels
sont morts ou sont tombés eux-mêmes dans l'in.
digence. Cette obligation est réciproque ; à leur tour
les enfants quand ils sont en état de se suffire à
eux-mêmes, doivent des secours à leurs parents né-
cessiteux que l'àge ou les infirmités ont rendus incapables de pourvoir à leurs besoins. *Iniquissimum
enim quis merito dixerit patrem egere, cum filius sit
in facultatibus (3).*

Cette obligation existait-elle entre le père et ses
enfants naturels ? Plusieurs auteurs enseignent l'affirmative (4) et il semble à première vue qu'il devrait en être ainsi, car on regardait la dette alimentaire comme un effet attaché à la cognation et non

(1) L. 4, *De agnosc. et alend. lib.*, 25, 3.
(2) L. 5, § 12, *De agnosc. et al. lib.*, 25, 3. — LL. 43 et 44, *De verbor.
signif.*, 50, 16.
(3) L. 5, §§ 3 et 13, *De agnosc. et al. lib.*, 25, 3.
(4) Voët, *ad Pandectas*, lib. 25, tit. 3, n° 5. — Da Fresquet, *Traité de
droit romain*, I, p. 138. — Pilette, *op. et loc. citt.*, p. 352.

à l'agnation : c'est un devoir qui résulte des liens que la nature a formés entre deux personnes issues du même sang, et qui est indépendant des liens civils établis par la loi. Ulpien dit qu'on ne doit pas s'inquiéter de savoir si les enfants sont en puissance ou ont été émancipés; cependant il ajoute quelques lignes plus bas qu'un rescrit d'Antonin le Pieux a décidé que le père ne serait tenu de nourir sa fille, que si elle était légitime. « Item rescri-
» psit ut filiam suam pater exhibeat, si consti-
» terit apud judicem justè eam procreatam (1). »
Voët pense qu'on peut écarter ce texte en disant que les mots *justè procreatam* s'appliquent aussi bien aux enfants nés du concubinat qu'à ceux qui sont issus de justes noces; car, dit-il, le concubinat est une union tolérée par la loi, qu'on peut qualifier de légitime. Justinien lui-même l'appelle *licita consuetudo*. Mais nous ne saurions adopter cette opinion; bien que le langage des jurisconsultes manque parfois de précision sur ce point, il nous paraît inadmissible que les enfants nés du concubinat aient été qualifiés de *juste procreati*.

Quoiqu'il en soit cette obligation existe dans le droit de Justinien. Les Novelles obligent le père naturel à fournir des aliments à l'enfant dans le besoin; elles décident même que les enfants légitimes seront tenus de cette obligation vis-à-vis de leurs frères

____
(1) L. 5, §§ 1 et 6, *De agnosc. et alend. lib.*

et sœurs naturels (1). A défaut du père cette dette retombait-elle sur l'aïeul naturel? Le grand père doit-il des aliments au fils naturel de son fils légitime? en doit-il au fils légitime de son fils naturel? Voët dit que la question est douteuse, mais il estime qu'on doit la résoudre affirmativement (2). Nous nous rangeons volontiers à cet avis; il était de principe que le grand père légitime était tenu à défaut du père, et nous croyons qu'on doit étendre cette règle par analogie. Telle est aussi l'opinion du président Favre. Un père dont le fils a séduit une jeune fille doit être tenu, dit-il, de nourrir l'enfant que cette fille a mis au monde; il doit des aliments au petit-fils né de son fils comme il en doit à son fils lui-même (3).

Un autre jurisconsulte, Hotman, a cru pouvoir conclure de l'obligation imposée au père de nourrir son enfant naturel à la nécessité pour lui de doter sa fille née d'un concubinat : cette constitution de dot faite *boni viri arbitratu*, doit lui tenir lieu d'aliments (4). Mais cette conclusion nous semble téméraire : entre la dot souvent considérable et des frais d'entretien ordinairement assez faibles la distance est grande : d'ailleurs il y a une diffé-

(1) Authent., *Licet patri*, Code, *De natural.* lib., 5, 27. — Nov. 18, cap. 5, Nov. 89, cap. 12.
(2) Voët, *Ad Pandectas*, lib. 25, tit. 3, n° 7.
(3) Antonii Fabri Codex, lib. IV, tit. IX, *definit*, 3.
(4) Hotman. *Disputatio de spuriis et legitimatione.* — Cap. 3, *De spurior. et nothor. jure.*

rence juridique facile à apercevoir entre la dot qui une fois constituée adhère en quelque sorte à la femme jusqu'à sa mort, et la dette alimentaire qui disparaît dès que l'enfant se trouve en position de se suffire à lui-même.

Entre la mère et les enfants naturels l'obligation alimentaire parait avoir existé de tout temps; à cet égard on ne distinguait pas entre les enfants issus du concubinat et ceux qui étaient simplement vulgo concepti. « Ergo et matrem cogemus » præsertim vulgo quæsitos alere, nec non ipsos » eam (1). » Cette dette était même étendue à l'aïeul maternel.

Durant le mariage l'obligation de nourir les enfants légitimes ne pesait sur la mère que subsidiairement au cas où le père était pauvre ; car le mari gagnant les revenus de la dot, il était juste qu'il supportât les charges du ménage. Le mariage dissous elle se partageait entre les deux auteurs. Si nous nous plaçons dans le droit de Justinien, l'obligation de nourrir l'enfant naturel doit peser concurrement sur la concubine et sur son compagnon, soit que le concubinat existe encore, soit qu'il ait cessé, car nous savons qu'entre concubins il n'est jamais question de dot : dès lors il n'y a pas de motif pour faire peser la dette sur l'un plutôt que sur l'autre.

Remarquons en terminant que les aliments se

____

(1) L. 5, § 4, *De agnosc. et alend. lib.*, 25, 3.

demandaient au moyen d'une *cognitio extraordi-naria.* Ils devaient être proportionnés aux ressources et aux besoin des deux parties : ainsi ils cessaient d'être dus dès qu'on avait fait apprendre au fils un métier dont l'exercice suffisait à son entretien (1).

La morale et la religion enseignent que l'enfant doit honorer et respecter les auteurs de sa vie. Les lois romaines s'occupaient de cette *reverentia*, et elles en déduisaient des conséquences assez importantes. Ce devoir pèse sur l'enfant quel que soit le caractère de sa filiation, qu'il soit issu du mariage, du concubinat ou de toute autre union. « Una est enim parentibus servanda reverentia, » nous dit Paul (2). Ainsi l'enfant naturel ne peut pas assigner ses ascendents en justice sans avoir obtenu l'autorisation préalable du magistrat (3), si non il se rend passible d'une action pénale *in factum* que le préteur a instituée à cet effet (4). De même un ascendant poursuivi par son fils jouira du bénéfice de compétence, c'est-à-dire qu'il obtiendra de n'être condamné que jusqu'à concurrence des ressources dont il peut disposer, *quatenùs facere potest* (5). L'enfant ne peut jamais exercer contre ses parents une action *famosa*, c'est-à-dire une action qui aurait un caractère infâ-

---

(1) L. 5, § *De agnosc. et alend. lib.*
(2) L. 6, *De in jus vocando,* 2, 5.
(3) L. 4, § 3, et L. 6, *Ibid.*
(4) Gaius, Comm. IV, § 46. — § 12, Inst., *De actionibus,* IV, 6.
(5) § 38, Inst., *De actionibus.* — L. 7, § 1, *De obsequiis,* 37, 15.

mant ; (1) Il ne peut pas leur opposer une exception de dol ou toute autre qui serait de nature à ternir l'honorabilité de leur réputation « quæ opi- » nionem apud bonos mores suggillet. » Il ne peut qu'employer une exception, conçue *in factum* dans laquelle il se bornera à raconter les faits, en s'abstenant de les qualifier (2).

Enfin le fils assez dénaturé pour porter la main sur son père ou sa mère est remis au préfet de la ville chargé de le punir ; celui qui n'a pas craint d'outrager ceux qui l'ont élevé est déclaré indigne de servir dans l'armée romaine. « Indignus militiâ » judicandus est qui patrem et matrem a quibus se » educatum dixerit, maleficos appellaverit (3). »

Bien que les textes soient muets sur plusieurs points, nous croyons qu'on doit sans hésiter appli- quer toutes ces dispositions à l'enfant naturel aussi bien qu'à l'enfant légitime. Il nous semble que le principe posé à cet égard par le jurisconsulte Paul est assez explicite pour lever tous les doutes.

(1) L. 11, *De dolo malo*, 4, 3.
(2) L. 4, § 16, *De doli mali et metus except.*, 44, 4. — LL. 5 et 7, *De obsequiis*, 37, 15.
(3) L. 1, §§ 2 et 3, *De obsequiis*, 37, 15.

SECTION III

DROITS SUCCESSORAUX DES ENFANTS NATURELS

A l'origine les enfants naturels n'avaient aucune aptitude à la succession de leur père ou de leur mère. En effet la loi des Douze Tables n'avait créé que trois classes d'héritiers : les *sui* qui se trouvaient à titre de descendants sous la puissance médiate ou immédiate du défunt, à leur défaut les agnats, et enfin en dernier lieu les *gentiles*. L'enfant naturel naît *sui juris* il n'a d'autre famille civile que celle qu'il se crée à lui-même par le mariage : il est donc évident qu'il ne peut trouver place dans aucune des trois catégories indiquées. Mais le droit des Douze Tables ne subsista pas longtemps dans sa rigueur primitive : grâce aux adoucissements successifs qu'il reçut de la jurisprudence prétorienne et des constitutions impériales, le sort des enfants naturels fut amélioré, et ils acquirent bientôt le droit de succéder à leurs auteurs. Occupons-nous d'abord de l'hérédité maternelle, nous parlerons ensuite de la succession du père.

La loi des Douze Table écartait en principe tous

les enfants de la succession de leur mère : par exception lorsqu'une femme en se mariant tombait *in
manum mariti* un lien d'agnation s'établissait
entre elle et ses propres enfants vis-à-vis desquels
elle se trouvait *loco sororis* ; ils étaient alors appelés à lui succéder comme ils auraient pu succéder à
leur sœur (1) ; mais cette exception ne concerna
jamais les enfants naturels. Le préteur vint corri-
ger cette iniquité en créant un nouvel ordre de successeurs, celui des cognats, dans lequel il fit entrer
tous les enfants sans aucune distinction : les enfants naturels et même les *spurii* purent dès lors
par la *bonorum possessio undé cognati* arriver à la
succession de leur mère, et ils y arrivèrent au même
titre que les enfants légitimes (2). Mais cette première réforme était fort incomplète, et les enfants
ne durent en profiter que dans des cas assez rares,
car il fallait pour que leur vocation fût efficace,
d'abord que leur mère n'eût pas laissé d'agnats, ensuite qu'elle n'eût pas fait de testament : deux conditions difficiles à réaliser et qui en pratique ont
dû rarement se trouver réunies.

Enfin le sénatus consulte Orphitien rendu sous
Marc-Aurèle vint bouleverser les principes du vieux
droit romain, en donnant à des enfants qu'aucun
lien civil n'unissait à leur mère la qualité d'héritiers légitimes ; désormais quand une femme mou-

(1) Gaius, *Comm.* III, § 24.
(2) Pr., Inst., *De S. C. Tertull.* III, 3. — Gaius, *Comm.* III, § 32.

rait *intestat* ses enfants étaient appelés à lui succéder en première ligne, avant tous autres agnats. On ne peut pas dire qu'ils formèrent un ordre d'héritiers siens, car une femme ne pouvait en avoir, mais ils en tenaient lieu. Il est probable que cette innovation fut introduite surtout dans l'intérêt des enfants légitimes : néanmoins elle profita également aux enfants naturels : en principe dès qu'une femme était décédée dans la plénitude de sa capacité, tous les enfants libres et ingénus étaient appelés sans distinction de qualités de sexe ou de condition à recueillir ses biens, et ils les partageaient par égales parts (1). On décida que les enfants seraient préférés même à la mère de la défunte, que le sénatus consulte Tertullien avait appelée à succéder en premier rang, c'est-à-dire qu'en cas de conflit entre les dispositions des sénatus-consultes Orphitien et Tertullien, le premier devait avoir la prééminence (2).

Mais le sénatus consulte ne concernait que les enfants proprement dits : les descendants d'un degré ultérieur n'avaient d'autre ressource que la *bonorum possessio unde cognati*. Une constitution des empereurs Valentinien, Théodose et Arcadius décida que désormais le fils ou la fille naturelle pourraient recueillir la succession de leur grand-mère au même titre que leurs parents. Seulement ils n'obtenaient pas intégralement la part que leur auteur

(1) Pr., et § 3, Instit., *De S. C. Orphitiano*, III, 4.
(2) LL. 1 et 4, Code, *Ad S. C. Orphit.*, 6, 56.

aurait eue : cette part était réduite d'un quart s'ils venaient en concours avec des agnats (1). Justinien fit un pas de plus ; il accorda à ces enfants la part intégrale que leur mère aurait eue, lorsque le défunt ne laissait que des agnats (2).

Vis-à-vis de leur père les enfants naturels acquièrent des droits de succession par la *Bonorum possessio unde cognati.* Malgré le silence des textes nous croyons que ce point doit être mis hors de doute, en effet les enfants naturels ayant un père certain étaient unis indubitablement par les liens du sang non-seulement à la mère et aux parents maternels, mais encore au père et aux parents paternels ; et il nous semble constant que toute parenté naturelle légalement certaine formée entre personnes libres, devait entraîner vocation réciproque à la *Bonorum possessio unde cognati* (3). L'opinion contraire invoque une phrase de Justinien. Ce prince dit en effet dans une constitution que nous analyserons bientôt, et dans laquelle il règle les droits des enfants naturels qu'il a innové à cet égard *(aliquid novi introducit)* ; mais nous croyons que les innovations de Justinien n'ont rien d'inconciliable avec le droit de succession dont nous nous occupons : à notre avis ces innovations ont

____

(1) L. 9, C., *De suis et legit.,* 6, 55. — Cf., L. 4, C., Theod., *De legit. hered.,* 5, 1.

(2) L. 12, C., *De suis et legit.,* 6, 55.

(3) Ortolan, *Explicat. histor.* III, p. 61. — Pilette, *op. et loc. citt.,* p. 346. — Accarias, *Précis,* II, p. 108. — *Contrà,* Demangeat, II, p. 56.

eu pour but d'écarter certaines incapacités dont les enfants naturels avaient été frappés, et de fixer à nouveau la quotité de leurs droits.

Les enfants naturels se sont trouvés ainsi appelés à succéder, mais seulement au troisième rang ; ils sont primés par les *sui* et par les *liberi*. Un auteur considérable estime qu'ils devaient venir en second ordre, en vertu de la *Bonorum possessio unde liberi* (1) ; mais nous ne saurions partager cette opinion. En créant l'ordre des *liberi* le préteur n'a opéré qu'une réforme timide. Il a simplement étendu le cercle des héritiers siens, en leur assimilant les descendants qui auraient été *sui* s'ils n'avaient pas subi une *capitio deminutio*, par exemple s'ils n'avaient été émancipés. Les *liberi* ne comprennent que les *sui* proprement dits et les *sui* fictifs qui ont perdu cette qualité par une émancipation dont le préteur rescinde les effets (2) ; or si les enfants nés du concubinat n'étaient pas *sui heredes* cela ne tenait pas à ce qu'ils auraient subi une *capitis deminutio*.

Pendant la période qui s'étend du règne de Constantin à celui des empereurs Gratien Valens et Valentinien, les enfants nés du concubinat étaient incapables de recevoir de leur père aucune libéralité même testamentaire. Il est probable qu'ils étaient *a fortiori* écartés de sa succession *ab in-*

(1) De Fresquet, II, p. 38.
(2) Gaius, *Comm.* II, § 137. — Ulpien, *Regulæ*, tit. XXVIII, 8.

testat; car les empereurs qui défendaient de leur rien laisser par testament n'eussent pas permis au préteur de neutraliser leurs décisions par une *bonorum possessio unde cognati*.

Justinien a le premier admis les enfants naturels à succéder à leur père mort *ab intestat* à titre d'enfant, c'est-à-dire au premier rang. Voici le résumé de ses dispositions un peu compliquées: Les enfant *ex concubinatu* n'ont droit qu'à des aliments dans la succession du père, quand celui-ci laisse des enfants légitimes ou une épouse; si au contraire ils se trouvent en concurrence avec des agnats ils peuvent prétendre au sixième de la succession paternelle. Dans ce cas ils doivent appeler leur mère, si elle vit encore, au partage de ce qu'ils ont recueilli, et pour une part virile : si la mère était seule elle ne pourrait prendre qu'un douzième, mais toutes ces dispositions n'étaient applicables que si le *de cujus* n'avait eu qu'une seule concubine (1). De son côté le père naturel obtint des aliments seulement ou un sixième des biens laissés par son enfant, alors que ce dernier était mort laissant soit une épouse ou une postérité légitime, soit de simples agnats (2). Ce privilège ne fut accordé qu'aux enfants naturels du premier degré; les descendants naturels d'un degré ultérieur continuèrent à n'être admis à la succession de leurs ascendants ou autres parents paternels

(1) Nov. 89, cap. 12, §§ 4 et 6
(2) Nov. 89, cap. 13.

qu'au rang des cognats ordinaires. « Jura ab intes-
» tato in avi successionem nemini eorum penitus
» aperimus, » dit Justinien (1). »

Les enfants naturels ont-ils une réserve dans la
succession de leurs auteurs? S'ils ont été omis ou
exhérédés, sans de justes motifs, peuvent-ils intenter la *querela inofficiosi testamenti?*

Vis-à-vis de la mère nous croyons qu'il faut reconnaître une légitime aux enfants naturels, depuis le jour où ils ont été investis de certains droits héréditaires. En effet la faculté de
porter plainte du chef d'inofficiosité appartenait à
tout descendant qui pouvait prétendre à la succession *ab intestat,* soit comme héritier du droit civil,
soit en vertu de l'édit du préteur (2). Dès que le
préteur eût introduit le *bonorum possessio unde
cognati* en faveur des enfants naturels, ces enfants
comptèrent donc parmi les légitimaires (3) ; mais ils
ne pouvaient exercer ce droit que lorsqu'ils étaient
appelés au premier rang, c'est-à-dire lorsque les
agnats faisaient défaut. Cette restriction disparut
dès que le sénatus consulte Orphitien les eût
appelés avant tous autres parents. Les petits-fils
naturels eurent droit aussi à une légitime dans la
succession de leur aïeule maternelle; mais ils res-
tèrent plus longtemps soumis aux règles du droit

(1) L. 12. C., *De naturalibus liberis,* 5, 27.
(2) Vernet, *Traité de la quotité disponible,* p. 103 et suiv. — Maynz,
Cours de droit romain, III, § 473.
(3) L. 29, § 1, *De inoff. testam,* 5, 2.

prétorien qui les considérait comme de simples cognats : nous avons dit que le bénéfice du sénatus consulte Orphitien leur fut étendu par une constitution de Théodose et Arcadius ; c'est à dater de ce jour que leur droit de réserve devint véritablement sérieux et efficace.

Si nous nous plaçons au point de vue de la succession paternelle, la question est assez délicate en l'absence de textes. Nous croirions encore qu'ils prirent rang parmi les légitimaires, dès que le préteur les eut appelés en qualité de cognats (1). On pourrait objecter que ces enfants ne sont appelés qu'à titre de cognats ordinaires et non à titre de *liberi* ; et que la réserve ne doit exister qu'au profit de ceux qui succèdent à titre de descenndants. Mais l'objection n'est pas décisive, car il est certain qu'ils avaient une légitime dans la succession de leur mère à laquelle ils n'arrivaient de même qu'en qualité de simples cognats. Mais par application des principes généraux, ils n'eurent le droit d'intenter la *querela* que dans le cas bien rare où la succession *ab intestat* leur était dévolue. Hotman a contesté l'existence de leur droit en disant qu'il ne saurait être question envers eux de l'*officium pietatis*, (2) mais c'est là à notre avis une considération assez faible. En principe tout descendant appelé à la succession a droit à la légitime ; et nous ne voyons nulle part d'excep-

---

(1) Boissonnade, *Histoire de la réserve héréditaire*, p. 87 et 124.
(2) Hotman, *Disputatio de spuriis et legitim.*, cap. 3 (t. I, p. 524).

tion relative aux enfants naturels. Plus tard Constantin leur défendit de recevoir aucune libéralité de leur père ; leur droit dut alors cesser jusqu'à ce que Justinien eût rétabli leur vocation héréditaire, au cas où le père était mort sans laisser ni épouse ni postérité légitime.

SECTION IV

CAPACITÉ DES ENFANTS NATURELS QUANT AUX LIBÉRALITÉS ÉMANÉES DES PÈRE ET MÈRE

A l'origine les enfants naturels étaient traités comme des étrangers ordinaires ; ils pouvaient recevoir toute sortes de libéralités de leurs parents ; ceux-ci pouvaient même leur laisser leur hérédité entière, tant que demeura en vigueur l'ancienne règle des Douzes Tables : « Uti legassit super pecu- » niâ tutelâve suæ rei, ita jus esto » (1). L'institution de la légitime vint bientôt limiter la liberté illimitée du père de famille ; mais les enfants naturels continuèrent à demeurer soumis au droit commun,

____

(1) *Legis duodecim tabularum fragmenta*, Tab. V, n° 1.

et ils purent recevoir, comme toute personne capable, la portion de l'hérédité non réservée aux parents légitimaires.

Constantin le premier frappa ces enfants d'une incapacité spéciale. Par une constitution datée de Carthage en l'an 366, il défendit aux hauts dignitaires de l'empire de s'allier à des filles de comédiens, de gladiateurs et autres personnes de basse condition: toute union contractée au mépris de ces prohibitions était nulle et les donations faites soit à ces femmes soit aux enfants qui en naîtraient étaient déclarées caduques au profit de la famille légitime du donateur. Si les intéressés se faisaient scrupule de profiter de cette caducité, au bout d'un délai de deux mois le fisc devait agir pour eux et s'emparer des biens donnés (1). On voit que cette constitution ne statue que sur certains cas particuliers; elle est spéciale aux enfants nés de hauts personnages, tels que sénateurs, préfets, décemvirs ou ministres du culte. Cependant il paraît constant qu'il existait une prohibition générale de rien donner ou léguer aux enfants nés *ex concubinatu*, tant qu'il y aurait un enfant légitime. Justinien nous atteste en effet que le sort de ces enfants fut adouci pour la première fois par les empereurs Valens et Valentinien: « Valenti et Valentiniano et Gratiano
» divæ memoriæ primis placuit humanum aliquid

(1) L. 1, Code, *De naturalibus liberis*, 5, 27.

» agere circa naturales (1). » Cette incapacité générale fut-elle le résultat d'une interprétation exten-
sive donnée à la constitution précitée, ou fut-elle
édictée par quelque loi postérieure dont le texte n'a
pas été conservée? Il est assez difficile de se pronou-
cer : cependant les meilleurs interprètes s'accordent
à voir dans Constantin l'auteur de toutes ces prohibitions. Telle est l'opinion du savant Godefroy,
qui reconnaît néanmoins que ce point est entouré
d'une profonde obscurité (2).

Une constitution de Valens et Valentinien, dont
Justinien nous a transmis l'analyse dans sa Nov.
89, permit au testateur qui n'avait ni enfants légitimes, ni père, ni mère, de laisser trois douzièmes
de sa succession aux enfants naturels et à leur mère.
S'il y a des enfants légitimes les enfants naturels ne
peuvent recevoir qu'un douzième, qu'ils devront
partager avec leur mère. Il est probable qu'à défaut
d'héritiers légitimes, ces enfants purent être gra-
tifiés de l'hérédité entière. Cette mesure, dit Godefroy, fut inspirée à Valentinien par le sophiste Li-
banius, qui déjà sexagénaire et très-gravement ma-
lade depuis plus de deux ans, avait un fils naturel,
auquel il désirait vivement laisser quelque chose
par testament. Il paraît que sur ce point l'empereur eut à combattre les résistances de son collégue

(1) Nov. 89, cap. 12, pr.

(2) *Quid præterea*, dit-il après avoir parlé de la légitimation, *de
naturalibus liberis Constantinus caverit, obscurá premitur caligine.*
(*Comment.* sur la loi 1, C., Theod., lib. IV, tit. 6, tome I, p. 392).

Valens qui désirait maintenir la législation de Constantin.

Ces dispositions furent confirmées en 403 par une loi d'Arcadius et Honorius, qui décidait cependant qu'à défaut d'enfants naturels, le testateur ne pourrait léguer à sa concubine plus de la moitié de ce dont il aurait eu le droit de disposer dans le cas contraire (1).

Justinien fit encore une nouvelle réforme. Il décida d'abord que la présence d'enfants adoptifs ou d'une épouse légitime ne restreindrait en rien le droit du père naturel de disposer au profit de ses enfants (2). Dans une constitution de 528, tout en maintenant les dispositions de Valentinien pour le cas où il y aurait des enfants légitimes ou des ascendants du premier degré, c'est-à-dire des parents réservataires, il augmenta pour le cas contraire, la qualité disponible en faveur des enfants naturels : au lieu de quatre douzièmes il permit au père de laisser la moitié de sa fortune à ces enfants et à leur mère, par acte de dernière volonté ou par acte entre-vifs (3). Quelques années plus tard il alla plus loin et autorisa le père naturel qui n'aurait ni descendants légitimes ni ascendants réservataires, à donner à ses enfants toute sa fortune par legs, fidéicommis, dot, donation auténuptiale ou autrement :

(1) L. 2, Code, *De natural liberis*, 5, 27.
(2) Authent. *Nunc soli*, Code, *De natur. lib.*
(3) L. 8, Code, *De natural. lib.*

s'il n'y avait que des ascendants réservataires, le
le père était libre, à la condition de laisser à ceux-ci
la portion réservée, de distribuer le reste entre ses
enfants naturels (1). La constitution de Valens,
Valentinien et Gratien fut maintenue pour le cas
où il y aurait des enfants légitimes : en prés nce de
ces enfants les fils naturels et leur mère ne peuvent recevoir plus d'un douzième de la succession (2).

On s'était probablement demandé si les restrictions apportées par les constitutions impériales au
droit de disposition du père naturel ne devaient pas
être appliquées restrictivement, et s'il n'était pas
permis au père de celui qui avait des enfants d'un
concubinat de disposer en leur faveur de tout ce
qu'il eût pu donner à un étranger. Justinien résolut
la question dans une nouvelle constitution de
l'an 539 (3). En vertu de cette loi, l'aïeul, le bisaïeul
et autres ascendants purent donner ou léguer toute
leur fortune à leurs petits-fils naturels, quand
ceux-ci ne se trouvaient pas en présence d'enfants
légitimes. On avait pensé que le motif de la restriction de la quotité disponible à l'encontre des enfants du premier degré, l'espoir de mettre un frein
à la licence des pères n'existait pas pour les petits-
enfants. Si l'aïeul avait des descendants légitimes,

---

(1) Authent. *Licet patri*, Code, *De natur. lib.* — Nov. 89, cap. 12, § 3.
(2) Nov. 89, cap. 12, §§ 1 et 2.
(3) L. 12. C., *De natur. liberis*.

il ne pouvait laisser à ses petits-enfants naturels que ce qu'il aurait pu laisser à leur père; mais les petits-enfants naturels ne sont pas appelés à la succession *ab intestat* de leur aïeul paternel. Ces dispositions ont été expressément confirmées lors de la rédaction de la Novelle 89 (1).

Remarquons, en terminant, qu'on ne trouve ni dans la législation de Justinien, ni dans celle de ses prédécesseurs, trace d'aucune incapacité de recevoir à titre gratuit, dans les rapports des enfants naturels avec leur mère.

————————

(1) Nov. 89, cap. 12, § 6.

CHAPITRE III

DES MOYENS DE RELEVER LES ENFANTS NATURELS
DE LEUR CONDITION ORIGINELLE

Après avoir étudié la condition juridique des enfants naturels, après avoir présenté le tableau des
diverses incapacités édictées contre eux, il nous
reste à voir s'il n'y avait aucun moyen pour le père
de relever l'enfant de cette condition un peu inférieure, et de lui donner dans la famille le rang et
les droits d'un enfant légitime.

L'enfant naturel naissant *sui juris*, il peut tomber sous la puissance paternelle par les divers
modes que le droit civil a consacrés, et notamment
par l'adrogation. Bien que les textes ne parlent pas
de l'adrogation des enfants naturels, il nous paraît
certain qu'elle fut connue et pratiquée; nous n'a-
percevons aucun motif de décider autrement. Mais
ce moyen était assez imparfait, car s'il créait des
rapports civils entre le père adrogeant et l'adrogé, la
mère y restait étrangère, de plus le lien qui en résultait n'était pas indissoluble : la volonté absolue du
chef de famille demeurait libre de le briser à son

gré, et l'enfant retombait alors dans l'abandon. L'adrogation ne se faisait d'abord que dans la forme d'une *lex curiata*; l'adrogeant devait faire approuver son projet par les comices réunis à cet effet. Mais plus tard, elle s'opéra par un simple rescrit du prince. Il est probable qu'elle devint assez rare sous Constantin : ce prince ne devait pas accueillir bien favorablement les requêtes à fin d'adrogation qui auraient rendu vaines ses mesures contre les enfants naturels. Quelques auteurs pensent même qu'il défendit d'une manière générale l'adrogation des enfants naturels (1), et cette opinion est confirmée par une constitution d'Anastase qui semble, en effet, destinée à lever une prohibition établie. Il y est dit que ceux qui auront acquis la puissance paternelle sur les enfants issus du concubinat, en les adrogeant, pourront leur laisser tous leurs biens par donation ou par testament, mais cette adrogation n'est permise qu'à défaut d'enfants légitimes (2).

Mais cet état de chose ne durra pas longtemps. Justin, successeur d'Anastase, poussé sans doute par les réclamations des agnats, décida que ces adrogations ne pourraient plus avoir lieu. L'empereur, ému de compassion, considérant d'ailleurs qu'il serait injuste de faire retomber sur ces enfants le poids d'une faute qu'ils n'ont pas commise (*quia*

(1) Fernand Desportes. *Essai histor.* sur *les enfants naturels*, p. 60.
(2) L. 6, Code, *De natur. lib.*, 5, 27.

indigni non sunt qui alieno laborant vitio), déclare
que les adoptions d'enfants naturels faites dans le
passé, à quelque époque que ce soit, même avant
la promulgation de la loi d'Anastase, malgré le
doute légitime qu'on a élevé sur leur validité *(et si
qua prius talis emergebat dubitatio)*, produiront
leur plein et entier effet et seront inattaquables,
pourvu qu'il s'agisse d'enfants nés du concubinat.
Mais désormais tout adrogation de ce genre est
formellement interdite, le mariage seul pourra donner une postérité légitime; car il serait par trop
indigne, par trop impie qu'une subtilité de la loi
permit d'accorder le titre respectable de père à ceux
qui ne méritent pas de le porter : « Cum nimis sit
» indignum, nimis item impium ut jus r menque
» patris quod eis denegatum est, id altero legis co-
» lore prœsumant (1) ». Ce sont là de belles paroles;
malheureusement l'ensemble de la législation du
Bas-Empire n'est pas en harmonie avec des sentiments aussi élevés; nous verrons bientôt que les
intérêts du fisc avaient fait créer et maintenir un
mode de légitimation contre lequel on pourrait
élever des objections bien plus graves que les re-
proches qui sont adressés ici à l'adrogation.

Comme la puissance paternelle ne pouvait pas
reposer sur la tête de la mère, il lui était par là
même impossible d'adopter. Peut-être cependant
lui accorda-t-on le droit d'adopter son enfant natu-

(1) L. 7, *ibid.*

rel quand les empereurs lui eurent permis, pour la consoler de la perte de ses enfants, de prendre un fils adoptif (1). Mais nous ne voyons pas quel eût été l'effet utile de cette adoption. L'étranger adopté par une femme acquérait un droit de réserve dans sa succession (2); mais nous savons déjà que ce droit appartenait à l'enfant naturel par cela seul que sa filiation était prouvée. Ajoutons que les femmes ne pouvaient d'abord être adrogées, puisque l'accès des comices leur était interdit (3); mais cette incapacité disparut dès que l'adrogation se fit par rescrit du prince (4).

Constantin en édictant contre les enfants naturels les pénalités rigoureuses que nous savons déjà signalées n'était pas inspiré par un sentiment de haine contre ces enfants. Il crut que le meilleur moyen de régénérer une société que la corruption païenne avait depuis si longtemps envahie était de ramener la famille à ce type idéal de beauté morale que le christianisme était venu révéler au monde : voilà pourquoi, mettant en pratique une vérité qu'un de nos grands publicistes a proclamée, il voulut flétrir le concubinat en flétrissant les enfants qui en était nés. Aussi ne doit-on pas s'étonner que malgré la sévérité, parfois excessive, avec laquelle il traite ces enfants, il ait le premier indiqué le

(1) L. 5, Code, *De adoptionibus*, 8, 48.
(2) L. 29, § 3, *De inofficioso testamento*, 5, 2.
(3) Gaius, *Comm.* I, §§ 101, 102, — Ulpien, *Regulæ*, tit. VIII, § 5.
(4) L. 8, Code, *De adoptionibus*, 8, 48.

moyen le plus efficace et le plus équitable d'améliorer leur condition. Il institua dans ce but la légitimation par mariage subséquent, innovation bien digne d'éloges puisqu'elle concilie les exigences d la morale avec nos sentiments d'humanité, en faisant du bonheur des enfants naturels le prix et la condition du repentir de leurs parents. Il fut donc permis à tous ceux qui avaient eu des enfants d'une concubine de les faire entrer dans la famille légitime et de leur conférer toutes les prérogatives de la légitimité, en épousant leur mère : mais cette faculté ne fut accordée que sous la double condition suivante : 1° Il fallait que la concubine fût ingénue. l'empereur ne voulait accorder aucune faveur à des femmes de basse extraction et de mœurs corrompues ; 2° Il fallait que le père ne fût pas actuellement engagé dans les liens du mariage, et qu'il n'eût pas d'une union précédente des enfants légitimes encore vivants (1). Constantin ne voulut établir cette légitimation que comme une mesure transitoire : il déclara que le bénéfice en serait applicable aux seuls enfants déjà nés lors de la promulgation de sa constitution. Le motif de cette restriction est visible : l'empereur voulait bien faciliter la réparation des fautes commises, mais il craignait d'encourager à de nouvelles fautes en laissant à la portée

(1) La constitution de Constantin ne nous est pas parvenue. Nous devons nous borner à l'analyser d'après une loi postérieure de Zénon qui en reproduit les dispositions (L. 5, Code, *De natur. liberis*.

de tous un moyen permanent de réparation (1); il avait espéré d'ailleurs que l'affection paternelle serait assez forte dans le cœur de ses sujets pour les arrêter sur la pente de la corruption et les ramener au culte des vertus domestiques.

Cet essai n'obtint pas sans doute un plein succès, car il fut renouvelé par Zénon cent cinquante ans plus tard; cet empereur nous dit lui-même qu'il n'a fait que remettre en vigueur la constitution de Constantin; la légitimation ne fut permise que sous les conditions précédentes et à titre de mesure provisoire (2).

Enfin Anastase, dans la constitution qui permettait de nouveau l'adrogation des enfants naturels, et que nous avons citée plus haut, rétablit la légitimation par mariage subséquent (3), et en fit une institution permanente et régulière à laquelle Justinien vint bientôt donner les règles définitives que nous aurons à étudier (4). Déjà s'était introduit un nouveau mode de légitimation : l'oblation à la curie. Justinien en crée un troisième: le rescrit des prince. Nous allons examiner successivement chacun d'eux dans une section spéciale.

(1) Accarias, *Précis*, I, p. 223.
2) L. 5, C., *De natural. liberis.*
3) L. 0, C., *Ibid.*
4) L. 10, C., *Ibid.*

SECTION PREMIERE

LÉGITIMATION PAR MARIAGE SUBSÉQUENT

En organisant d'une manière définitive et complète ce mode de légitimation, Justinien commença par faire disparaître plusieurs des restrictions dont il avait été entouré. Tandis que les constitutions précédentes ne permettaient que la légitimation des enfants nés d'une concubine ingénue, il décida qu'on ne devrait plus s'inquiéter du passé de la mère. En conséquence il supprima tous les empêchements au mariage établis par les lois caducaires et fondés sur l'inégalité des conditions ou sur l'abjection de certaines femmes. (1). Anastase avait exigé que l'homme qui épouse sa concubine pour légitimer les enfants qu'elles lui a donnés, n'eût pas déjà des enfants légitimes issus d'un précédent mariage. Justinien nous apprend que l'existence d'une postérité légitime ne sera plus un obstacle à la légitimation des enfants naturels (2). Ce mode de

(1) Nov. 118, cap. 6.
(2) Nov. 89, cap. 12.

légitimation demeura soumis aux seules conditions suivantes :

1º Il ne fut possible que pour les enfants nés du
concubinat, pour les véritables *liberi naturales*. En
effet ces enfants sont les seuls qui aient un père connu, leur filiation étant légalement certaine, on peut
sans trop d'efforts leur donner accès dans la famille
légitime (1). Le texte emploie l'expression impropre
de *contubernium*; mais la pensée de la loi ne saurait être douteuse; il y est uniquement question de
ceux qui ont vécu avec une concubine.

2º Il faut que le mariage soit constaté par un acte
public, qu'il soit précédé de la rédaction d'un *instrumentum dotale*. Cette condition n'était pas exigée en principe pour la validité du mariage; mais
elle est ici nécessaire afin de révéler le changement
qui se produit dans la situation des parties, de manifester leur intention de faire succéder le mariage
au concubinat (2). Doneau estime que cette rédaction n'est pas une formalité essentielle ; car, dit-il,
la légitimation résulte du mariage lui-même et non
pas de l'écrit qui relate les conventions matrimo-
niales (3); nous ne saurions adopter cet avis ; les
textes nous paraissent à cet égard aussi explicites
que possible. Remarquons que nulle part on n'exige
que le nom des enfants qn'on voulait légitimer soit
mentionné dans cet *instrumentum*.

(1) L. 5, Code, *De natural. liberis*, 5, 27.
(2) LL. 10, 11, C., *De nat. lib.* — Nov. 12, cap. 4. — Nov. 89, cap. 8.
(3) Donelli opera, *De jure civili*, lib. 2, cap. 21.

3º La légitimation n'est pas une conséquence nécessaire du mariage ; il faut le consentement des enfants qu'on veut légitimer (1). Ce n'est là du reste que l'application d'un principe général en vertu duquel nulle personne *sui juris* ne peut se trouver malgré elle soumise à la puissance paternelle. « In- » viti filii naturales vel emancipati non rediguntur » in patriam potestatem (2). »Cette règle ne doit pas être interprétée trop rigoureusemens ; ce qui est exigé ce n'est pas un consentement formel, mais plutôt un défaut d'opposition. Ainsi l'enfant naturel absent ou *furiosus* ou encore *infans* au moment du mariage de ses père et mère n'en sera pas moins légitimé. Cette décision, dit très-bien M. Accarias, est justifiée sans réplique par les textes qui admettent que la légitimation profite même aux enfants simplement conçus lors du mariage (3). Il pouvait arriver, et la remarque en est faite par Justinien lui-même, que parmi les enfants naturels quelques-uns seulement acceptassent la légitimation qui leur était offerte. Si plus tard les autres voulaient se faire légitimer, on devait recourir à un autre moyen.

4º On n'exige pas seulement que le mariage des père et mère soit possible au moment où il est con-

(1) Nov. 89, cap. 11.
(2) L. 11, *De his qui sui juris*, etc., 1, 6.
(3) Accarias, *Précis de droit romain*, I, p. 229. — Demangeat, I, p. 287.

tracté : il faut encore qu'il l'ait été au moment de la conception, c'est-à-dire que l'enfant doit être né d'une femme que le père aurait pu prendre pour *uxor* au lieu de la prendre pour concubine. Cette condition est-elle exigée par la constitution de Zénon et d'Anastase ? C'est un point sur lequel il est permis d'hésiter ; mais les lois émanées de Justinien l'imposent en termes très précis. *Eam cum quâ poterat habere connubium*, dit-il, ou bien *cujus matrimonium minime legibus interdictum fuerat*, ou encore *quam licebat etiam legitime ducere uxorem* (1). Ainsi la légitimation était impossible toute les fois qu'il existait un empêchement au mariage, peu importe que cet empêchement fût perpétuel ou simplement temporaire (2). Par exemple le magistrat d'une province qui a vécu en concubinat avec une femme du pays, et qui vient à l'épouser après être sorti de charge, ne pourra pas légitimer les enfants naturels qu'il en aurait eus.

La plupart des auteurs rattachent à cette condition la défense de légitimer les enfants incestueux ou adultérins ; mais il nous semble qu'il y a là une méprise. Si la légitimation de ces enfants est impossible, ce n'est pas uniquement en vertu de la disposition dont nous nous occupons. En effet la

(1) § 13, Inst., *De nuptiis* (I, 10). — L. 11, C., *De nat. lib.* — Nov. 12 cap. 4. — Nov. 89, cap. 8.

(2) J'avoue, dit à ce propos M. Demangeat, que cette règle ne me paraît fondée sur aucun motif raisonnable (I, p. 285).

légitimation par mariage subséquent ne peut s'appliquer qu'aux enfants nés *ex concubinatu*; or nous savons que les rapports qui constituent le concubinat ne doivent pas être entachés d'un caractère d'immoralité; on ne peut avoir pour conoubine une femme avec laquelle on commettrait un adultère ou un inceste. On comprend que les anciens commentateurs qui appliquaient le droit romain aux données du droit canonique et qui écrivaient à une époque où les *spurii* ne se distinguaient pas légal lement des enfants nés *ex concubinatu*, aient adapté au cas d'inceste et d'adultère la règle posée par Justinien : mais nous croyons que dans le pur droit romain on ne peut sans inexactitude supposer des enfants adultérins ou incestueux nés d'un concubinat (1).

Certains auteurs ont soutenu que la règlé absolue que nous venons de présenter devait être un peu modifiée; qu'il suffisait que le *connubium* eût existé entre les parents au jour de la naissance de l'enfant. Cette solution s'appuie sur un texte qui paraît très-explicite. Dans les questions d'état dit Justinien, il faut en principe considérer le jour de la naissance, excepté toutefois lorsque l'intérêt de l'enfant demande qu'on se place au jour de la conception. « Semper in hujus modi quœstionibus, in » quibus de statu liberorum est dubitatio, non con-

(1) Cette observation a été faite par M. Pilette, *op. et loc. cit.*, p. 110

» ceptionis, sed partûs tempus inspiciatur... ex-
» ceptis his tantummodo casibus, in quibus con-
» ceptionem magis approbari infantium conditio-
» nis utilitas expostulat (1) ». Or il est évident que
lorsque l'obstacle qui s'opposait au mariage des parents a disparu au jour de la naissance, l'intérêt de
l'enfant demande qu'on se place à ce jour, afin qu'il
puisse être légitimé. Toutefois nous n'en persistons
pas moins dans notre doctrine; nous croyons qu'on
a tort de prendre le texte dans sa généralité pour
lui faire trancher une hypothèse autre que celle
qu'il est destiné à régler. Justinien a voulu dire que
l'enfant né pendant le mariage serait regardé comme légitime dès sa naissance bien qu'il eût été
conçu auparavant ; il nous paraît dangereux d'iso-
ler la dernière phrase de celles qui la précèdent, et
de lui donner ainsi une portée générale, alors qu'elle
ne fait que résumer la décision donnée dans une
espèce particulière.

Un homme ayant un fils naturel et un petit-fils
qui soit le fils légitime de ce fils naturel, peut-il
après la mort de son fils naturel, en épousant la
concubine dont il a eu ce fils, légitimer son petit-
fils ?

Voët a soutenu l'affirmative. Il fait d'abord remarquer que dans les textes relatifs à la légitimation par mariage subséquent, on emploie l'expres-

(1) L. 11, in fine, C., *De natural. libertis*, 5, 27.

sion générale de *liberi*, or cette expression comprend certainement les descendants d'un degré ultérieur (1). D'ailleurs le mariage subséquent a un effet rétroactif; il est réputé avoir été contracté dès la naissance de l'enfant; par suite de cette fiction le fils décédé étant réputé avoir toujours été légitime, il doit en être de même pour le petit-fils dont il s'agit. Il invoque encore les considérations suivantes : il est permis d'adopter une personne à titre de petit-fils, quand bien même en réalité on n'aurait jamais eu de fils : bien plus le jurisconsulte Paul dit que si j'adopte Titius après la mort de mon fils, l'adopté sera considéré comme le frère de mon fils décédé (2); ce qui prouve bien que l'existence d'une personne n'est nullement nécessaire pour établir par rapport à elle des liens purement civils (3).

Mais ces divers arguments nous paraissent avoir été réfutés avec beaucoup de force par Vinnius. Lorsque le fils est mort, l'intermédiaire qui aurait pu faire profiter le petits-fils du mariage de son aïeul ayant disparu, on ne voit pas comment ce mariage produirait quelque effet à son égard. Il est absolument arbitraire de supposer que la légitimation est rétroactive, et de reporter l'effet du mariage contracté au jour même où le concubinat a été

<hr>

(1) L. 220, pr., *De verborum significat.*, 50, 16.
(2) L. 5, *De gradibus et affinibus*, 38, 10.
(3) Voët, *Ad Pandectas*, lib. 25, tit. 7, n° 7,

formé. Il n'importe qu'on puisse adopter un petit-
fils malgré la mort du fils ; on ne peut établir au
cune anologie entre des matières si différentes. On
doit donc, s'il n'y a pas d'exception formelle, s'en
tenir au principe d'après lequel le mariage contracté
avec une concubine a pour effet de légitimer uniquement
ment les enfants qui sont nés de cette femme (1).

A plus forte raison déciderons-nous que le fils
naturel d'un enfant naturel ne pourrait être légitimé par le mariage subséquent de l'aïeul avec la
concubine dont est né le père de cet enfant, il nous
parait même que la question ne saurait être sérieusement discutée.

Il parait que certains juristes avaient soutenu
que les enfants naturels ne seraient légitimés par
le mariage subséquent de leur parents, qu'autant
que ce mariage serait demeuré stérile. En effet,
pouvaient-ils dire avec quelque apparence de raison, s'il naît du mariage un ou plusieurs enfant légitimes, quel besoin les parents ont-ils de légitimer
les enfants déjà nés auparavant? Mais Justinien
repousse cette solution dans les termes suivants :
« Ne posteriores liberi qui post dotem editi sunt,
» sibi omne paternum patrimonium vindicare au-
» deant, quasi justi et in potestate effecti, fratres
» suos qui ante dotem fuerant nati ab hereditate pa-
» ternâ repellentes : hujusmodi iniquitatem ampu-

(1) *Vinnii in libr. prim. Institutionum, Comment., tit. X, § 13, n° 2.*

» tandam censemus (1). » Ce point réglé, la subtilité des jurisconsultes avait encore soulevé d'autres doutes : quelques-uns prenant le contrepied de l'opinion précédente s'avisèrent de prétendre que la légitimation n'aurait lieu que s'il naissait des enfants du mariage contracté. Justinien dut rendre une nouvelle constitution pour déclarer que l'effet de la légitimation était absolument indépendant des naissances postérieures au mariage, « Sufficiat ut » spem tollendæ sobolis habeant : licet enim hoc » quod speratum est ad effectum non pervenerit, » nihil anterioribus liberis fortuitus casus derogare » concedatur (2). »

Moyennant les conditions que nous venons d'énumérer, le mariage, aubséquent efface absolument la tache de la naissance des enfants naturels. Ils sont désormais soumis à la puissance de leur père. Ils sont capables de recevoir toutes les libéralités soit entre-vis soit testamentaires qu'il lui plaît de leur faire, ils viennent à sa succession *ab intestat*, ils rendent *irritum* le testament dans lequel ils auraient été oubliés, ils annulent les donations faites antérieurement, ils peuvent intenter la plainte d'inofficiosité et demander le supplément de leur légitime. En un mot ils acquièrent dans toute leur plénitude les droits résultant de la filiation ex *justis nuptiis*.

(1) L. 10, C., *De natur. lib.*
(2) L. 11, C., *Ibid.*

« Semel eos efficientes legitimmos, dit Justinien,
» damus habere successionesillas quas habent ii qui
» ab initio legitimi sunt (1). »

Mais ces droits leur sont conférés seulement du
jour du mariage et sans aucun effet rétroactif. Il est
naturel que la légitimation ne puisse, quant à ses
effets, précéder le mariage qui en est la cause et
le principe. C'est ce qu'on exprime par l'adage :
« dies nuptiarum dies est nativitatis legitimœ. »
Il suit de là que l'enfant conçu ou né dans
des circonstances qui permettent sa légitimation
ultérieure, ne perd pas son aptitude à être légitimé parce qu'un empêchement temporaire a mis
obstacle au mariage de ses père et mère, par exemple parce que son père a contracté un mariage qui
vient ensuite à se dissoudre. L'idée de rétroactivité
ne fut introduite que plus tard par les canonistes ;
cette fiction reposait sur l'hypothèse d'un mariage
de vœu et de désir qui, une fois réalisé, doit produire des effets du jour où l'intention a commencé.

Nous ne pouvons quitter ce sujet sans dire un
mot d'un passage des Instituts, dont le sens assez
énigmatique a depuis longtemps exercé la sagacité
des commentateurs. Le paragraphe relatif à la légitimation par mariage subséquent se termine par
ces mots : Quod et aliis liberis qui ex eodem ma-
» trimonio posteà fuerint procreati, similiter nostra

<hr>

(1) Nov. 89, cap. 8.

» constitutio præbuit (1). Il est probable que cette phrase signifie simplement que les enfants issus du mariage sont redevables du bienfait de la ligitimité aux enfant naturels à l'occasion desquels le mariage a été contracté : il est vrai que c'est là une décision sans grande portée et qui peut paraître naïve. Aussi quelques interprètes ont cru que ces mots s'appliquaient exclusivement aux enfants conçus avant mais nés depuis le mariage, et avait pour objet de décider qu'ils naissent légitimes : (2) cette solution serait très raisonnable, on comprend que la question ait pu être sérieusement discutée ; elle est d'ailleurs formellement tranchée par une constitution du Code dans le sens indiqué. Mais on a objecté que le texte avait alors eu tort d'employer le pluriel puisque sauf le cas exceptionnel de deux jumeaux, il ne saurait y avoir plusieurs enfants dans cette situation. Cujas propos de lire : « Quod » *etsi alii liberi...* Hotman et Vinius : *quod et si* » *nulli alii liberi...* fuerint procreati. » D'après ces deux versions le texte signifierait que la légitimation est indépendant, de la fécondité ou de la stérilité du mariage contracté : nous avons vu que ces idées sont exactes. Bynkersh ne change qu'une lettre : *quod ut aliis liberis* et le sens serait alors que ces enfants auront des droits égaux aux droits

(1) § 13, Inst., *De nuptiis*, 1, 10.
(2) Ducaurroy, *Institutes expliquées*, I, pp. 105 et 106. — Accarias, *Précis*, I, p. 229.

des enfants légitimes. La controverse ne présente qu'un médiocre intérêt, puisque chacune de ces solutions correspond à une idée exacte, mais il serait assez difficile de dire quelle est celle quia été dans la pensée du rédacteur des Institutes (1).

SECTION III

LÉGITIMATION PAR RESCRIT DU PRINCE

La légitimation par mariage subséquent était le moyen le plus équitable et le plus moral de faire entrer les enfants naturels dans la famille légitime mais on comprend qu'en bien des cas les parents: malgré leur bonne volonté se trouvaient dans l'impossibilité d'y recourir. Leur mariage pouvait être devenu impossible soit matériellement par la mort ou l'absence de l'un deux, soit moralement par l'inconduite et l'indignité de la mère. Il ne restait alors d'autre ressource que l'adrogation : mais elle fut bientôt prohibée par Justinien : Dès lors les enfants placés dans cette situation durent perdre tout espoir d'arriver à une condition meilleure. C'est pour

(1) Ortolan, *Explication historique des Institutes*, II, p. 104, note 2.

leur venir en aide que Justinien permit à leur père de s'adresser au prince afin d'en obtenir un rescrit qui conférerait de plein droit à ces enfants les bienfait de la légitimité. On n'a pas manqué de rappeler à ce propos certains précédents législatifs qui ont pu conduire à cette innovation. Ainsi Marc Aurèle, usant de l'autorité souveraine qui place le prince au dessus de la loi, avait déclaré légitimes dans un cas particulier, contrairement à tous les principes, des enfants nés d'un oncle et d'une nièce. (1) Mais Justinien n'avait pas besoin de pareils exples, il était assez naturellement porté à innover sans s'inquiéter beaucoup de ce qui avait été fait avant lui.

Ce mode de légitimation fut soumis aux quatre conditions suivantes :

1° On exigea que le requérant n'eût pas d'enfants légitimes. « *Si quis ergo filios legitimos non » habens sed tantummodo naturales,* » lisons-nous dans les textes, de même : « *ita si pater non » habuerit legitimam prolem* (2) ; »

2° Il fallait que les enfants y donnassent leur consentement, ou du moins n'y fissent pas opposition, *dum et filii hoc ratum habuerint* (3) ;

3° Il fallait que le père justifiât de l'impossibilité dans laquelle il se trouvait d'épouser la mère. S'il

<hr>

(1) L. 57, § 1, *De ritu nuptiarum*, 23° 2.
(2) Nov. 89, cap. 9.
(3) Nov. 89, cap. 11.

n'y a pas impossibilité matérielle, il exposera dans sa requête les raisons de morale ou de convenance sociale qui s'opposent à cette union ; le prince appréciera leur degré de gravité ;

4° Ce mode de légitimation n'étant destiné qu'à suppléer la légitimation par mariage subséquent, l'analogie conduirait à admettre que le *connubium* avait dû exister entre les deux concubins au moment de la conception de l'enfant. Telle est l'opinion de M. Accarias (1).

Un auteur a pensé que cette légitimation était possible malgré l'existence d'enfants légitimes ; seulement elle ne devait préjudicier en rien aux droits de ces enfants. Elle n'aurait conféré à l'enfant naturel que des avantages purement moraux comme le droit de porter le nom de son père, de partager ses honneurs, de jouir de sa considération (2). Ramenée à ces termes, la solution de Voët présente un assez médiocre intérêt : néanmoins nous croyons que les textes sont trop explicites pour qu'on puisse l'admettre.

Ce mode de légitimation produisait des effets aussi étendus que le mode précédent. Les enfants naturels entraient dans la famille avec tous les droits qu'ils auraient eus s'ils étaient nés de justes noces : *ità ut nihil a legitimis filiis differant* (3).

---

(1) *Précis de droit romain*, I, p. 230, note 1.
(2) Voët, *Ad Pandectas*, lib. 25, tit. 7, n° 14.
(3) Nov. 74, cap. 1. — Nov. 89, cap. 9.

Justinien nous dit que si un père à l'heure de la mort manifeste le désir de légitimer ses enfants naturels et de les avoir pour héritiers, son vœu doit être accompli, et que les enfants obtiendront le bienfait de la légitimité, pourvu qu'ils respectent en entier le testament paternel (1). Faut-il voir là un nouveau mode de légitimation, ou y a-t-il simplement l'application à un cas particulier de la légitimation par rescrit ? La question est assez discutée, mais nous inclinons vers cette dernière solution. Le texte dit en effet que les enfants doivent aller trouver le prince et lui demander la confirmation du testament paternel (*supplicantibus filiis post mortem patris..... et ab imperio hoc percipientibus*) de sorte qu'en réalité ce n'est pas le testament mais bien la volonté impériale qui les investit de la légitimité. Nous en concluons que les diverses conditions que nous avons indiquées, notamment l'absence de postérité légitime sont également requises ici.

(1) Nov. 74, cap. 2, § 1.

SECTION III

LÉGITIMATION PAR OBLATION A LA CURIE

Voici un dernier mode de légitimation fort étonnant et fort bizarre à première vue, mais très-inté-
ressant à étudier à cause de la lumière qu'il projette
sur les institutions municipales de l'empire romain.
« La curie était un sénat de ville municipale, c'est-
à-dire d'une ville ayant droit de cité romaine et à
laquelle il avait été permis de s'administrer elle-
même. Dans l'origine des honneurs et des charges
étaient l'apanage des décurions ; mais dans le Bas-
Empire lorsque la capitale pressurait la province,
les décurions ne furent plus que des victimes du
despotisme, responsables de tous les impôts que ne
payaient pas les contribuables et exposés à toutes
les vexations d'une centralisation rapace et insa-
tiable (1). » Aussi de pareilles fonctions étaient fort
peu recherchées, malgré les priviléges honorifiques
qu'on y avait attachés ; chacun faisait les plus
grands efforts pour s'en affranchir. On eut recours

(1) Etienne, *Institutes expliquées*, I, p. 110.

pour maintenir le recrutement de la curie aux mesures les plus violentes ; ainsi la curie fut autorisée à s'agréger tout propriétaire possédant vingt-cinq arpents de terre ; la dignité de curion fut déclarée héréditaire de père en fils ; les personnes qui pour s'y soustraire cherchaient un abri dans le cloître ou dans les armées, se faisaient colons ou entraient dans les ordres ecclésiastiques, furent punies des peines les plus sévères. Mais il ne suffisait pas de retenir dans la curie ceux qui y étaient entrés ; il fallut y attirer de nouvelles fortunes pour remplacer les membres actuels qui étaient promptement ruinés.

C'est alors que Théodose II et Valentinien III imaginèrent un nouvel expédient : ils décidèrent que le père qui voudrait acquérir la puissance paternelle sur ses enfants n'aurait qu'à les offrir à la curie (1). Dans ce cas toutes les incapacités édictées par Constantin furent levées, le père put laisser toute sa fortune à ses enfants par donation ou par testament ; il est même probable qu'il devait leur en assurer une partie ; sans quoi la curie ne les aurait pas acceptés. Mais il est probable que la plupart des enfants refusaient ce dangereux honneur; aussi les empereurs Léon et Anthémius crurent nécessaire de faire un pas de plus dans cette voie. Sous prétexte que la loi devait faire respecter la

(1) L. 3, Code, *De natural. liberis*, 5, 27.

volonté des mourants, ils décidèrent que l'enfant
naturel n'aurait plus la faculté de renoncer aux donations qui lui auraient été faites, de répudier les
successions qui lui auraient été laissées ; mais que,
forcé de les accepter, il serait sans rémission soumis
aux charges municipales ainsi que ses enfants,
non-seulement ceux qui étaient à naître, mais encore ceux même qui étaient déjà nés (1). Ainsi on
peut dire qu'une faveur répudiée par ceux qui en
étaient l'objet devint contre eux le prétexte d'une
véritable persécution.

Justinien maintint ce mode de légitimation et
traça les règles définitives auxquelles il demeura
soumis. D'abord restreinte au père qui n'avait pas
d'enfants légitimes, l'oblation à la curie fut étendue
par Justinien au père d'enfants légitimes ou à quelqu'autre ascendant que ce fût. Bien plus, l'enfant
naturel, lorsqu'il n'avait pas de frères légitimes,
pouvait s'offrir lui-même à la curie « hoc permitti-
» mus cum non alii legitimi sunt fratres (2) ». L'oblation devait se faire à la curie de la ville où le père
avait sa résidence ; s'il habitait une *villa* ou un ha-
meau, il la faisait à la curie de la ville où il payait
l'impôt. Les habitants de Rome ou de Constanti-
nople avaient le droit de choisir la curie de toute
ville métropolitaine (3). La dignité dont le fils na-

(1) L. 4. Code, *De naturalibus liberis*.
(2) Nov. 89, cap. 2.
(3) L. 3, C., *De natur. lib.* — Nov. 89, cap. 5, § 1.

turel pouvait être revêtu ne faisait pas obstacle à l'oblation, à moins que cette dignité ne fût de celles qui dispensaient des charges municipales. L'oblation résulte de la volonté du père exprimée publiquement, soit dans une donation entre vifs ou testamentaire, soit dans tout autre acte écrit, mais Justinien exigea l'adhésion des enfants au projet paternel. Seulement quand ils répudiaient les libéralités que leur père leur avait faites en vue de leur légitimation, ils devaient se garder de rien détourner de l'héritage paternel, sinon on les aurait considérés comme curiaux, malgré leurs protestations (1).

Ce mode de légitimation avait été dès l'origine applicable aux filles. Le père les légitimait en les mariant à un curion et en leur constituant en dot ving-cinq arpents de terre; car la loi se préoccupe autant d'enrichir les curions actuels que d'en créer de nouveaux, «quid enim interest utrum novos lex » faciat curiales, an foveat quos invenit (2). »

Ce qu'il importe de remarquer, c'est que cette oblation produit des effets assez restreints, Nous avons vu qu'elle donne des droits à la succession *ab intestat* du père, et qu'elle crée au profit de celui-ci la *patria potestas*. C'est en ce sens seulement qu'on peut la regarder comme une véritable légitimation

(1) L. 9, § 3, C., *De natur. lib.* — Nov. 89, cap. 8, § 1.
(2) L. 3, *in fine,* Cod., *Ibid.*

donnant entrée dans la famille. A tout autre point
de vue et à l'égard de tous autres parents, l'enfant
conserve son premier état, il n'acquiert aucun droit
sur l'hérédité des agnats ou cognats paternels, et
réciproquement ceux-ci n'ont rien à prétendre sur
sa succession. C'est ce que Justinien constate lui-
même en ces termes : « Filium per hujusmodi cau-
» sam factum legitimum ipsi soli genitori legiti-
» mum facimus, non etiam extraneæ cognationi
» patris (1). »

Voici comment étaient réglés les droits de succession attribués à ces enfants. Si le père meurt
laissant des enfants légitimes, l'enfant naturel offert à la curie se trouve inhabile à recueillir par
suite des dispositions testamentaires, une part supérieure à la part de l'enfant légitime le moins prenant (2). Mais lorsqu'il n'existe pas de postérité
légitime, Justinien engage le père à laisser toute sa
succession à l'enfant naturel, peu importe qu'il ait
été offert par testament ou qu'il se soit offert lui-
même à la curie. Ce conseil fut bientôt converti en
une véritable obligation, et les enfants légitimes
obtinrent une réserve des trois quarts dans la
succession paternelle. Les trois quarts ainsi réservés ne devaient profiter qu'à ceux qui deviendraient
réellement curions, et si tous refusaient de le devenir, ils devaient passer à la curie (3).

(1) Nov. 89, cap. 4.
(2) L. 9, § 3, C., *De natur. lib.* — Nov. 89, cap. 3, pf.
(3) Nov. 89, cap. 2 et sq.

Les enfants que le fils naturel devenu curion avait eus postérieurement à sa légitimation succédaient de plein droit aux biens, aux charges et aux dignités de leur père; quant à ceux qu'il avait eus auparavant, ils avaient les mêmes droits s'ils consentuient à entrer dans la curie, sinon ils ne prenaient que le quart de la part qu'ils auraient eue s'ils y eussent consenti; le reste était dévolu à ceux de leurs frères qui étaient devenus curions et subsidiairement à la curie (1).

L'intérêt du fisc demandait qu'on s'occupât de réglementer la capacité de disposer du nouveau curion, et qu'on établît des règles spéciales pour sa succession. Par testament, il lui était défendu de disposer de plus du quart de ses biens en faveur de personnes étrangères à la curie. *Ab intestat*, ses héritiers légitimes ne pouvaient recueillir plus d'un quart de sa succession, s'ils n'étaient eux-mêmes curions. Ainsi, toutes les fois que l'enfant légitimé par ce procédé avait pour héritier testamentaire ou *ab intestat* une personne étrangère au corps municipal, la curie avait le droit de retenir à titre de réserve les trois quarts de la succession. Dans ce cas, tout individu, même un esclave, pouvait se présenter et obtenir de la cité l'abandon de cette réserve en acceptant la fonction de curion.

(1) Nov. 89, cap. 4.

APPENDICE

DES ENFANTS NÉS HORS MARIAGE D'UNE AUTRE UNION QUE LE CONCUBINAT

A Rome, les enfants issus du concubinat formaient la principale branche parmi les enfants nés hors mariage, mais ce n'était pas la seule. A côté de ces enfants, il y en a d'autres qui sont nés, soit d'unions criminelles, telles que l'adultère ou l'inceste, soit de relations passagères appelées *stuprum*, que la loi ne punit pas toujours, mais que la morale réprouve (1). Les enfants issus du concubinat sont appelés *liberi naturales*; on a appliqué aux seconds les dénominations suivantes : « Ex damnato » coïtu nati, vulgo concepti, vulgo quœsiti, spu- » rii (2). » Ce dernier mot désigne spécialement

(1) Nous ne nous occupons que des unions formées entre personnes libres et jouissant des droits de cité. Nous ne parlerons donc pas des effets de la filiation résultant soit du *contubernium* (union entre deux esclaves ou entre une personne libre et un esclave), soit du mariage du droit de gens formé entre citoyen romains et pérégrins.

(2) On a présenté deux étymologies du mot *spurii*. Les uns prétendent qu'il vient du mot grec σποράδην (çà et là) et qu'il exprime l'idée contenue dans l'expression *vulgo conceptus* (Gaius, *Comm.* I, § 64). — D'autres disent qu'il signifie *sine patre natus*. En général pour indi-

l'enfant né de relations avec des femmes dégradées, des comédiennes ou des courtisannes, lorsque ces relations ne présentent pas le caractère de stabilité, de permanence qu'elles devraient avoir pour constituer un concubinat.

Vis-à-vis de leur mère et de leurs parents maternels, ces enfants étaient dans une situation absolument semblable à celle des *liberi naturales*. Ils avaient comme eux le droit de lui réclamer des aliments, et ils étaient aussi tenus de lui en fournir; ils étaient appelés à sa succession par la *bonorum posessio unde cognati*, et plus tard, par le sénatus consulte Orphitien; ils étaient capables de recevoir d'elle toutes les libéralités qu'elle voulait leur faire, et ils pouvaient attaquer son testament par la plainte d'inofficiosité, si elle ne leur avait pas laissé la quarte légitime. Voici comment M. Ortolan explique ces décisions : « Relativement à la mère et à ses enfants, comme on ne considérait entre eux aucun lien de famille, mais seulement les liens du sang, on n'avait mis aucune différence entre ceux issus de justes noces, nés d'un concubinat, ou même vulgairement conçus, puisque leur filiation à l'égard de la mère était également certaine, leur sortie du

---

suer qu'un enfant n'avait pas de père connu on mettait soit avant, soit après son nom les lettres S. P. qui voulaient dire *sine patre.* Comme on avait l'habitude de n'écrire que la première lettre du prénom d'une personne, on désignait par les mêmes lettres S. P. mises à côté du nom, la personne dont le prénom était *Spurius.* La confusion était facile, aussi finit-on par appliquer à tout *vulgo conceptus* le nom de *spurius* dont on fit un qualificatif.

sein maternel aussi indubitable pour les uns que pour les autres... en conséquence, on n'avait tenu aucun compte de la différence de la naissance. (1). »

Mais vis-à-vis de leur père et de leurs parents, paternels, ils n'avaient absolument rien à réclamer. Toute action en recherche de paternité leur était formellement interdite ; ils étaient légalement réputés n'avoir pas de père connu, et par rapport à lui on les traitait comme des étrangers ordinaires. Rappelons toutefois que de graves considérations de décence et d'honnêteté, avaient fait prohiber tout mariage entre la fille *vulgo quæsita* et son prétendu père. Ces enfants naissaient *sui juris* et jusqu'à leur puberté, ils avaient un tuteur nommé par le magistrat.

Parmi ces enfants, il y en eut que les constitutions impériales distinguèrent et rangèrent dans une classe à part, afin de les soumettre à certaines incapacités spéciales ; c'étaient ceux qui devaient le jour à l'adultère et à l'inceste. L'origine de cette distinction se trouve dans une constitution d'Arcadius et Honorius. Ces empereurs déclarèrent les enfants incestueux incapables de recevoir absolument rien de leurs père et mère de quelque façon que ce fût, soit entre-vifs, soit par testament, et même à titre purement alimentaire ; ils leur enlevèrent tout droit à la succession ab intestat de

(1) Ortolan, *Explication histor. des Instituts*, III, p. 58.

leur mère. Mais la constitution n'était applicable qu'aux enfants dont les parents avaient essayé par fraude ou par ruse de contracter mariage au mépris des prohibitions fondées sur la parenté ou l'alliance (1).

Justinien devait généraliser cette mesure. Il décida d'abord que les *spurii* nés d'une femme illustre ne pourraient pas concourir avec leurs frères et sœurs légitimes au partage de sa succession ab intestat ; parce que, dit-il, étant issus d'un commerce honteux, ils ne sauraient être les égaux des enfants nés d'un mariage légitime, et qu'ils ne doivent pas dévoiler les fautes de leur mère (2). Mais il alla plus loin dans ses Novelles. Une incapacité absolue de recevoir des père et mère aucune libéralité, même à titre d'aliments, frappa tous les enfants adultérins ou incestueux. Le sort de ces malheureux fut déplorable ; ils étaient en quelque sorte légalement condamnés à mourir de faim. La loi ne leur offrait aucun moyen de sortir d'une aussi misérable condition ; la légitimation n'étant pas permise en leur faveur. En agissant ainsi, l'empereur se proposait de réprimer les mauvaises mœurs ; son but principal était de frapper les parents dans la personne de leurs enfants. Il nous le dit lui-même dans les termes suivants : « Eos enim qui ex odi-
» libus nobis et propterea prohibitis nuptiis pro-

(1) L. 6, C., *De incest. et inut. nuptiis*, 5, 5.
(2) L. 5, C., *Ad senatuscons. Orphitianum*, 6, 57.

« cedunt, neque naturales vocari, neque partici-
» panda eis ulla clementia est, sed sit supplicium
» etiam hoc parentum, ut agnoscant, quia neque
» quicquam peccatricis concupiscentiæ eorum habe-
» bunt filii (1). »

Sans doute, c'est là un but généreux et louable ; l'adultère et l'inceste sont dignes de toute la sévérité du législateur ; tout homme qui se respecte doit désirer que de pareils crimes disparaissent ou du moins qu'ils restent à jamais ignorés. Sans doute aussi, comme le dit Bossuet : « Punir les pères dans la personne de leurs enfants, c'est les punir dans une partie d'eux-mêmes, que la nature leur a rendue plus chère que leurs propres membres, et même que leur propre vie (2). Mais on ne saurait justifier Justinien de l'extrême rigueur, de la barbarie avec laquelle il traite des êtres innocents. N'avait-il pas dit lui-même qu'on doit témoigner de la pitié à ceux qui sont victimes des fautes d'autrui. « Neque enim misericordiâ sunt indigni qui aleno laborant vitio (3). » Comment donc s'est-il cru autorisé à les réduire à la plus extrême détresse et à leur refuser même les aliments nécessaires pour vivre ? C'est là une exagération blâmable et dans laquelle le droit canonique s'est bien gardé de tomber. Il im-

(1) Nov. 74, cap. 6. — Authent., *Ex complexu*, Code, *De incest. et inut. nuptiis*, 5, 5. — Nov. 89, cap. 15.
(2) *De la connaissance de Dieu et de soi-même*, ch. IV, n° 11.
(3 L. 7, C., *De natur. liberis.*

porte de remarquer que lorsque le concubinat eût été aboli par Léon VI, tous les enfants nés hors mariage furent traités de la même manière, ils furent tous condamnés à la misère et à l'abandon.

ANCIEN DROIT

Avant d'aborder directement l'étude des règles établies par nos vieilles coutumes sur la condition des enfants naturels, nous devons indiquer en quelques traits les divers éléments qui ont concouru sur ce point à la formation de notre ancien droit. Parmi ces éléments le droit romain que nous avons déjà exposé occupe certainement une large place, mais à l'origine même de notre législation nationale nous rencontrons les lois des peuplades germaines qui envahirent la Gaule et qui devaient fonder le royaume de France sur les débris de la domination romaine. A peine établis sur le sol gaulois, les Franks se convertissent à la religion chrétienne; aussitôt l'église commence à façonner leur vie d'après la morale évangélique, elle fait pénétrer dans leurs mœurs, dans leurs institutions, dans leurs lois des maximes et des préceptes nouveaux. En les arrachant à la barbarie et en leur frayant la voie de la civilisation, le christianisme acquit sur ces nouveaux convertis un empire et un ascendant qu'il n'avait jamais eus sur la vieille société romaine, cette influence devait aller en croissant durant une longue partie du moyen-âge. De là la nécessité pour l'intelligence de notre sujet d'esquisser les principaux traits de la législation officielle de l'Eglise, telle qu'elle fut promulguée par les papes et les conciles, sur la condition des enfants naturels.

Nous diviserons donc cette étude en trois parties distinctes :

1° Dans la première nous examinerons les règles du droit canonique.

2° La seconde sera consacrée à l'espoir de la législation de divers peuples germains et surtout des Franks. Nous suivrons le développement de cette législation jusque sous les rois de la seconde race.

3° Dans la troisième partie nous exposerons les les dispositions de l'ancien droit français depuis l'époque féodale jusqu'à la Révolution.

PREMIÈRE PARTIE

DROIT CANONIQUE

Il serait fort intéressant d'étudier dans tout leur
ensemble les règles que le droit canonique avait
tracées relativement aux enfants nés hors mariage,
autant pour les comparer aux dispositions de la loi
civile que pour juger de l'importance que l'Eglise
avait acquise au moyen-âge. En effet c'est surtout
quand on étudie l'organisation et le développement
de la famille, qu'il est facile de constater combien
fut salutaire et décisive l'action que le christianisme
exerça sur les mœurs et les institutions de nos premiers ancêtres. Sans doute notre ancienne législation toute entière avait gardé l'empreinte des idées
chrétiennes; mais dans aucune autre branche
de notre droit la trace de cette empreinte n'était
plus visible que dans les lois relatives à la constitution de la famille : nulle part aussi l'influence de
l'Eglise ne fut plus utile, et nulle part elle n'a été
plus durable. Sur le point spécial qui nous occupe
les plus grands jurisconsultes ont proclamé la supériorité des lois ecclésiastiques sur les autres lois, et
c'est grâce à cette supériorité que leur autorité s'est

étendue au-delà même des limites officielles que le pouvoir civil leur avait assignées (1). Néanmoins nous nous bornerons à indiquer les points principaux, car nous craindrions de nous égarer dans des discussions un peu étrangères à nos études habituelles, et qui échappent pour la plupart à notre compétence.

Il est certain que le concubinat romain, tel que nous venons de le décrire, fut fortement combattu par les docteurs de l'Eglise, nous nous bornerons à citer ce passage de Saint-Augustin : « Concubinas habere non licet vobis, etsi non » habetis uxores ; tamen non licet vobis habere » concubinas quas postea dimittatis et ducatis uxo- » res ; tanto magis damnatio erit vobis si volueritis » habere uxores et concubinas (2). » Néanmoins des jurisconsultes très-autorisés croient que dans certaines contrées où il était permis par la loi civile, le concubinat fut aussi approuvé ou du moins toléré par la loi religieuse. Ils invoquent à l'appui de cette opinion un canon du premier concile tenu à Tolède en 589, et dont voici le texte : «Si quis non ha- » bet uxorem et pro uxore concubinam habet, a com- » munione non repellatur, tamen ut unius mulieris

---

(1) « Les principes du droit canonique sur la légitimation, dit Po- thier, sont suivis dans notre droit français, non par l'autorité des décrétales elles-mêmes, elles n'en ont aucune en France..... mais l'équité et la faveur que ces principes renferment nous les ont fait embrasser. » (*Traité du contrat de mariage*, n° 412).

(2) *In libro 5, Homiliarum, Hom.*, 49.

» aut uxoris aut concubinæ sit conjunctione conten-
» tus » (1). Il nous est bien difficile d'admettre que
le véritable concubinat romain, c'est-à-dire une liaison que la seule volonté ou même le simple caprice
des contractants pouvait rompre du jour au lendemain, ait jamais reçu la consécration officielle d'un
concile. Sans doute nous croyons avec notre éminent maître M. Giraud, que l'Eglise inflexible en ce
qui touche l'esprit et la pratique de la foi, se montra
indulgente et patiente en ce qui touche les intérêts,
les habitudes invétérées et les préjugés enra-
cinés (2). Mais nous ne pensons pas qu'elle ait
poussé la tolérance jusqu'à admettre et à sanctionner législativement une institution qu'elle devait
regarder en réalité comme une violation permanente et préméditée de la loi de Dieu.

Quant au texte qu'on nous oppose, il n'avait
point paru décisif à nos anciens jurisconsultes. La
plupart l'écartaient en disant que le concile fait allusion ici à certains mariages qui se contractaient avec
moins de solennité et qui n'étaient pas accompagnés
de pactes dotaux : Brunemann rapporte que telle
était l'opinion de Bellarmin (3). Cette interprétation
nous paraît fort plausible. On sait en effet que

(1) *Corpus juris canonici. — Decreti pars prima dist.* 34, c. 4.
(2) Giraud, *Essai sur l'histoire du droit français au moyen-âge*,
tome I, p. 290.
(3) Brunemanni, *Commentarius in Codicem*, tit. 5, lib. 26 (Édit) 1715,
Lyon, t. II, p. 481. — Cf. Perezius, Tuldenus, tit. 5, lib. 26 *in Codicem*.

l'Eglise ne reconnaissait comme de véritables mariages que ceux dans lesquels intervenait une constitution de dot : «*Nullum fiat sine dote conjugium.*»
Elle a dû dès lors réserver la qualification d'*uxor* à
la femme dotée, et il est très-possible qu'elle ait désigné par le mot de *concubina* l'épouse qui se
marie sans dot : mais alors cette expression acquiert
une nouvelle signification bien différente du sens
qu'elle avait en droit romain (1).

Le droit canonique divisait les enfants naturels
en deux grandes catégories : 1° Les enfants naturels
simples ou bâtards proprement dits, qui doivent
le jour à deux personnes libres de s'unir en mariage
(*ex soluto et solutâ*) ; 2° les enfants qui naissent de
personnes entre lesquelles le mariage est impossible, soit parce que l'une d'elles est déjà mariée ou
engagée dans les ordres sacrés ou liée par des vœux
monastiques, soit parce qu'il existe entre elles un
lien de parenté.

Quant au droit privé, la situation faite par la loi

(2) D'après un des rédacteurs des *Etudes religieuses* (livraison de
février 1873, p. 204) le concile aurait eu en vue l'hypothèse où un
homme ayant à la fois une épouse et une concubine légales, demanderait à être admis dans la communion chrétienne. Dans ce cas
l'Eglise ordonnait au catéchumène de se contenter d'une femme, lui
permettant de choisir à son gré. Celle qui avait obtenu la préférence
devenait dès lors la seule et véritable épouse devant la loi religieuse,
quoique devant la loi civile elle fût encore considérée comme concubine, si elle était de condition servile. — Cette explication nous paraît
inacceptable, car elle a son point de départ dans une affirmation
inexacte. La loi civile défendait expressément d'avoir soit plusieurs
concubines, soit une épouse et une concubine : le principe de la monogamie s'appliquait au concubinat aussi strictement qu'au mariage.

ecclésiastique aux bâtards, se résumait dans les deux décisions suivantes. D'une part, ils étaient déclarés indignes de succéder à leurs parents; nous possédons des textes qui les excluent formellement de l'héritage paternel (1), et d'Aguesseau pense qu'ils étaient aussi écartés de la succession maternelle, bien que les textes soient muets; une pareille incapacité était très-conforme à l'esprit du droit canonique (2). Mais d'autre part on considéra que tous les enfants ont acquis en naissant le droit de vivre, on leur permit à tous sans distinction, quelle que fût la honte de leur naissance, de demander des aliments à leurs auteurs. Cette obligation alimentaire devait survivre aux père et mère décédés et passer à leurs héritiers légitimes, de telle sorte que l'enfant pût dans toute circonstance obtenir les secours nécessaires à son existence (3).

Ainsi du premier coup l'Eglise résolut ce problème posé depuis si longtemps à la sagesse des législateurs : concilier les droits de la nature et les droits de la famille, dire que tout enfant quel qu'il soit ne doit jamais être abandonné, imposer à ceux qui l'ont mis au monde, qui lui sont unis par les liens du sang, l'obligation de le nourrir et de l'éle-

---

(1) *Corpus juris canonici.* Decret. *Qui filii sint legitimi* (lib. IV, tit. 17), cap. 10.

(2) *Dissertation sur les bâtards* (*Œuvres complètes de d'Aguesseau,* tome VII, p. 401).

(3) Decret., *De eo qui duxit,* cap. 5. — Cardinal Paleota, *De Nothis,* c. 48. — Carenza, *De partu legitimo,* c. III, § 4, n° 13.

ver ; mais en même temps l'écarter du foyer domestique, que sa présence souillerait en perpétuant le souvenir d'une faute, lui dénier les droits d'enfant légitime dans une famille où le mariage ne l'a pas fait entrer, lui refuser le titre honorable d'héritier, c'est-à-dire le droit de partager le patrimoine et de conserver les traditions domestiques. Tels furent les deux grands principes qu'elle sut accorder ensemble et que son influence devait faire prévaloir dans la législation nouvelle.

Il entrait dans l'esprit de l'Eglise d'encourager les parents à réhabiliter, par leur repentir et par la réparation de leur faute, les enfants auxquels ils avaient donné le jour. La légitimation par mariage subséquent, existait déjà en droit romain ; le droit canonique la consacra dans une mesure plus large et plus protectrice. Voici dans quels termes le principe était formulé par une décrétale du pape Alexandre III, en 1172 : « Tanta vis est matrimonii ut qui » antea sunt geniti post contractum matrimonium, » legitimi habeantur. » En principe cette légitimation ne peut avoir lieu que pour les enfants nés *ex soluto et solutâ*. Non-seulement le mariage des parents doit être actuellement possible, mais il faut encore qu'il l'ait été au moment de la conception. Si un homme du vivant de sa femme, continue la décrétale, a eu des rapports avec une autre, et qu'il en soit né des enfants, quand bien même il épouserait sa concubine après la mort de son épouse, les enfants resteront bâtards, parce que les parents ne pouvaient contracter ensemble uu mariage légitime. « Si autem vir, vivente uxore suâ aliam » cognoverit et ex eâ prolem susceperit, licet post » mortem uxoris eamdam duxerit, nihilominus spu- » rius erit filius et ab hæreditate repellendus, præ- » sertim si in mortem uxoris prioris alteruter » eorum aliquid fuerit machinatus (1). »

Néanmoins cette opinion n'avait pas été admise par tous les canonistes, telle que nous venons de la formuler. Plusieurs estimaient que l'enfant pouvait être légitimé si, au moment de sa naissance, rien ne s'opposait au mariage de ses parents, quand bien même ce mariage eût été impossible à l'époque de la conception ; car l'état des enfants, disaient-ils, est généralement fixé par leur naissance et ce n'est que dans les cas, où cela peut leur être favorable, qu'il faut remonter au temps de la conception (2).

Du reste cette règle recevait exception dans le cas où l'obstacle qui s'opposait au mariage, pouvait être levé par des dispenses ; on motivait cette solution en faisant intervenir une fiction de retroactivité. La dispense accordée avait pour résultat, disait-on, d'effacer entièrement dans le passé l'empêchement qu'elle avait pour but de lever. Mais nous croyons que la plupart des auteurs modernes ont

(1) *Corpus juris Canonici — Decret. qui filii sint legitimi* (IV, 17), cap. 6.

(2) Fachinœus. *Controv.*, lib. 3, cap. 50. — Sanchez, *De matrimonio.* — Molina, *De justitiâ et jure tract.* 2, disput. 172.

beaucoup trop généralisé cette décision. Ils ont eu tort de prétendre que les dispenses avaient toujours un effet rétroactif et que la légitimation par le mariage subséquent s'opérait toujours en faveur des enfants déjà nés, sans égard au caractère incestueux qui avait infecté leur naissance. Cette doctrine subissait dans son application de nombreuses et importantes distinctions : 1° Il ne suffisait pas d'une simple dispense ordinaire, mais il fallait obtenir une dispense spéciale dite *in radice matrimonii,* accordée expressément dans le but de réparer les effets de la conjonction incestueuse (1). 2° Il paraît même que la légitimation des enfants n'était permise que dans le cas où la bonne foi des parents les rendait dignes de cette faveur ; il fallait que l'union dont ils étaient issus eût été un mariage putatif et non un commerce *manifeste fornicarium.* Voici comment s'exprime à cet égard le pape Benoît XIV, dans une lettre adressée à l'évêque de Saint-Dominique, le 5 décembre 1744 : « Porro legitimatur proles inces- » tuosa ope dispensationis quæ dicitur in radice » matrimonii : ut autem obtineatur hujusmodi dis-

(1) La dispense simple diffère de la dispense *in radie* en ce que la première ne rétroagit jamais dans le passé et ne produit d'effet que pour l'avenir : la seconde a seule le pouvoir de remonter, quant à ses effets à une époque antérieure à sa date. — Differt dispensatio simplex a dispensatione in radice, quod prior effectum suum non habet nisi a tempore quo conceditur seu ex nunc ; posterior vero invalidat matrimonium a tempore matrimonii seu ex tunc (Gury, *Theol. mor.* I, p. 102). — Cf., Carrière, *De matrimonio,* t. II, p. 547.

» pensatio, quæ non sine urgentissimis causis con-
» cedi consuevit, requiritur quod proles nata sit ex
» copulâ non manifestè fornicariâ sed putativè ma-
» trimoniali (1). »

Le mariage légitimait par sa seule vertu; le consentement des enfants ou des parents n'était jamais requis, et même leur opposition eût été im-
puissante à empêcher ce résultat. Il suffisait que
la filiation fût légalement certaine, qu'elle fût
prouvée ou avouée, peu importe de quelle manière.
Les conférences du diocèse de Paris indiquent à cet
égard cinq moyens de consigner l'aveu : 1° en
marge du registre où est écrit l'acte de célébration;
2° dans cet acte même; 3° dans le contrat de mariage; 4° dans un acte spécial joint à la minute du
contrat ; 5° dans un acte spécial inscrit sur le registre
du curé. L'usage s'était introduit de faire paraître
les bâtards à la célébration du mariage et de les
placer sous le poële avec leurs auteurs. Laurière dit
que cette exhibition était motivée par les deux raisons suivantes : « La première afin qu'ils partici-
pent aux prières que le prêtre fait, comme s'ils
étaient le fruit du mariage; la seconde afin qu'étant
considérés comme le fruit du mariage avant lequel
ils sont nés leur état soit si certain et si public
qu'il ne leur puisse point être contesté. » Mais si

____

(1) *Bullarium romanum*, édit, 1752, t. XVI, p. 260. — Voir sur ce
point un savant article de M. Bressoles, *Revue crit.* 1867, t. XXX,
p. 201 et suiv.

cette cérémonie avait l'avantage d'attester publiquement la filiation de l'enfant, elle n'a jamais été obligatoire, il paraît même qu'elle tomba promptement en discrédit et on recommandait au curé de l'omettre dans les cas où elle pourrait faire naître du scandale.

La légitimation n'avait lieu que si le mariage avait été valablement célébré, mais la célébration était suffisante et on n'exigeait pas qu'elle eût été suivie de la consommation. Ainsi le mariage *in extremis* était aussi efficace qu'un mariage ordinaire. La même décision fut étendue au mariage putatif c'est-à-dire au mariage que deux personnes ont contracté de bonne foi malgré certains empêchements dont elles ignoraient l'existence. La bonne foi était prise en si grande considération qu'elle suffisait à faire produire à l'union ainsi formée tous les effets d'un véritable mariage (1).

Les canonistes réclamaient la compétence exclusive des juridictions ecclésiastiques pour toutes les questions de légitimité, encore qu'elles fussent incidentes à des questions de succession. Mais D'Aguesseau ne rapporte cette prétention que pour constater qu'elle fut repoussée par le pouvoir civil : Cette disposition, dit-il, n'a point d'authenticité

---

(1) *Decret.* Gregor., lib. IV, tit. 17, *Qui filii sint legitimi.* — Cap. 10, cap. 11 et cap. 14. — Si conjugatus vivente primâ in facie Ecclesiæ contrahit cum secundâ hoc ignorante legitima erit eorum proles.

parmi nous où les questions de légitimité sont regardées comme purement civiles (1).

Au point de vue du droit public les enfants naturels étaient incapables d'entrer dans les ordres et d'aspirer aux dignités ecclésiastiques. Il paraît que cette prohibition n'avait d'abord été appliquée qu'aux enfants des clercs; mais, ainsi que le fait remarquer Van Espen (2), elle finit par devenir générale et par être opposée à tous les bâtards : « Ut » filii præsbyterorum et cæteri ex fornicatione nati » ad sacros ordines non promoveantur, » disait un canon du concile tenu à Poitiers en 1078 (3). Cette incapacité ressort encore d'une décrétale adressée par le pape Alexandre III à l'archevêque de Tours, où il lui défend d'ordonner prêtres des bâtards ou des serfs. « Consultationi tuæ respondemus, ut » neque spurios neque servos ordinare debes (4). » Les enfants naturels qui faisaient partie d'un ordre monastique ou qui étaient chanoines réguliers n'étaient pas soumis à cette incapacité; ils pouvaient être promus de plein droit aux ordres sacrés, mais ils ne pouvaient posséder aucune dignité ou aucun bénéfice à charge d'âmes (5). Bacquet nous apprend

---

(1) D'Aguesseau, *Dissertation sur les bâtards* (*Œuvres*, t. VII, p. 403).

(2) *De jure ecclesiast.*, pars 2, tit. 80, c. 3, n° 9.

(3) *Corpus juris canonici.* — *Decret., Gregor., De filiis præsbyterorum* (I, 17), cap. 1.

(4) Cité par D'Aguesseau, *Dissert. sur les bâtards*, p. 402.

(5) *Decret., Gregor., De filiis præsbyter.*, cap. 1.

qu'un bâtard ne pouvait pas être reçu docteur à la faculté de théologie de Paris (1).

Cette inhabileté des bâtards cessait lorsqu'ils avaient obtenu du pape et de ses légats des dispenses, qui leur étaient du reste octroyées très-libéralement ; ces dispenses constituaient une sorte de légitimation qui effaçait le vice de leur origine, et leur permettaient d'être promus aux ordres sacrés et de recevoir des bénéfices (2). Les évêques et les archevêques avaient le droit d'accorder des dispenses pour entrer dans les ordres, mais ces dispenses ne permettaient pas de prendre la tonsure (3). On a voulu voir dans ces lettres de dispense émanées du pape une véritable légitimation ; mais il nous semble que c'est là une idée inexacte. En principe l'effet de ces lettres était restreint au domaine spirituel ; elles habilitaient ceux qui les obtenaient à entrer dans les ordres, mais elles ne leur conféraient aucun droit de succession (4). C'est seulement dans les pays soumis au pouvoir temporel du pape que les lettres de légiti-

(1) Bacquet, *Du droit de bâtardise*, ch. 2, p. 765.
(2) *Decret. De filiis præbyterorum*, cap. 18.
(3) *Dictionn. de Trevoux*, v° Batard.
(4) Telle est la doctrine exprimée par Pithou dans ses fameux articles sur les libertés de l'église gallicane, dont l'art. 21 est ainsi conçu : « Le pape ne peut légitimer bâtards et illégitimes pour les rendre capables de succéder ou de leur être succédé, ni pour obtenir bénéfices et estats séculiers dans ce royaume, mais bien les dispenser pour être pourvus aux ordres sacrez et bénéfices. » Dupin, *Mannel de droit ecclésiast.*, 2e édit. p. 38.

mation émanées de lui produisaient des effets et dans l'ordre spirituel et dans l'ordre civil. La règle était celle-ci : en dehors de ses états le pape ne peut légitimer que quant aux ordres ; dans ses états il peut légitimer *ad utrumque effectum* (1).

———

(1) D'Aguesseau, *Dissert. citée.* p. 403.

DEUXIÈME PARTIE

LÉGISLATIONS BARBARES

Nous ne dirons rien de la législation en vigueur chez les premiers habitants de la Gaule avant la conquête romaine. Le droit des Celtes ne nous est connu que par quelques passages de César, de Pline et de Strabon ; mais nous n'y trouvons aucun renseignement sur la question spéciale qui nous occupe. Il paraît, au témoignage de César, que la polygamie était pratiquée en Gaule (1) ; mais des auteurs très-estimés croient qu'elle n'y était pas communément répandue.César lui-même nous fournit sur le contrat pécuniaire qui accompagnait l'union conjugale certains détails desquels il est permis de conclure que la pluralité des femmes était un luxe dispendieux que les gens riches pouvaient seuls se permettre (2). Quoiqu'il en soit ces coutumes polygames nous autorisent à croire que la condition des enfants naturels chez les anciens Gaulois ne devait pas être bien fâcheuse ; car, ainsi

(1) *De bello gallico*, lib. 6, cap. 19.
(2) Chambellan, *Etudes sur l'histoire du droit français*, p. 278.

que l'a dit Montesquieu, on ne connaît guère de
bâtards dans les pays où la polygamie est permise (1).

Les Germains au contraire avaient en général des
mœurs chastes et austères ; le respect religieux
qu'ils témoignaient à la femme nous montre qu'ils
avaient compris et pratiqué les vertus morales sur
lesquelles repose la famille. Presque seuls entre les
barbares, au dire de Tacite, ils se contentaient
d'une seule épouse ; si par exception les chefs
avaient plusieurs femmes, c'était par une vaniteuse
ostentation et pour mieux afficher la supériorité de
leur rang et non par une corruption du cœur ou
pour les honteuses satisfactions des sens (2). Grâce
à cette sévérité de mœurs on comprend que les enfants naturels devaient être fort rares et que leur
condition sociale devait être assez dure. Voici le
principe établi à cet égard dans les lois germaniques : le bâtard doit être considéré comme un étranger ; il ne fait partie ni de la famille du père ni de
celle de la mère et par conséquent il n'a aucun
droit de succession, il n'est sous la protection de
personne, le *muntium* ou puissance paternelle ne
s'exerce pas sur lui (3). Un des textes les plus expli-

(1) *Esprit des lois*, livre XVI, ch. 6.
(2) Nam prope soli barbarorum singulis uxoribus contenti sunt ;
exceptis admodum paucis qui non libidine sed ob nobilitatem pluri-
mis nuptiis ambiuntur (*De morib. germanor*, c. 18).
(3) Kœnigswarter. *Essai sur la législation des peuples modernes
relative aux enfants nés hors mariage.* (*Revue étrangère et française,*
t. IX, p. 369).

cites à cet égard est la loi des Bavarois ; elle prononce d'une façon expresse que les enfants nés hors mariage seront exclus de l'hérédité paternelle, elle se contente de les recommander à la pitié de leurs frères : « Non enim erit heres filius ancillæ » cum filio liberæ. Tamen debent misericordiam » considerare quia caro eorum est (1). »

Nous devons signaler un trait que l'on retrouve dans la législation de tout les peuples d'origine germanique, et qu'il est intéressant de remarquer. Partout le mariage est défendu sous des peines très-sévères entre personnes de conditions différentes, et les enfants nés de pareilles unions sont considérés comme illégitimes.

D'après les anciennes coutumes saxonnes tout homme qui avait épousé une femme d'un rang plus élevé que le sien devait être mis à mort. Chez les, Frisons la femme libre qui s'était unie à un *litus* c'est-à-dire à un colon ou serf de la glèbe devait partager sa condition, ainsi que ses enfants. Elle n'avait qu'un moyen d'éviter cette déchéance ; elle devait jurer que depuis le jour où elle avait eu connaissance de la véritable qualité de son époux, elle avait cessé toutes relations avec lui (2). La loi des Alemans disait seulement que si un père laisse pour héritières deux filles, et que l'une d'elles soit

---

(1) *Lex Bajuvariorum*, tit. XIV, cap. 7 (Conciani, II, p. 383).
(2) *Lex Frisonum*, tit. VI (Canciani, III, p. 10).

mariée à un *litus*, elle doit être privée de tout droit de succession à la terre paternelle, au profit de sa sœur qui ne s'est pas mésalliée.

Les Wisigoths prononçaient des peines très-rigoureuses contre les mariages entre personnes de rang inégal. D'abord toute union entre un affranchi et une serve ou entre une affranchie et un serf entraînait la perte de la liberté pour le conjoint qui était libre ; les enfants qui naissaient étaient déclarés serfs du maître de leurs parents. De plus si une femme ingénue se mariait avec son serf ou son affranchi, elle était flagellée publiquement devant le juge, ainsi que son mari, puis on les brûlait vifs tous les deux. Si elle s'était unie à un serf d'autrui elle devait recevoir cent coups de fouet ; après avoir subi trois fois le même suplice elle était renvoyée à ses parents, et s'ils refusaient de la recevoir elle tombait comme serve au pouvoir du maître de celui à qui elle était unie. Il va sans dire que les enfants nés de ce mariage étaient serfs comme leur père ; néanmoins par une espèce de prescription ils acquéraient la qualité d'hommes libres et ingénus s'ils prouvaient que pendant trente ans on les avait traités comme tels (1).

Les mêmes règles se retrouvent dans la loi des Burgondes. L'ingénue qui s'était unie volontairement à son serf devait être punie de mort ; mais ses

____

(1) *Lex Wisigoth.*, l. III, tit. II, §§ 2 et 3 (Canciani, IV, p. 91).

parents pouvaient lui faire grâce de la vie, et alors elle devenait serve du roi (1).

Un autre peuple de race germanique, les Lombards, avaient envahi la Gaule cisalpine et s'étaient établis dans la vallée du Pô qui depuis a pris le nom de Lombardie. A l'origine les Lombards mettaient à mort la femme ingénue qui s'unissait à un serf; des lois postérieures moins barbares se contentèrent de la réduire en servage avec ses enfants. En 643 le roi Rhotaris donna aux Lombards un Code d'après lequel les enfants naturels sont appelés à succéder en concours avec les fils légitimes ; seulement chacun de ceux-ci doit avoir une part double de celle qui est attribuée aux premiers; la portion des bâtards ne peut être augmentée par le père que si les enfants légitimes y ont consenti après avoir atteint leur majorité (2). Il importe de signaler cette vocation des bâtards à l'hérédité ; c'est là un trait particulier à la législation lombarde, et qu'on ne retrouve dans aucun autre des codes barbares. Il est possible que le contact des populations italiennes eût déjà réagi sur les institutions des Lombards et peut-être la disposition qui nous occupe a-t-elle été dictée sous l'influence des idées romaines (3). Mais

1) *Lex Burgundior.*, tit. XXXV, §§ 2 et 3 (Canciani. IV, p. 23).
(2) Art. 154, 155 et 156 (Canciani, I, p. 73).
(3) Ce n'est qu'avec hésitation que nous émettons cette conjecture, car elle heurte l'opinion d'un de nos plus savants maîtres. D'après M. de Valroger le Code de Rotharis est un droit tout germanique, où

cette particularité devait bientôt disparaître. Un siècle s'était à peine écoulé que dans un nouvel édit le roi Luitprand, mû sans doute par le désir d'encourager au mariage, crut devoir réformer la législation de son prédécesseur. Il défendit au père de ne rien donner à ses bâtards à quel titre que ce fût, lorsqu'il aurait des enfants légitimes; il permit seulement à ceux-ci d'accorder quelque chose à leurs frères naturels, s'ils le jugeaient à propos (1).

Arrivons à la législation d'une peuplade germaine dont l'histoire présente pour nous un intérêt tout particulier. Après avoir expulsé les Romains et les Wisigoths du territoire de la Gaule, les Franks s'étaient établis sur le sol conquis et y avaient fondé un empire qui devait devenir plus tard le royaume de France. Au moment de leur invasion, ils se divisaient en deux grandes tribus: celle des Ripuaires et celle des Saliens.

La loi ripuaire décidait que l'homme ou la femme ingénue qui épouserait une serve ou un serf devait tomber dans le servage avec les enfants auxquels il donnait le jour (2); mais elle n'avait pas imité la barbarie des Saxons et des Wisigoths qui condamnaient les époux au dernier supplice. Lorsque c'était une femme libre qui avait épousé un serf, ses parents

même certaines coutumes des Germains sont mieux accusées que dans aucune autre loi barbare (*Les Barbares et leurs lois. — Revue critique*, 1856, t. XXIX, p. 443).

(1) Kœnigswarter, *op. et loc. citt.*, p. 376.

(2) *Lex Rip.*, tit. LVIII, § 15 et § 16 (Canciani II, p. 312).

avaient le droit d'attaquer le mariage. Alors le roi ou le comte présentait à la femme une épée et une quenouille, en lui laissant le choix d'où dépendrait sa destinée : si elle prenait l'épée elle devait immoler son époux et recouvrait ainsi la liberté, si elle acceptait la quenouille elle devait se résigner à vivre en esclavage avec son compagnon (1). Chez les Franks Saliens la femme ingénue qui s'alliait volontairement à un serf du roi ou à un lite perdait la liberté : de même l'homme libre marié avec la serve d'autrui devenait serf comme sa femme (2).

Certains auteurs ont prétendu que la distinction des enfants naturels et des enfants légitimes ne devait pas exister dans la législation franke lors de l'invasion ou dès les premiers temps qui l'ont suivie. Ils allèguent qu'une pareille distinction ne semble pouvoir appartenir qu'à des législations plus avancées que celle des Franks ne l'était alors, et à l'appui de cette considération ils invoquent le silence gardé sur ce point par les premières éditions de la loi salique (3). On a repoussé le premier argument en disant que cette distinction se retrouvait chez les Hébreux à une époque où leur civilisation n'était pas plus perfectionnée que celle des Franks du temps de Clovis. Pour affaiblir le second motif

(1) *Ibid.* § 18.
(2) *Pactus legis salicæ antiquior*, tit. XIV, § 8 et § 11 (Canciani II, p. 39).
(3) Fernand Desportes, *Essai histor. sur les enfants natur.* p. 89.

il suffit à faire remarquer que les lois barbares ne peuvent à raison de leur brièveté et de leur rédaction fort imparfaite être considérés comme l'expression complète du droit des populations qu'elles devaient régir : tout le monde sait qu'en général elles sont des lois pénales bien plus que des lois civiles. Nous venons d'ailleurs de montrer que ces lois barbares prohibaient toute union entre personnes de rang inégal, et qu'elles frappaient d'incapacités les enfants qui en étaient issus. En général ils étaient privés du droit de succéder à leurs auteurs (1). Or de deux choses l'une : ou on doit admettre que ces unions constituaient un commerce illicite, un concubinage, dans le sens actuel du mot, ou bien on admet qu'elles présentaient le caractère d'un véritable mariage. Dans le premier cas les enfants qui en naissaient étaient bien des enfants naturels ; la division dont il s'agit existait en réalité bien qu'en apparence elle ne fut pas formulée d'une manière explicite. Dans le second cas il nous paraît impossible que des lois qui établissent une différence si notable entre des enfants tous nés du même mariage, n'aient fait aucune distinction entre les enfants qui naissent du mariage et ceux qui naissent hors mariage.

A l'appui de cette décision on pourrait invoquer

---

(1) Ex tali enim consortio filios procreatos constitui non oportet heredes, disait la loi des Wisigoths, déjà citée, L. 3, tit. 11, § 2.

les monuments de l'ancien droit lombard ; le Code
de Rotharis établit une opposition très-nette entre
le *liber legitimus* ou *fulboran* ou le *liber naturalis*.
Or il est reconnu que les règles écrites dans une des
lois barbares doivent être considérées comme tacitement admises par les autres qui ne renferment pas
de dispositions sur le même point (1). Mais nous ne
croyons pas que cette induction ait une grande valeur; car à notre avis le droit lombard se séparait
nettement des autres lois germaniques en ce qui
concerne les enfants naturels; c'était la seule loi qui
appelât ces enfants à succéder à leurs parents, dès
lors il nous semble que l'argument d'analogie, qu'on
a voulu en tirer n'est pas très-probant. La controverse a surtout roulé sur un texte de la loi des Bavarois où il est dit que tous les enfants nés du même
individu doivent partager également sa succession,
» quamvis multas mulieres habuisset et totæ libe-
» ræ fuissent (2) ». Les partisans de la première opinion disent qu'il s'agit dans ce passage de concubines entretenues en même temps et que la loi a
pour but d'assimiler les enfants nés de ces concubines aux enfants légitimes. Leurs adversaires ré-
pondent que la disposition s'applique à des enfants
nés de plusieurs femmes successivement épousées
et qui sont tous issus d'un légitime mariage.

(1) Amiable. *De la condition des enfants illégitimes dans l'ancien
droit (Revue historique,* 1884, t. X, p. 373).
(2) *Les Bajurar,* tit. XIV, cap. 8 (Canciani II, p. 383).

Quoi qu'il en soit, le doute n'est pas possible pour cette partie de l'époque franke, qui suit l'avènement de la dynastie carlovingienne. En effet, le texte de la loi salique, révisée par Charlemagne, contient une disposition qui prive formellement les enfants incestueux de tout droit héréditaire : « Si quis sororem aut fratris filiam, aut saltem » alterius gradûs concubinam, aut fratris uxorem, » aut avunculi sceleratis nuptiis sibi junxerit, huic » pœnœ subjaceat ut a tali consortio separetur, » atque etiam si filios habuerint non habeantur » legitimi heredes, sed infamiâ sint notati (1). » Ne peut-on pas dire, avec M. Pardessus, que la facilité avec laquelle cette règle, empruntée au droit canonique, prit place dans le nouveau texte, fait présumer que le principe en existait antérieurement dans le droit germanique ? (2)

Une des formules du moine Marculphe, rédigées vers la même époque, nous montre que le père ne peut disposer en faveur de ses enfants naturels, que dans le cas où il n'a pas d'enfants légitimes (3). Nous possédons aussi deux capitulaires, dans la rédaction desquels on aperçoit visiblement la double empreinte du droit canon et du droit romain, et qui s'expriment très-formellement dans le même

sens. Le premier décide que la qualité d'héritiers
du père doit être réservée aux fils de l'épouse légitime, à l'exclusion des enfants de la concubine.
« Non omnis mulier viro juncta uxor est mariti,
» neque omnis filius heres est patris ; itaque aliud
» est uxor, aliud concubina. » Dans le second, le
législateur règle les conditions et les formes auxquelles le mariage doit être assujetti ; si elles ne
sont pas observées, les enfants qui naîtront sont
qualifiés de *spurii* et sont déclarés indignes de succéder à leurs parents. Voici la dernière phrase de
ce texte ; elle contient une recommandation à l'usage
des époux et indique la sanction des formalités
prescrites : « Et biduo vel triduo orationibus vacent
» et castitatem custodiant, ut boni soboles gene-
» rentur et Domino suis in actibus placeant. Taliter
» enim et Domino placebunt et filios non spurios
» sed legitimos atque hereditabiles generabunt (1). »

Nous ne savons si à cette époque le père pouvait
par un acte de sa volonté rendre ses enfants naturels habiles à lui succéder. La formule 47 de
l'appendice de Marculphe semble bien indiquer
qu'un acte spécial émané du père pouvait conférer
les droits d'hérédité à l'enfant naturel. Voici l'hypothèse prévue : Un homme entretient avec son
esclave un commerce qui donne naissance à une
fille, laquelle est affranchie plus tard par le de-

____

(1) Capit. L. 7, cap. 50 et cap. 443 (Canciani III, pp. 312 et 335).

nier, le plus solennel des modes d'affranchisse-
ment. On se demande alors si cette acquisition
de la liberté ne rend pas l'enfant habile à succéder avec les enfants légitimes. La formule répond
que non, en se fondant sur ce qu'il faut *un acte
spécial émanant du père* pour conférer des droits
de succession aux enfants naturels. La légitimation proprement dite était inconnue des peuples de
race germanique. Mais on pouvait employer divers moyens pour mettre l'enfant naturel sous
la protection de son père et lui assurer une place
au foyer domestique. « Des cérémonies symboli-
» ques, dit M. Kœnigswarter, accompagnaient cet
» acte; le père prenait l'enfant qu'il voulait recon-
» naître sur ses genoux, ou bien il le mettait sous
» son manteau, ou bien il chaussait avec lui le
» même soulier » (1).

Il paraît que cette incapacité de succéder aux
parents ne s'était pas étendue à tous les bâtards.
Sous les dynasties mérovingienne et carlovingienne les bâtards des rois et des princes étaient
assimilés aux enfants légitimes, pourvu qu'ils fussent avoués. On en peut citer plusieurs exemples
connus dans l'histoire. C'est ainsi que Thierry,
fils naturel de Clovis, fut admis après la mort de
son père à partager le royaume avec ses frères
légitimes, Clodomir, Childebert et Clotaire. De

(1) Kœnigswarter. *Histoire de l'organisation de la famille,* p. 162.

même à la mort de Dagobert Ier son fils bâtard
Sigebert et son fils légitime Clovis II s'assirent
tous deux sur le trône. Enfin Louis et Carloman,
fils naturels de Louis le Bègue, furent tous deux
couronnés rois à l'exclusion de Charles le Simple
leur frère légitime (1). Mais il serait téméraire d'affirmer que cette assimilation fût consacrée d'une
manière bien certaine par les mœurs et par les lois ;
car l'histoire a enregistré d'énergiques protestations
contre ce privilége des bâtards de race royale. Lorsque Thierry Ier fit notifier son avènement à Hermanfroy duc de Thuringe, qui avait épousé Alme-
bergé fille légitime de Clovis, le duc refusa de reconnaître son beau-frère et répondit fièrement qu'il
ne pouvait assez s'étonner que ce prétendant
aspirât à régner, alors que par sa naissance il
devait être esclave. (2) Qu'on nous permette de
rappeler aussi les nobles et courageuses paroles
de St. Colomban à Brunehaut qui leur présentait
les fils que Thierry II avait eus de ses concubines,
en lui disant : « Ce sont les fils du roi, fortifie
les par la bénédiction. » — « Non répondit le saint
moine, ils ne régneront jamais, car ils sortent
d'un mauvais lieu. (3) »

(1) Laurière. *Glossaire*, v° *Bâtard*. — D'Aguesseau, *loc. cit.*, p. 104.
(2) Hermanfridus respondit legato mirari non satis posse quomodo vellet usurpare prius imperium quam libertatem servus natus (Witi-kind. *Hist.* lib. I, cité par d'Aguesseau).
(3) Nequaquam ipsos regalia sceptra suscepturos scias, qui de lupa-naribus emergerunt (Frédégaire, ch. XXVII). — Montalembert. *Les moines d'Occident*, II, p. 110.

Quant aux bâtards des simples particuliers, il paraît dès lors certain qu'ils étaient réduits en servage. Les paroles d'Hermanfroy que nous venons de rapporter montrent bien qu'on regardait en général les enfants naturels comme serfs. Cette condition servile des bâtards ne doit pas nous étonner si nous remarquons que le plus souvent un de leurs parent appartenait à la classe des serfs. Or il était de principe chez les peuples germaniques que lorsqu'un enfant avait pour auteurs deux personnes de condition inégale, il suivait le sort de celle des deux, qui était de condition inférieure. Cette règle devait persister longtemps en France, elle donna naissance à cet adage de notre vieux droit coutumier. « En formariage le pire emporte le bon. » L'église accepta facilement cet état de choses, il est probable qu'elle vit dans cette déchéance dont on frappait les bâtards un moyen de réprimer et de flétrir le concubinage. Le dixième canon du 9° concile de Tolèdes tenu en 655 déclare en effets que les bâtards nés de personnes engagées dans les ordres sacrés seront serfs des églises desservies par leur père : »

« Proles alienâ pollutione nata non solum hereditatem nunquam accipiet, sed etiam in servitutem ecclesiæ de cujus sacerdotis vol ministri ignominiâ nati sunt jure perenni permanebunt (1). »

<hr>

(1) Cité par d'Aguesseau. *Dissertat. sur les bâtards*, p. 403.

TROISIÈME PARTIE

DROIT COUTUMIER FRANÇAIS

C'est vers la fin de la dynastie carlovingienne, à l'époque où le régime féodal était déjà organisé, que notre législation dégagée des origines germaniques, commence à prendre un caractère véritablement national. C'est à partir de ce moment que nous suivrons la formation et le développement progressif du droit coutumier, relativement à la condition des enfants naturels.

Plusieurs auteurs rapportent qu'une ordonnance de Hugues Capet priva les bâtards du droit de succéder à la couronne, et leur défendit de porter les armes de France, sans les faire traverser d'une barre allant de droite à gauche, témoignage humiliant de l'illégitimité de leur naissance (1). Il est probable que la condition des bâtards des princes et des grands du royaume changea dans le même temps, et qu'ils furent dès lors, comme ceux des

(1) Bacquet, *Traité du droit de bâtardise*, ch. 11, n° 7 à 12. — Brodeau sur Louet, lettre D, *Somme*, 1, n° 1. — Du Tillet, *Mémoires*, liv. II, ch. 1. liv. V, ch. 11.

rois, exclus de la possession paternelle. Mais la position des bâtards ordinaires, nés de simples particuliers, ne fut pas modifiée. Tous les anciens documents attestent qu'ils continuèrent à être traités comme serfs ou mainmortables. Il en résultait qu'ils étaient soumis au droit de *formariage*, c'est-à-dire qu'ils ne pouvaient se marier sans permission à une personne d'une autre condition, à peine de la confiscation de moitié ou du tiers de leurs biens (1). Ils étaient encore assujettis à payer, en signe de servitude le droit annuel de *chevage*. Tous les biens qu'ils laissaient à leur décès étaient dévolus au seigneur, au mépris des droits de leur postérité légitime. Dans la crainte que leur succession ne fut détournée par des libéralités testamentaires, on les déclara incapables de tester, sauf, disait-on, par une faveur dérisoire, dans la mesure de *cinq sols*. En effet, il était de principe que les serfs de mainmorte étaient incapables d'acquérir une propriété héréditaire et transmissible; les biens qu'ils avaient gagné ne leur appartenaient que comme une possession personnelle et viagère. On retrouve des vestiges de ce droit primitif dans des monuments d'une époque ultérieure, notamment dans l'art. 6 de la coutume de Laon ainsi conçu : « Et ne peut » un espave ne le bastard tester, ne faire testament,

(1) D'Aguesseau, *Dissertation sur les bâtards*, p. 405.

» et par icelui disposer de ses biens, fors que de cinq
» sols. »

Le droit de bâtardise, c'est-à-dire le droit de
recueillir les biens que le bâtard laissait à son décès
a-t-il été d'abord un attribut du pouvoir royal, ou
a-t-il pris naissance au profit des seigneurs? La
question était vivement discutée entre nos anciens
auteurs. Laurière et d'Aguesseau ont énergiquement soutenu que c'était à l'origine un droit seigneurial, et ils ont rapporté, pour le prouver, deux
arrêts du Parlement de Paris, l'un de la Pentecôte
1267, l'autre de la Toussaint 1307. Le premier de
ces arrêts adjuge au comte de Blois, tous les bâtards de son comté, malgré les prétentions que le
bailli d'Orléans élevait en faveur du roi, et il est
motivé par cette raison que le comté avait le droit
commun pour lui. *Maximè cum pro se jus commune
habeat* (1).

Voici d'après ces mêmes auteurs comment s'opéra
le changement qui se produisit à cet égard, et
comment ce droit passa dans le domaine de la couronne. Dans toutes les provinces du royaume, les
bâtards furent peu à peu affranchis de leur état
primitif de servitude. C'est surtout au temps de
Saint Louis que leur émancipation fit de rapides
progrès. D'ailleurs, c'est vers cette époque que
l'adage germanique : « *En formariage, le pire em-*

______

(1) Eusèbe de Laurière. *Glossaire de droit,* v° *Bâtardise.* — D'Aguesseau, *loc. cit.,* p. 408.

porte le bon, » fit place à la règle romaine : *Partus ventrem sequitur.* Désormais, les bâtards naquirent libres toutes les fois qu'ils avaient pour mère une femme libre (1). Dans le baillage de Beauvoisis, l'ancienne condition servile des bâtards avait même si complétement disparu, que Beaumanoir atteste que de son temps la qualité d'enfant naturel était une présomption de franchise (2). Les bâtards ainsi affranchis, se trouvant sans famille et sans ressources, exposés aux violences et aux usurpations des seigneurs, implorèrent aide et protection du pouvoir royal. A l'exemple des aubains, ils firent *aveu* au roi, et par cet aveu ils devinrent désormais ses *hommes.* Cet usage était devenu si fréquent, que déjà au XIII° siècle, ils ne pouvaient par aveu se choisir d'autre seigneur que le roi, quoiqu'ils pussent dépendre d'un autre seigneur que de lui par la naissance, ainsi qu'on le voit dans le chapitre 30 du livre II des Établissements de Saint Louis. Il est probable que les seigneurs protestèrent et firent de grands efforts pour retenir un droit aussi important, qui allait leur échapper. Une ordonnance de Philippe-le-Bel décida à cet égard que le droit serait réglé par le fait de la possession ; il fit procéder sur ce point à une vaste enquête qui eut pour résultat de confirmer en beaucoup de provinces les droits de la couronne. Une autre ordon-

---

(1) *Établissement de Saint-Louis,* Livre II, ch. 21.
(2) *Beaumanoir, Coutumes du Beauvoisis,* ch. 45, § 18.

nance de Louis-le-Hutin, en mai 1315, repoussa les prétentions élevées par les seigneurs de Brie et de Champagne d'exercer sur leurs terres le droit de bâtardise ; elle statua que ce droit serait désormais restreint « aux bâtards nés de leurs femmes de corps » en leurs terres où ils ont toute justice, et non » d'autres ni autrement (1). »

En 1386, le roi Charles VI confirma de nouveau ce principe et déclara qu'il devrait être universellement appliqué (2).

C'est vers cette époque qu'intervint entre les exigences opposées des seigneurs et de la royauté une transaction dont l'auteur du grand coutumier nous a conservé la formule. La succession de tous les bâtards devait être dévolue au roi ; par exception les seigneurs hauts justiciers pouvaient réclamer l'hérédité des bâtards nés, domiciliés et décédés dans l'étendue de leur seigneurie. « Au roy appar- » tient la succession de tous bastars, soyent clercs » ou laiz, toutes fois aulcuns hauts justiciers en ont » jouy, mais avant qu'ils doibvent avoir la succes- » sion des dicts bastars, il convient qu'il y ait trois » choses concurrentes ensemble : 1° que les bastards » ou bastardes soyent nés en leurs terres ; 2° qu'ils » y soyent demeurants ; 3° qu'ils y trépassent. » *Aliàs non audiuntur* (3). »

<hr>

(1) Merlin. *Répertoire*, v° *Bâtard*, sect. I, n° 1.
(2) *Ordonnances*, t. VII, p. 156.
(3) *Grand coutumier de France*, publié par Charondas le Caron, liv. I, ch. III, p. 23.

Telle est la célèbre règle des trois cas ; elle tendit peu à peu à devenir le droit commun, mais pendant longtemps elle n'eut qu'une autorité assez restreinte. D'Aguesseau croit que l'auteur du Grand Coutumier a plutôt dit son opinion qu'il n'a rapporté une coutume générale, ou bien qu'il n'a parlé que de l'usage qui s'observait à Paris où il écrivait, et non dans les autres provinces du royaume où l'on conservait encore le droit de bâtardise à tous les hauts justiciers (1). Ainsi, Bouteiller qui écrivait à la même époque, semble bien maintenir l'ancien droit seigneurial dans son intégrité (2). Il est certain aussi qu'un grand nombre de coutumes, rédigées après le règne de Charles VI, renfermaient des dispositions contraires à cette règle. Parmi celles qui attribuaient le droit de bâtardise au seigneur, les unes ajoutaient une nouvelle condition aux trois cas indiqués par le Grand Coutumier, et voulaient encore que les biens du bâtard fussent situés dans la seigneurie; d'autres exigeaient seulement cette dernière condition. Les unes ne donnaient le droit de bâtardise qu'au seigneur haut justicier, les autres le donnaient au moyen justicier, ou au bas justicier, ou même au seigneur ayant une simple juridiction foncière ou censive (3). Dumoulin dans ses notes sur l'art. 48 de la coutume du Maine, dit que

(1) D'Aguesseau, p. 112.
(2) *Somme rurale de Jean Bouteiller*, ch. 35, p. 837.
(3) *Nouveau Denizart*, v° *Bâtardise*, § 1, n° 1. — D'Aguesseau, p. 131.

les seigneurs hauts justiciers ont le droit de succéder à tous les bâtards décédés dans leurs terres, et il se plaint vivement de l'avidité du fisc royal qui cherche à détourner ce droit à son profit. « Il vaudrait beaucoup mieux, dit-il, réintégrer et maintenir les droits anciens des États de France, sans lesquels la couronne ne peut fleurir ni durer. » On peut en conclure que c'est vers la fin du régne de François Ier, que la nouvelle maxime fut adoptée par la jurisprudence (1).

La Bretagne suivait à cet égard des usages particuliers. On y attribuait la succession des bâtards aux seigneurs investis seulement de la moyenne justice, à savoir : les meubles en quelque lieu qu'ils fussent situés, et les immeubles pourvu qu'ils fussent situés dans le fief. Mais un arrêt du Parlement de Paris rendu en 1716 décida que désormais le droit de bâtardise appartiendrait au roi en Bretagne comme partout, sauf l'application ordinaire de la règle des trois cas (2).

Vers le même temps qu'il échappait aux seigneurs pour passer dans le domaine du roi, le droit de bâtardise subissait une autre transformation bien plus radicale. A l'origine il n'avait été que l'exercice d'une servitude personnelle, les seigneurs se trouvaient appelés à recueillir les biens du bâtard à titre

---

(1) Voir Loyseau. *Traité des Seigneuries*, ch. XII, n° 10. — Loysel, *Institutes Coutumières*, Liv. I, tit. 1, Règle 47.
(2) Merlin, *Répertoire*, v° Bastard, sect. 1, n° 1.

de confiscation ou de main morte, par suite de
l'anéantissement juridique d'un possesseur qui ne
laissait après lui aucune trace de sa propriété. Mais
dorénavant les bâtards ayant vécu et étant mort en
état de liberté, le fisc royal ou seigneurial ne
recueillit leurs biens que par droit de déshérence et
à titre d'épaves, alors seulement qu'ils étaient décédés sans héritiers légitimes et sans testament.
En 1383 une ordonnance de Charles VI appela les
enfants légitimes des bâtards à l'hérédité paternelle
et cette règle fut reproduite dans presque toutes les
coutumes ; de même lorsqu'il était marié ses biens
étaient dévolus à son conjoint survivant (1).

C'est aussi à partir de ce moment qu'on tendit à
restituer aux bâtards le droit de tester, mais la
réforme sur ce point ne s'accomplit que fort lente-
ment. Dans les Établissements de Saint-Louis nous
lisons déjà que le bâtard peut *aumôner ses meubles
par testament*, c'est-à-dire faire des legs purement
mobiliers ; sa femme a le droit de réclamer son
douaire sur cette succession mobilière, mais seulement sa vie durant, en sorte qu'après sa mort le
douaire doit faire retour au seigneur (2). Nous connaissons aussi deux arrêts, l'un de 1270, l'autre de
1327, qui ont solennellement reconnu aux bâtards
le droit de disposer de leurs biens soit entre-vifs,

(1) D'Aguesseau, *loc. cit.*, pp. 418 et suiv.
(2) *Établissements de Saint-Louis*, Liv. I, ch. VI.

soit par testament (1); mais il ne semble pas que tel
ait encore été le droit commun. Car à une époque
bien ultérieure, en 1534 nous trouvons une ordonnance de François Ier, qui donne exceptionnellement le droit de tester aux bâtards qui sont hommes
d'armes ou archers, sans qu'ils aient besoin d'obtenir des lettres de légitimation. Cette faculté tendit à
se généraliser de plus en plus, les coutumes réfor-
mées abondèrent en ce sens, et Loysel put écrire
dans ses Instituts coutumières la règle suivante :
« Bâtards peuvent acquérir et disposer de leurs
biens tant entre vifs que par testament (2) ». Par
exception ce droit leur fut refusé dans un certain
nombre de coutumes, par exemple dans celles de
Bourbonnais (art. 184) et de Clermont (art. 153).
Quelques autres leur permettaient de disposer de
leurs meubles ou du tiers de leurs immeubles; mais
s'ils n'avaient pas d'immeubles ils ne pouvaient
donner ou léguer que le tiers ou la moitié de leurs
meubles (3). La coutume de Bretagne annulait
tout testament fait en haine du seigneur; voici
comment s'exprimait l'art. 477 : « Bâtard peut faire
» testament et donner ses meubles à qui bon lui
» semblera jusques à la moitié, mais qu'il ne le fasse
» en haine contre la seigneurie. »

L'ancien droit excluait les bâtards de la famille

(1) Laurière, Glossaire, v° Bastardise. — D'Aguesseau, p. 407.
(2) Instituts Coutumières, Liv. I, tit. I. Règle 12.
(3) Coutumes d'Anjou (art. 315) et du Maine (art. 355).

et les considérait comme étrangers aux parents de leurs père et mère; selon l'expression de Bacquet ils n'avaient *ne race, ne ligne, ne gent*, et leur exclusion de toute succession était devenue une usance générale du royaume. Interrogeons sur ce point les monuments de notre ancienne jurisprudence.

Depuis Hugues Capet, aucun bâtard, quel que fût le rang du père qui l'eût avoué, n'était admis à succéder aux fiefs. C'est ce qu'on peut voir en étudiant les assises de Jérusalem; toutes les fois que les assises de la cour des Barons parlent de la succession à un fief, il n'y est question que des enfants légitimes. Quant aux bâtards roturiers, les assises de la cour des Bourgeois nous disent qu'ils doivent être appelés à la succession de leur mère, au même rang que les enfants légitimes, quel que soit le vice de leur naissance (1). C'est là un principe tout romain, et nous doutons que tel ait été réellement le droit commun de l'époque. Ce droit nous semble bien plutôt exprimé dans les Établissements de Saint-Louis. On y voit que l'enfant né hors mariage n'avait aucun droit sur les biens de ses parents décédés intestat; ces biens étaient réservés aux héritiers légitimes, et à leur défaut ils étaient recueillis par le seigneur (2). Le grand coutumier de Normandie qui date à peu près

(1) *Assises de Jérusalem.* — *Cour des Bourgeois*, ch. 60 (Edit. Beugnot, p. 285).

(2) *Établissements de Saint-Louis*, Liv. I, ch. 98.

de la même époque; vient confirmer cette décision :
« Les empêchements d'héritage sont tels : bastar-
» dise...... Bastard ne peut être héritier d'aulcun
» héritage (mais il le peut avoir par achat ou autre
» condition (1). »

Beaumanoir, dans ses coutumes de Beauvoisis,
publiées vers la fin du XIIIᵉ siècle, refuse énergiquement aux enfants nés hors mariage le droit de
succéder à leurs parents, et s'ils ont profité de l'erreur publique pour se mettre en possession de l'hérédité paternelle, il leur fait une obligation de
conscience de la restituer : « Bien sacent tuit cil qui
» sont bastart et qui bien le sevent, qu'ils n'ont
» droit en nul descendement, et s'ils si mettent parce
» nul ne les débat, par ce c'on n'en sait pas la vérité,
» por ce ne demeure pas qu'ils ne le tiengnent à
» tort et contre Dieu, el péril de lor âmes : et s'ils
» voelent fere ce qu'ils doivent selon Dieu, ils sont
» tenus au rendre à ceux qu'il sevent qui sont droit
» hoir et loial (2). »

Cette assimilation des bâtards aux étrangers est
encore attestée par Bouteiller dans sa somme rurale (3); et elle fut consacrée solennellement lors de
la rédaction officielle des coutumes. On peut lire
dans d'Aguesseau la longue énumération des cou-

---

(1) *Grand Coutumier de Normandie* (ch. 27), publié par Bourdot de
Richebourg dans le tome IV de son *Nouveau Coutumier général*.

(2) *Coutumes du Beauvoisis*, ch. 18, art. 19 (Edit. Beugnot, I, p. 190).

(3) *Somme rurale de Jean Bouteiller*, ch. 85. — *Décisions de Jean
Desmares*, n° 230.

tumes qui déclaraient personnellement l'enfant naturel inhabile à succéder à son père (1); et cette incapacité était le droit commun des pays où la coutume était muette sur ce point. Aussi Loysel en a-t-il fait une de ses maximes : « Enfants bastards ne succèdent (2). » Par exception, certaines coutumes admettaient l'enfant naturel à la succession de sa mère; c'était là un souvenir de la tradition romaine. Parmi ces coutumes les unes avaient pour maxime qu'il n'y a point de bâtard de par la mère; elles appelaient donc le bâtard à concourir avec les enfants légitimes; d'autres au contraire, ne l'admettaient qu'à défaut de ces mêmes enfants (3). D'Aguesseau suivant en cela l'avis de Dumoulin, croit que l'esprit de ces coutumes est d'appeler le bâtard non seulement à la succession maternelle, mais encore à celle des parents maternels; et il en voit la preuve dans l'art. 122 de la coutume de Valenciennes, qui admet les parents maternels à la succession du bâtard (4). Il était assez remarquable que la tradition romaine qui avait inspiré ces coutumes ne s'était pas conservée dans les pays de droit écrit. Les parlements de Bordeaux, de Toulouse et d'Aix

(1) D'Aguesseau, *Dissertation citée*, p. 423.
(2) *Instit. Coutum.*, Liv. 1, tit. 1. Règle 45. — Bacquet, *Traité du droit de bâtardise*, c. 2, n° 6.
(3) *Coutume de Valenciennes*, art. 121. — *Cout. de St-Omer*, tit. 1, art. 21. — *Coutume d'Aire*, tit. 1, art. 9.
(4) Notes de Dumoulin sur les *Coutumes de France*, p. 23 — D'Aguesseau, p. 123.

avaient refusé d'admettre les bâtards à la succession de leur mère; celui de Grenoble seul avait
maintenu sur ce point la règle du droit romain (1).

Le principe qui déclarait les bâtards inhabiles à
succéder produisait de nombreuses conséquences;
voici les deux principales : 1º Le bâtard n'était pas
admis à l'exercice du retrait lignager (2); 2º sa naissance ne portait aucune atteinte aux donations que
son père ou sa mère avaient faites antérieurement.

La plupart des coutumes déclaraient que le bâtard survivant succédait à ses enfants *nés de son
loyal mariage* ou à sa *loyale épouse;* mais ce n'est
pas là une exception à la règle que nous avons posée;
car un bâtard n'est point bâtard pour sa femme et
pour les enfants de son mariage, sa parenté avec
eux est très-légitime, ainsi que le fait remarquer
Pothier (3).

L'inhabileté à succéder qui frappait les bâtards
entraînait-elle l'incapacité de recevoir des libéralités
de leurs père et mère? Il semble qu'à l'origine l'enfant naturel ait été traité comme un étranger ordinaire; si on ne lui accordait aucun droit, on ne le
frappait d'aucune incapacité. Ainsi nous voyons
dans les assises de Jérusalem qu'un homme peut
disposer de toute sa fortune en faveur de ses bâ-

---

(1) Salvaing, *Traité des fiefs*, ch. 56 et 68. — Furgole, *Traité des
Testaments*, ch. VI, sect. II, nº 103.

(2) Qui n'est habile à succéder comme un bâtard ne peut venir à
retrait lignager (*Cout. de Paris*, art. 158).

(3) *Introduction à la Cout. d'Orléans* (sur l'art. 310).

tards, lorsqu'il n'a ni enfants légitimes, ni père ni mère : « S'il avient que uns homs tient une feme qui » n'a point de baron en son hostel, ne il n'a point » de feme, et gist o luiy, et ont enfans, bien recom- » mande la raison et l'assise, que a ces enfans peut- » il bien laisser et en sa vie et à sa mort, ces héri- » tages et son avez par droit, parce qu'il n'en ait » autres enfans léaux, ni père ni mère (1) ». Mais s'il a son père ou sa mère ou des enfants légitimes, l'assise ne lui permet de donner quelque chose à ses bâtards qu'autant que les héritiers légitimes y ont consenti. Charondas le Caron dans ses notes sur le grand Coutumier de Charles VI nous dit aussi que le bâtard n'est appelé à succéder à personne, mais qu'en revanche il est capable de recevoir des dona- tions et des legs.

Plus tard, lors de la rédaction officielle des cou- tumes, on chercha à empêcher que la famille ne fût dépouillée par des affections déréglées. Si les lois nous accordent la libre disposition de nos biens, dit à ce sujet Auroux des Pommiers sur la Coutume de Bourbonnais, c'est pour que nous en usions avec prudence, et sagesse et non pour assouvir les injus- tes déréglements de nos passions. L'esprit général des coutumes était partout le même, mais leurs dis- positions réglementaires sur ce point étaient fort

(1) *Assises de Jérusalem. Cour des Bourgeois,* ch. 78 (Edit. Beugnot. p. 110.

peu uniformes. La coutume d'Anjou (art. 345) et celle du Maine (art. 357) interdisaient au père toute disposition testamentaire en faveur de ses enfants naturels, mais elles lui permettaient de les avantager par donation. Celle du Maine (art. 297) permettait les libéralités soit entre-vifs soit à cause de mort, à condition que le don ne fût *immodéré et immense*. Celle de Poitou (art. 297) voulait que le père ne pût faire de donation à ses bâtards que pour les *alimenter, nourrir et entretenir suivant leur état*. Celle de Tours (art. 242) permettait au père de disposer en faveur de ses bâtards de la quatrième partie de ses acquêts en usufruit seulement, et de tous ses meubles en pleine propriété. Celle de Sedan (art. 116) permettait de donner la sixième partie des meubles et conquêts immeubles, à la charge de retour au profit des héritiers du donateur, en cas que le donataire mourût sans enfants. Enfin un très-grand nombre de coutumes étaient muettes sur ce point.

Loysel proclama que les bâtards sont incapables de recevoir de leurs père et mère aucun legs excédant leur nourriture (1); malgré son autorité nous croyons que cette opinion rigoureuse ne prévalut pas encore, du moins pour les bâtards simples. Nous possédons, en effet, plusieurs arrêts du Parlement de Paris d'après lesquels les bâtards, autres que les adultérins ou les incestueux, sont déclarés capables

---

(1) *Institutes Coutumières*, liv. I, tit. I, Règle 43.

de recevoir par donation ou par autre disposition, même à titre universel, tous les biens dont leur père pouvait disposer : nous nous bornerons à citer l'arrêt du 9 mai 1645 inséré au recueil de Brodeau (1). Mais vers le milieu du dix-septième siècle un revirement en sens contraire s'opéra dans la jurisprudence, ainsi que le rapporte Furgole (2) ; à partir de 1656 nous voyons plusieurs arrêts décider que des dispositions universelles ne peuvent plus être faites au profit du bâtard. C'est cet état de choses qui est constaté par Laurière dans sa note sous la règle précitée de Loysel. Cette incapacité est formulée comme un principe certain par Pothier et par les auteurs du nouveau Denizart ; ces auteurs vont même plus loin et ils enseignent que les legs à titre particulier adressés à l'enfant naturel doivent être réduits lorsqu'ils sont excessifs (3).

Un seul parlement, celui de Flandre, avait résisté à cette jurisprudence générale et avait jusqu'en 1740 permis aux bâtards de recueillir les dispositions à titre universel faites en leur faveur (4).

Cette incapacité des bâtards était en général restreinte dans les rapports personnels de l'enfant avec

(1) Brodeau sur Louet, lettre D. Somm. 1, n° 23. — Ricard, *des Donations*, partie 1re, nos 429 et suiv. — Lalande, sur l'art. 202, de la *Cout. d'Orléans*.

(2) Furgole. *Traité des Testaments*, ch. VI, sect. II, nos 107 et suiv.

(3) Pothier, *Traité des personnes et des choses*, n° 116, et Introduction au titre XVII de la *Cout. d'Orléans*, n° 43. — Nouveau Denizart, v° *Bastard*, § 4, n° 6.

(4) Merlin, *Répertoire*, v° *Bastard*.

son père ou sa mère; mais à l'égard de leurs autres parents ils étaient aussi pleinement capables qu'un étranger ordinaire. D'Aguesseau en donne cette raison, qu'on a voulu punir les père et mère dans la personne de leurs enfants, mais il serait injuste d'étendre la prohibition aux autres membres de la famille qui n'ont point eu de part au crime. Néanmoins la coutume de Melun défendait au bâtard de recevoir un don exagéré *d'aucun de ses parents*, mais c'était une coutume singulière et elle ne s'appliquait pas hors de son territoire.

Nous avons déjà vu que l'ancien droit proclamait en principe que les bâtards étaient étrangers à la famille soit de leur père soit de leur mère (1). Ainsi on reconnaissait qu'ils n'étaient pas soumis à la puissance paternelle et un arrêt du Parlement de Paris en 1662 décida qu'ils pouvaient se marier sans le consentement de leurs parents. Mais on n'avait pas déduit de ce principe toutes les conséquences qui auraient dû logiquement en découler ; et en réalité les liens qui unissaient l'enfant naturel aux auteurs de ses jours produisaient des effets civils assez importants.

Tout d'abord on avait reconnu entre eux une obligation alimentaire : « Qui fait l'enfant doit le

---

(1) « Les bâtards jouissent de l'état civil, commun à tous les citoyens, mais ils n'ont pas les droits de famille....., ils n'appartiennent à aucune famille, toute parenté naturelle provenant d'une conjonction illégitime, n'étant pas considérée dans notre droit. » Pothier, *Traité des personnes et des choses*, tit. IV, n° 118.

nourrir, » dit Loysel avec une énergique conci-
sion (1). Cette dette était consacrée, notamment par
la coutume de Bretagne, dans son article 478 : « Si
» aucun avait enfans bastars jeunes et non puis-
» sans d'eux pour user de leurs corps, ils doibvent
» être pourvus sur les biens de leurs pères et de
» leurs mère. » Cette obligation incombait aux deux
parents, mais en général, les coutumes considé-
raient le père comme principal obligé; c'était lui,
s'il était solvable, qui devait subvenir aux frais
d'entretien et d'éducation de son enfant; la mère
n'était tenue que subsidiairement. L'usage de la
Tournelle, dit d'Aguesseau, était d'obliger le père de
nourrir ses bâtards et de décharger la mère de cette
obligation lorsque le père était en état de fournir
cette nourriture; mais il ajoute que depuis peu cette
cette jurisprudence a changé, et qu'il a vu rendre
deux arrêts jugeant que, lorsque la mère était ma-
jeure aussi bien que le père, l'obligation de nourrir
les bâtards était égale et qu'ils devaient l'un et
l'autre y être condamnés conjointement (2). Lorsque la fille naturelle se mariait, son père était tenu
de lui constituer une dot. Il résulte de différents
arrêts du parlement rapportés par Merlin que si le
père ou la mère naturels avaient négligé d'établir
leur enfant et s'ils ne lui avaient rien donné
pour subvenir à ses besoins, il était en droit

(1) Instit. Coutum., Liv. I, tit. I, Règle II.
(2) D'Aguesseau, p. 133. — Pothier, *Contrat de Mariage*, n° 391.

d'exiger d'eux une rente annuelle et pouvait même à cet effet intenter une action contre leurs héritiers (1). L'obligation alimentaire cessait lorsque le père avait été l'objet de mauvais traitements ou d'injures de la part de son fils (2).

La justice choisissait celui des deux parents qui lui inspirait le plus de confiance, pour lui permettre de diriger l'éducation de l'enfant, mais ce soin était plus généralement remis à la mère. Quand la conduite des deux parents causait de justes appréhensions, les arrêts ordonnaient eux-mêmes le placement de l'enfant dans une maison d'éducation (3).

La règle du droit canonique qui attribuait des aliments aux bâtards incestueux ou adultérins s'était étendue à toute la France, aux pays de droit écrit comme à ceux de droit coutumier; seulement il était admis que dans ce cas les aliments devaient être réduits au strict nécessaire (4).

Les bâtards étaient encore regardés comme faisant partie de la famille dans le cas où il s'agissait de poursuivre en justice les meurtriers de leurs père et mère. D'Aguesseau cite en ce sens un arrêt du parlement, rendu en décembre 1608, et confirmant une sentence du présidial de Laon, qui reconnaît à une fille naturelle le droit de poursuivre la

---

(1) Merlin, *Répertoire*, v° *Bastard*, sect. I, n° 3.
(2) Legrand, sur l'art. 117 de la *Coutume de Troyes*.
(3) Merlin, *Répert.* v° *Bastard*, sect. I, n° 8.
(4) La Thaumassière, sur l'art. 35 de la *Cout. de Berry*. — Basnage sur l'art. 477 de la *Cout. de Normandie*.

vengeance de l'assassinat de sa mère. Le Nouveau Denizart ajoute qu'on a eu dans la personne du comte de Lally un exemple éclatant du droit qu'ont les bâtards de défendre la mémoire de leur père (1).

On reconnaissait encore à l'enfant naturel le droit de porter le nom de celui de ses parents vis-à-vis duquel sa filiation était constatée; si elle l'était vis-à-vis de tous deux il prenait le nom du père. C'est ce qui fut jugé par le parlement de Paris, en faveur d'un bâtard adultérin, le 18 juin 1707 (2).

La noblesse du père passait-elle de plein droit aux enfants naturels reconnus? Il paraît qu'on admettait jadis l'affirmative; les enfants illégitimes de parents nobles devenaient nobles dès que leur filiation était avouée ou reconnue en justice. Mais une ordonnance rendue par Henri IV, en 1600, et renouvelée par Louis XIII, en 1629, décida que la noblesse ne pourrait être accordée aux bâtards que par des lettres spéciales d'ennoblissement émanées du prince. Cette innovation est signalée par Loysel dans les termes suivants : « Bâtard avoué retenait » le nom et la noblesse de la maison de son père » avec les armes d'icelle barrées à gauche. Mais par » ordonnance du roi Henri le Grand il leur faut » lettres (3). » Néanmoins, la règle établie par les

---

(1) D'Aguesseau, *loc. cit.*, p. 437. — Nouveau Denizart, v° *Bastard*, § 11, n° 7.

(2) Augeard, *Recueil d'arrêts notables*, II, p. 26. — Merlin, *Répert.*, v° *Nom*, sect. 1, n° 2.

(3) *Inst. Coutum.*, Liv. 1, tit. 1, Règle 46.

ordonnances ne triompha pas complétem nt de l'usage antérieur; elle ne fut appliquée qu'aux bâtards de simples gentilshommes. Quant aux bâtards nés de personnes illustres, c'est-à-dire de rois et de princes du royaume, ils continuèrent à devenir nobles par le fait de leur naissance : c'était sans doute un souvenir de l'ancien privilége qui assimilait aux enfants naturels les bâtards avoués des rois et des grands. Les règles consacrées définitivement par l'usage se résumaient dans l'adage suivant : « Bastards des rois naissent princes, bastards des » princes gentilshommes, bastards des gentils- » hommes roturiers (1). » L'arrêt qui constata la filiation de Marie Aurore, fille naturelle du comte de Saxe, contenait une application célèbre de cette maxime : les auteurs du Nouveau Denizart font remarquer que le principal intérêt du procès était que, Maurice de Saxe jouissant en France des prérogatives de prince, sa fille devait être réputée noble (2). Il paraît que le droit primitif s'était encore conservé dans la coutume d'Artois. L'art. 201 décidait, malgré le texte formel des ordonnances, que : « Bastards issus de noble génération sont ré- » putés nobles et jouissans du privilége de noblesse » en toutes choses; » il est vrai que plusieurs auteurs estimaient que cette coutume ne devait pas

(1) Chopin, *Du Domaine*, Liv. I, tit. 10, n° 1. — D'Aguesseau, p. 118.
(2) Nouveau Denizart, v° *Bastard*, § II, n° 4.

être observée, même dans l'étendue de son territoire (1).

L'enfant naturel était exclu de la famille par l'illégitimité de sa naissance, mais il ne l'était pas de
la cité même. On ne peut s'empêcher de convenir,
écrit d'Aguesseau que les coutumes l'ont regardé
comme citoyen. Néanmoins l'image de l'ancienne
servitude des bâtards exerçait tant d'influence,
qu'on a longtemps douté qu'ils fussent capables de
posséder des offices de robe et d'épée. D'ailleurs
plusieurs esprits étaient entraînés dans cette voie
par analogie des incapacités édictées par le droit
canoniques relativement aux bénéfices ecclésiastiques (2). D'Aguesseau rapporte que cette opinion
avait été adoptée par un illustre magistrat dans
une conférence célèbre où la question fut agitée (3).
Cependant elle ne devait pas prévaloir : il n'y avait
en effet aucune loi ni ordonnance qui déclarât les
bâtards incapables d'exercer les fonctions publiques ; il était donc naturel de résoudre la question
en leur faveur, la capacité étant la règle et l'incapacité l'exception : et l'usage paraît bien avoir confirmé leur droit : « Nous voyons en France, dit
» Bacquet, que les bâtards encore qu'ils ne soient
» pas légitimés par le roi, tiennent tous états et

<hr>

(1) D'Aguesseau, *loc. cit.*, p. 119.
(2) Lebret., *De la Souveraineté*, Liv. II, ch. 12. — Chopin, *Du Domaine*, Liv. II, tit. I, n° 12.
(3) D'Aguesseau, p. 120.

» offices royaux, tant de judicature, des armes, de
» finances qu'autres (1). »

Pour soustraire les bâtards aux diverses déchéances dont ils étaient frappés, l'ancien droit avait admis deux modes de légitimation, l'un imité surtout du [droit canon, l'autre emprunté au droit romain : le mariage subséquent et les lettres du prince. « Bastard ne peut succéder n'a père n'a mère si n'est légitimé par le roi ou par mariage subséquent » disait l'art. 31 de la coutume de Sens, une disposition semblable se retrouve dans la coutume d'Auxerre.

La légitimation par mariage subséquent était déjà usitée au XIIIe siècle. Beaumanoir nous en donne un témoignage incontestable (2). C'était le mode le plus parfait et le plus efficace, car c'était le seul qui assimilât complétement le bâtard à l'enfant légitime. Cette légitimation était soumise soit quant à ses conditions, soit quant à ses effets, aux règles en vigueur dans le droit canonique, que nous avons exposées plus haut.

Ainsi elle n'était possible qu'en faveur des bâtards simples ou nés *ex soluto et solutâ*. Pour que les enfants remplissent cette condition, on décidait généralement qu'il ne fallait pas se placer au jour de la naissance, mais qu'on devait se reporter au

---

(1) Bacquet, *Du droit de bâtardise,* Liv. II, ch. 2, n° 5. — Legrand, sur l'art. 117 de la *Cout. de Troyes.*
(2) Beaumanoir, *Coutumes du Beauvoisis,* ch. 18.

temps de la conception, et voir si à cette époque les
parents étaient libres de s'unir en mariage. Ainsi
l'enfant conçu de deux personnes dont l'une était
déjà mariée ne pourra pas être légitimé, bien qu'il
naisse à une époque où rien ne s'oppose au mariage
de ses deux auteurs. Furgole justifie parfaitement
cette solution : « La tache, dit-il, est contractée
» par la conception et non par la naissance; cette
» tache est imprimée à l'enfant au moment qu'il
» est conçu; elle ne peut point être effacée par la
» naissance, parce qu'elle ne diminue point la
» faute et ne fait point que la conjonction ne soit
» également réprouvée, et que le mariage subsé-
» quent ne peut point la laver ni la purifier. (1). »
Cette opinion avait été confirmée par divers arrêts
des parlements de Paris et de Bordeaux.

La jurisprudence civile admettait que les dispenses purgeaient le vice d'inceste dont étaient enta-
chées les unions entre parents, et permettaient de
légitimer les enfants qui en étaient nés (2). Néanmoins, ainsi que nous l'avons déjà fait remarquer à
propos du droit canon, ce principe n'était pas appliqué d'une manière absolue: si le degré de parenté était trop proche. le parlement n'admettait pas
que les dispenses du pape eussent pour effet de per-

---

(1) Furgole, *Traité des Testaments*, ch. VI, sect. II. n° 181. — Cf. Fer-
rières, sur l'art. 318 de la *Cout. de Paris*. — Pothier, *Contrat de mariage*, n° 417.

(2) Pothier, *Contrat de mariage*, n° 411. — Lebrun, *Traité des successions*, Liv. I, ch. 2, sect. I, p. 26.

mettre la légitimation des enfants déjà nés; c'est ce qui fut décidé par un arrêt du 16 décembre 1664, à propos des enfants issus d'un oncle et d'une nièce (1).

A la différence des canonistes nos jurisconsultes ne croyaient pas que la légitimation pût s'opérer par un mariage *in extremis* : car une déclaration de 1639 (art. 6) et un édit de mai 1697 avaient déclaré ces mariages nuls et destitués de tous effets civils. De même pour les mariages secrets ou clandestins, qui avaient été célébrés régulièrement en face de l'église par le propre curé des parties, mais qui n'avaient pas été précédés des bans et qui avaient été tenus cachés durant la vie des conjoints. L'édit de 1639 (art. 5) les déclarait nuls, se fondant sur ce que de pareilles unions ressentent plutôt la honte d'un concubinage que la dignité d'un mariage (2).

Une grande controverse s'était élevée au sujet des mariages putatifs; mais on décidait généralement qu'ils étaient impuissants à produire la légitimation. « Les enfants naturels, disait Pothier, ne » peuvent être légitimés que par la force et l'effica- » cité d'un véritable mariage qui serait intervenu » depuis entre leurs père et mère; un mariage pu- » tatif ne peut avoir cet effet. » Merlin rapporte

1. Furgole, *Testaments*, ch. VI, sect. II. n° 179. — Merlin, *Répert.*, v° *Dispenses*.
(2) Pothier, *Contrat de mariage*, n°° 426, 429.

en ce sens un arrêt du parlement de Bordeaux du 14 février 1617 (1).

Dans le même ordre d'idées il était établi que lorsque deux personnes se croyant par erreur libres de tout empêchement entretenaient des relations, leur bonne foi n'empêchait pas que leur commerce ne fût en réalité adultérin ou incestueux; les enfants qui en naissaient ne pouvaient être légitimés. C'est ce qui fut décidé par le parlement de Paris dans un arrêt du 4 juin 1697 (2).

La légitimation s'opérait de plein droit, par l'effet seul du mariage, sans le consentement et même malgré l'opposition des enfants. L'enfant ainsi légitimé tombait ainsi sous la puissance paternelle; il entrait dans la famille comme s'il était né du mariage; il succédait à ses père et mère et aux parents d'iceux; enfin il avait le droit de réclamer une légitime (3). Il était réputé être l'aîné de ses frères et sœurs qui naissaient plus tard au cours du mariage. Mais une difficulté s'était élevée au cas où un mariage intermédiaire se trouvait intercalé entre la naissance et la légitimation du bâtard. Devait-on dans ce cas décider que le bâtard avait le droit d'aînesse vis-à-vis des enfants nés de ce mariage anté-

(1) Pothier, *Contrat de mar.*, n° 419. — Merlin, *Répert.* v° *Légitimation*, sect. II, § 2, n° 4.

(2) D'Aguesseau, *Quarante-septième Plaidoyer.* — Pothier, *Contrat de mariage*, n° 416.

(3) Bacquet, *Traité du droit de bâtardise*, ch. 9, n° 1. — Ferrière, sur l'art. 318 de la *Cout. de Paris.* — Pothier, *Contrat de mar.* n° 424.

rieur à sa légitimation? La question était vivement
débattue. On disait pour l'affirmative que la légitimation ayant un effet rétroactif, on devait considérer l'enfant légitimé comme ayant toujours été
légitime; dès lors comme il était le plus âgé il devait être l'aîné (1). Mais la jurisprudence et la
grande majorité des auteurs se rangeaient à l'opinion contraire. Ils répondaient avec raison que le
bâtard devait être considéré comme né à la famille,
seulement du jour où s'était formé le mariage qui
le légitimait; or il serait absurde que les enfants
nés du second mariage fussent les aînés de ceux du
premier (2).

L'origine de la légitimation par lettres du prince
semble remonter au XIVᵉ siècle. Ducange rapporte
des lettres patentes de ce genre émanées de Phi-
lippe V en 1317 (3). Le souverain seul avait en
France le droit de les accorder. En 1462 un arrêt
du parlement de Toulouse condamna Jean Navars,
chevalier et comte palatin, à l'amende honorable,
et à demander pardon au roi, pour avoir, au préjudice de l'autorité royale octroyé de lettres de légiti-

(1) Lebrun, *Traité des successions*, Liv. I. ch. 2, sect. I, nᵒˢ 22 et 23.
— Claude Fleury, *Institution au droit français*, I, p. 394. — Furgole,
Testaments, ch. VI, sect. II, nᵒ 183.

(2) Dumoulin, sur l'art. 8, de l'anc. *Cout. de Paris*, tome I, tit. I,
p. 237. — Tiraqueau, quest. 34, et *ad leg si unquam* C. 8-56 — Breton-
nier, sur *Henrys*, tome 3, pp. 786-787. — D'Aguesseau, *op. cit.*, p. 438.
— Pothier, *Contr. de mar.*, nᵒ 425 et *Traité des successions*, ch. 1,
sect. II, art. 3, § 5, quest. 4.

(3) Ducange, *Glossaire*, vᵒ *Légitimation*.

mation (1). Les effets de cette légitimation étaient
assez restreints. Elle permettait au bâtard de recevoir des dispositions universelles, de posséder des
offices, de porter le nom de son père et les armes de
sa maison avec une barre en signe de bâtardise.
Mais elle ne lui conférait aucun droit de succession
ab intestat sur l'hérédité de ses père et mère et
autres parents, à moins que les parties intéressées,
c'est-à-dire les héritiers présomptifs, eussent donné
leur consentement à la légitimation ; encore fallait-
il que les lettres patentes du roi continssent une
clause expresse à cet effet, et qu'elle fussent enté-
rinées à la chambre des comptes et au parlement.
Alors même qu'il était investi des droits successoraux, l'enfant ainsi légitimé n'était pas assimilé à
un enfant légitime, il ne passait pas sous la puissance paternelle (2) il n'était jamais admis à exercer
le droit d'aînesse ; dans les coutumes d'égalité il ne
pouvait faire réduire les donations reçues par les
héritiers légitimes renonçants ; dans celles où la
constitution de dot permettait aux héritiers du sexe
masculin d'écarter du partage une fille dotée, il ne
jouissait pas de cette prérogative. Du reste la jurisprudence chercha à limiter encore ces effets si restreints. Pothier nous apprend qu'on arriva à refuser
dans tous les cas tout droit de succession à l'enfant

(1) Kœnigswarter, *Essai sur la législat. relatic. aux enf. nat.*, [loc. cit.]{.small}, p. 499.
(2) D'Aguesseau, *op. cit.*, p. 139.

légitimé par lettres; les lettres de légitimation avec
clause de succéder, dit-il, ne sont plus en usage (1).

Aucune des formalités employées pour obtenir
ces lettres n'était gratuite; c'est ce qui explique la
grande facilité avec laquelle le roi pouvait les oc-
troyer. Ainsi oh permettait au père de les demander alors que la mère était encore vivante et qu'il
pouvait l'épouser; on permettait aussi de les demander en faveur des enfants adultérins (2).

(1) Pothier, *Traité des successions*, ch. 1, sect. 2, art. 3, § 6.
(2) L'Hoste, sur la *Cout. de Lorris*, ch. 15, art. 5. — D'Aguesseau,
op. cit., p. 445.

LÉGISLATION INTERMÉDIAIRE

Nous venons d'exposer les principales règles qui régissaient la condition des enfants nés hors mariage lorsqu'éclata la Révolution. Dès lors s'ouvre dans notre législation une nouvelle période. On verra spécialement que les dispositions des coutumes relatives aux bâtards furent complétement abrogées et firent place à des dispositions basées sur des principes nouveaux.

Le premier acte législatif que nous ayons à signaler émane de la Constituante. La loi des 13-20 avril 1791 (art. 7) décréta que les droits de bâtardise n'auraient plus lieu en faveur des ci-devant seigneurs à compter de la publication des décrets du 4 août 1789. C'est là une mesure pleine de sagesse et d'équité; ce droit de bâtardise était un des priviléges seigneuriaux les plus odieux et les moins justifiés: d'ailleurs son abolition découlait logiquement de la suppression entière du régime féodal votée dans la nuit du 4 août. Nous ferons remarquer que l'effet rétroactif donné à la loi de 1791 n'avait au fond rien d'inique et ne

blessait aucun droit : car c'est à partir du 4 août
que les seigneurs avaient été exonérés de l'obligation d'entretenir les enfants trouvés dans l'é
tendue de leurs domaines, obligation qui pouvait
seule justifier le droit dont ils se trouvaient déchus.

Mais la voie des innovations une fois ouverte,
les utopistes révolutionnaires de la Convention s'y
précipitèrent avec une ardeur insensée. La haine
aveugle qui les animait contre les traditions les
plus respectables du passé les entraîna à des ex-
trémités scandaleuses, que la morale, le bon sens
et l'intérêt social réprouvent également. Sans
doute les lois qui régissaient autrefois les enfants
naturels n'étaient pas parfaites ; mais on ne saurait méconnaître la pensée éminemment morale
dont elles étaient inspirées. Nous avouons volontiers que la condition des bâtards était déterminée avec une rigueur et une sévérité parfois
excessives ; mais n'y avait-il pas dans cette sévérité
même un hommage éclatant rendu à la sainteté
du lien conjugal, et une flétrissure imprimée
publiquement aux désordres du concubinage?
D'ailleurs un sentiment plus marqué de bienveillance et d'humanité pénétrait chaque jour dans
cette partie de la législation ; de nombreuses réformes
avaient été opérées dans les derniers siècles; il su-
fisait de seconder et de compléter les progrés accomplis. Au lieu de cela, la Convention abolit d'un
seul trait le système tout entier que le droit mo-

narchique tenait de l'Église: elle le remplaça par des lois nouvelles qui semblent, ainsi qu'on l'a dit avec raison, un défi porté à l'institution du mariage et une prime d'encouragement donnée à la débauche.

Analysons rapidement les principaux monuments de cette législation. Le décret du 4 juin 1792 décida en principe que les enfants nés hors mariage succéderaient à leurs père et mère dans la forme qui serait déterminée. La loi du 12 brumaire an II fut rendue pour fixer cette forme ; voici le résumé de ses dispositions : 1º Les enfants naturels sont admis à succéder au même rang que les enfants légitimes et avec des droits égaux. — 2º La loi nouvelle produira un effet rétroactif; les enfants naturels seront appelés à exercer les droits qu'on leur confère, sur les successions de leurs père et mère ouvertes depuis le 14 juillet 1789 (art. 2). — 3º Un droit de revendication à l'encontre des successeurs ou donataires de leurs parents leur est reconnu sous certaines conditions énumérées dans les article 3 à 7. — 4º Les enfants ne pourront exercer ces droits qu'en prouvant leur filiation au moyen d'un aveu consigné par écrit ou de la possession d'état. (Cette disposition restreint avec juste raison la facilité déplorable avec laquelle la recherche de la paternité naturelle avait été permise jusquelà). — 5º Le droit de succession des enfants naturels sera étendu dans leurs rapports avec les parents collatéraux. — 6º Néammoins les enfants adultérins n'ont droit qu'au tiers de la portion héréditaire dévolue à l'enfant légitime. — 7º La représentation est admise en faveur des enfants naturels et de leurs descendants. — 8º Les procès existants entre les enfants nés hors mariage et les héritiers de leurs parents sont anéantis; ces difficultés seront à l'avenir soumises à un tribunal arbitral (art. 17 et 18).

Voici les singulières paroles par lesquelles le rapporteur Cambacérès essayait de justifier de pareilles mesures : « Dans un gouvernement fondé » sur la liberté, les individus ne peuvent être la » victime des fautes de leur père. L'exhérédation » est la peine des grands crimes; l'enfant qui naît » en a-t-il commis? Et si le mariage est une ins- » titution précieuse, son empire ne peut s'étendre » à la destruction de l'homme et des droits du » citoyen. » Mais alors pourquoi la restriction établie au préjudice des enfants adultérins? Ces enfants en naissant sont aussi innocents que les autres des fautes de leur père. S'ils n'ont pas commis de crime, pourquoi leur appliquer dans une certaine mesure une exhérédation qu'on doit réserver comme le châtiment des grands criminels?

Cette loi de brumaire, dit M. Morelot, ne pouvait s'imposer à un peuple qui avait reçu une éducation chrétienne, quelque profondément qu'eût été altéré son noble caractère par les doctrines

philosophiques du XVIII° siècle (1). Malgré l'éga-
rement qui frappait alors les esprits, une vive
réaction ne tarda pas à se manifester, la voix de la
conscience publique fut si forte qu'elle contrai-
gnit le législateur à démolir lui-même pièce à
pièce le nouvel édifice qn'il avait élevé. De nombreuses protestations s'étaient surtout élevées contre cette inique rétroactivité, qui permettait aux
bâtards de dépouiller les enfants légitimes en possession depuis quatre ans de l'héritage paternel : elle
fut abolie par la loi du 13 vendémiaire an IV
(art. 13) ainsi conçue : « La loi du 12 brumaire an II
concernant le droit de succéder des enfants nés
hors mariage, n'aura d'effet qu'à partir du jour de
sa publication ». Quelques jours plus tard, un décret du 26 vendémiaire revenait sur cette décision :
il statuait que l'application du texte que nous venons de citer serait suspendue, et que la question
serait renvoyée au comité de législation chargé
d'examiner s'il y avait lieu de maintenir ou d'abroger la loi de brumaire. Enfin la loi du 15 thermidor
an IV consacra définitivement l'abolition de cette
rétroactivité; elle décida que les enfants naturels
ne pourraient exercer leurs nouveaux droits, que
sur les successions ouvertes depuis le 4 juin 1793, et
pour indemniser les individus atteints par ce changement elle leur attribua à titre de pension alimen-

---

(1. Morelot, *De la reconnaissance des enfants illégitimes*, p. 67.

taire le revenu du tiers de la portion d'un enfant né
en mariage. Une dernière loi du 2 ventose an VI
pensa que les législateurs de l'an IV, tout en pro-
clamant le principe de la non-rétroactivité, avaient
eux-mêmes violé ce principe, en faisant remonter au
4 juin 1793 l'ouverture des successions qui seraient
dévolues aux enfants naturels; elle corrigea donc
la loi du 15 thermidor, et statua que les enfants naturels ne pourraient exercer leurs droits que sur
les successions ouvertes depuis le 12 brumaire
an II.

Au milieu de ces dispositions législatives souvent
obscures et contradictoires, la jurisprudence eut de
singulières hésitations. Le tribunal de cassation
refusa de reconnaître aux enfants naturels les droits
que la loi de brumaire leur avait conférés; il décida
que, cette loi étant purement transitoire, on devait
attendre la promulgation du nouveau Code civil
depuis longtemps annoncé. En attendant le règle-
ment des successions auxquelles les enfants naturels
prétendaient devait rester en suspens. Cette solution se fondait sur l'art. 10 de la loi de brumaire,
ainsi conçu : « A l'égard des enfants nés hors ma-
» riage, dont le père ou la mère seront encore exis-
» tants lors de la promulgation du Code civil, leur
« état et leurs droits seront en tous points réglés
» par la disposition de ce Code. » Donc disaient
les arrêts, le pouvoir législatif s'étant réservé de
statuer lui-même sur la question, la justice ne saurait sans empiéter sur le domaine du législateur,

fixer la part qui doit revenir aux enfants (1).

Mais il faut reconnaître que cet argument n'a aucune valeur, car l'article ne se réfère au futur Code civil que pour les successions qui s'ouvriront postérieurement à la promulgation de ce Code, (disposition du reste entièrement superflue). Quant aux successions ouvertes depuis le 12 brumaire an II jusqu'à la publication du Code, il est évident que leur dévolution doit se régler d'après la loi actuellement en vigueur. On arrivait donc à ce résultat singulier de faire de la loi de brumaire une loi inexistante et sans aucune efficacité; car elle ne pouvait s'appliquer dans le passé depuis le décret de vendémiaire an IV, et la jurisprudence l'empêchait de s'appliquer dans le présent, en laissant dans une incertitude absolue, d'après le langage même des arrêts, les droits des enfants naturels. Ainsi devaient tristement avorter les promesses magnifiques de la Convention. Ces droits des enfants naturels si pompeusement décrétés ne furent en réalité qu'une décevante aptitude à succéder sans successibilité réelle; l'on finit, toujours en leur reconnaissant les plus beaux droits, par les laisser mourir de faim devant la plus opulente succession (2).

Malgré les nombreux inconvénients que le sys-

---

(1) Trib. cassat., 24 prairial, an VII, Devill, *Collect. nouv.* I, p. 213; — 4 pluviose an VIII, p. 296; — 4 nivôse an X, p. 571; — 4 germinal an X, p. 617; — 23 messidor an X, p. 666; — 4 ventôse an XI, p. 766.
(2) Morelot, *op. cit.*, p. 77.

tème de la jurisprudence présentait en laissant des familles entières dans l'incertitude, malgré ce qu'il y avait de bizarre à créer ainsi une lacune dans la législation, nous ne saurions blâmer le tribunal de cassation d'avoir reculé devant l'exécution d'une loi si profondément subversive de tout ordre social. Dans tous les cas un pareil état de choses ne pouvait se prolonger longtemps ; il était nécessaire qu'une loi intervînt pour fixer la doctrine en cette matière. C'est dans ce but que fut édictée la loi du 14 floréal an XI dont l'art. 1 est ainsi conçu : « L'état et les droits des enfants nés hors mariage, dont les père et mère sont morts depuis la promulgation de la loi du 12 brumaire an II jusqu'à la promulgation des titres du Code civil sur la paternité et la filiation et sur les successions, seront réglés de la manière prescrite par ces titres. » On donnait ainsi raison à la jurisprudence et on faisait cesser toute incertitude sur la fixation des droits des enfants naturels. Mais par une juste application du respect dû à la chose jugée on maintenait toutes les conventions et les jugements passés en force de chose jugée, par lesquels les droits desdits enfants auraient été réglés (art. 3).

Il est vrai que cette loi avait un grave défaut ; au mépris des principes les plus élémentaires elle faisait rétroagir le Code civil à dix ans dans le passé ; et elle enlevait tout d'un coup aux enfants naturels des espérances et même des droits sur lesquels ils avaient de justes raisons de compter, si tant est qu'on puisse dire que les dispositions si incohérentes et si contradictoires de la législation révolutionnaire aient conféré à ces enfants des droits irrévocablement acquis.

Nous nous proposons d'examiner ici la situation particulière que le Code civil a créée aux enfants naturels au sein de la famille. Déjà dans la partie de notre étude relative au droit romain, nous avons essayé, d'après un éminent jurisconsulte, de donner une idée de l'ensemble des droits auxquels nous réservons la dénomination spéciale de droits de famille. Qu'on nous permette d'y revenir de nouveau, afin de marquer nettement dès le début les points qui doivent faire l'objet de nos recherches.

La famille comprend les personnes unies par le lien du mariage et par les rapports de parenté et d'alliance qui en dérivent. La nature a fait de la famille le centre des plus chères et des plus pures affections, mais la loi en a fait aussi le centre de certains droits et de certains devoirs exclusifs. Les affections qui se rattachent aux divers titres d'époux, de fils, de père, ne doivent pas rester stériles. Elles réclament, d'abord une assistance réciproque ; cette assistance doit surtout être active, et parmi les diverses formes que revêt son activité, il en est auxquelles le législateur a imprimé un caractère civilement obligatoire. A côté de ce premier devoir on rencontre aussitôt chez certaines personnes un devoir d'obéissance auquel correspond d'autre part un droit d'autorité. Ce droit et ce devoir sont fondés sur l'inégalité naturelle de l'âge. L'enfant qui vient au monde, incapable de satisfaire lui-même à ses besoins, serait voué à la mort s'il ne recevait les soins et les secours de ceux qui l'entourent : de même au point de vue moral ses plus belles facultés demeureraient inertes, si l'éducation ne lui apprenait l'usage qu'il doit faire de sa raison et le but auquel il doit appliquer sa volonté. En présence de ces inégalités ne fallait-il pas confier les membres de la famille, qui ont besoin de recevoir une protection, à ceux que la nature a placés auprès d'eux pour leur en donner une, et au cœur desquels elle a mis un sentiment si profond de dévouement et d'affection ? De là l'autorité paternelle et les diverses prérogatives dont la loi a entouré cette autorité, pour lui permettre de diriger l'enfant jusqu'à l'âge de sa majorité. On peut encore rattacher à cette affection le devoir de fidélité, plus spécialement applicable aux rapports des époux, et l'on aura les trois termes dans lesquels peut se résumer le droit de famille : assistance, protection et obéissance, fidélité (1).

Mais à côté de la famille civile fondée sur le mariage, on peut en distinguer une autre qui a sa source dans le fait de la génération et qui est basée sur des rapports de parenté purement naturels.

---

(1) Nous empruntons la plupart de ces idées à M. Oudot, *Conscience et science du devoir*, II, p. 110 et 111. Voir aussi *Du droit de famille*, pp. 2 et suiv.

Notre but est de rechercher jusqu'à quel point cette famille naturelle se rapproche de la famille civile, en ce qui concerne les droits que nous venons d'indiquer. L'enfant né hors mariage doit être placé aussi bien que l'enfant légitime sous la dépendance et l'autorité de certaines personnes, car durant de longues années il est également impuissant à se conserver et à se diriger lui-même. Ici encore la nature lui a donné dans son père et sa mère un protecteur et un appui. Néanmoins on concevrait très-bien que le législateur n'eût pas cru devoir attribuer à la filiation illégitime la même série de droits et d'obligations qu'il attribue à la filiation dans le mariage. En effet si le fait de la naissance est toujours innocent de la part de l'enfant, le fait de la procréation constitue dans ce cas une faute de la part des parents. On devrait donc distinguer, parmi les effets de la filiation légitime, d'un côté ceux qui sont établis dans l'intérêt même de l'enfant, de l'autre ceux qui sont établis dans l'intérêt des père et mère : la justice demanderait qu'on fît produire les premiers à la filiation illégitime, mais qu'on ne lui attribuât pas les derniers. Quant aux effets que l'on peut appeler mixtes, c'est-à-dire qui sont à la fois dans l'intérêt des parents et dans l'intérêt des enfants, on comprend que la loi hésite à se prononcer ; néanmoins il ne faudra les admettre qu'avec une grande prudence, car les père et mère illégitimes présentent moins de garanties de moralité que les père et mère légitimes, et ils doivent

Inspirer une confiance bien plus limitée. La loi française s'est évidemment inspirée de ces idées générales ; nous verrons au cours de notre travail si elle en a toujours fait une sage et équitable application.

La plus grande difficulté dans cette matière provient du silence que le Code a gardé sur la plupart des questions qui s'y rattachent. Le devoir des rédacteurs du Code eût été de poser à cet égard quelques principes clairs et précis, en laissant à l'interprète le soin d'en déduire les conséquences, mais il semble qu'ils aient reculé devant leur tâche ; au lieu de formuler une théorie générale, ils se sont contentés de trancher certaines questions de détail. Aussi les auteurs se sont trouvés en face de nombreux problèmes, pour lesquels il était impossible de puiser dans le texte aucun élément de solution. De là des controverses et des discussions sans fin ; chacun a substitué sa propre pensée à la pensée absente du législateur.

Du moins quelle est la règle générale d'interprétation qu'il convient d'adopter ? Quel est le fil conducteur qui nous dirigera dans ce dédale de dispositions législatives souvent obscures et certainement incomplètes ? Il y a sur ce point même une grande divergence. Certains auteurs mûs par un sentiment de bienveillance ont pris pour guide la maxime : *In dubio pro naturalibus*, comme plus humain et plus équitable. D'autres se sont attachés à la maxime opposée : *In dubio contra liberos natu-*

rales, comme plus propre à sauvegarder les bonnes
mœurs et à protéger les intérêts si respectables de la
famille légitime. D'autres ont dit qu'il valait mieux
rejeter ces vagues généralités, et se décider dans
chaque espèce, soit par des arguments d'analogie,
soit par des considérations particulières. Un des
auteurs qui ont le plus récemment écrit sur ce
sujet, propose la distinction suivante : Si on se place
au point de vue des droits de succession, la disposition qui admet l'enfant naturel au partage
du patrimoine commun en concours avec l'enfant légitime, doit être soumise à une interprétation limitative; il faut la renfermer dans ses termes avec une parcimonieuse rigueur. Si au contraire il s'agit de rapports de l'enfant illégitime avec
son père ou sa mère, toute la faveur de l'interprétation doit être pour lui, il faut donner à ses droits
toute l'extension que peut autoriser l'obscurité ou
l'insuffisance de la loi (1). Nous serions très-enclin
à adopter cette distinction : quand il s'agit d'attribuer aux enfants naturels une part de l'héritage
paternel en concours, soit avec les enfants du mariage, soit avec d'autres parents, nous estimons
que l'interprète doit faire cette part aussi petite que
possible, car nous sommes convaincu que le droit
coutumier était mieux inspiré que notre Code civil,
lorsqu'il refusait à ces enfants la qualité d'héritiers

ou successeurs. Si au contraire on se place sur le terrain du droit de famille, nous croyons que l'enfant ne doit pas être traité avec défaveur à cause du vice de sa naissance; et alors même que le code a omis de se prononcer, il importe de lui assurer durant la vie de ses père et mère la protection et l'assistance auxquelles la nature lui a donné droit aussi bien qu'à l'enfant légitime.

Il va sans dire que nous envisagerons les enfants naturels uniquement au point de vue de leurs relations avec leurs père et mère ou avec les parents des père et mère. Car l'enfant naturel qui se marie devient le chef très-légitime de la famille dont il est fondateur, et le vice de sa naissance ne doit influer en rien sur les liens qui l'unissent à cette nouvelle famille. Père légitime aussi bien qu'époux, il aura sur ses enfants tous les droits de la puissance paternelle, comme sur sa femme l'autorité maritale. Ce principe était déjà reconnu dans l'ancien droit, et on en donnait une excellente raison, que nous pouvons reproduire aujourd'hui, à savoir qu'un bâtard n'est jamais bâtard pour sa femme et pour les enfans de son mariage, sa parenté avec eux est très-légitime (1).

Nous ne nous occuperons dans cette étude que des enfants naturels qui ont été l'objet d'une reconnaissance, soit de la part de leurs deux auteurs,

---

1, Pothier, sur l'art. 310 de la *Cout. d'Orléans.*—Demolombe, V n° 540.

soit de la part de l'un d'eux seulement. Il est bien évident, en effet, qu'il ne saurait être question de famille pour celui qui, aux yeux de la loi ne peut désigner ni son père ni sa mère ni aucun de ses parents. Nous éviterons par conséquent de parler des enfants adultérins ou incestueux, puisque tout moyen de faire légalement constater leur filiation leur est interdit (art. 335. 342). Il est vrai que dans certains cas tout à fait exceptionnels cette filiation peut se trouver établie par la force même des choses, nous croyons alors que ces enfants doivent être placés, quant au droit de famille, sur la même ligne que les enfants naturels simples.

Pour éviter toute équivoque sur le sens des expressions dont nous nous servons, nous ferons observer tout d'abord, que lorsque nous parlons des enfants naturels légalement reconnus, nous nous référons à tous ceux dont la filiation a été juridiquement constatée, sans établir aucune distinction selon le mode de preuve employé. Peu importe que ce soit au moyen d'une reconnaissance volontaire par acte authentique, ou au moyen d'une reconnaissance forcée, à la suite d'une action en recherche de paternité ou de maternité. Dans les deux cas les effets de la filiation sont absolument les mêmes. Bien que ce point soit admis sans discussion par la jurisprudence et la majorité des auteurs, nous devons y insister un instant, car il a été énergiquement contesté par des jurisconsultes dont le nom fait autorité.

Merlin a proclamé comme un dogme incontestable au-dessus de toute espèce de doute, que l'enfant naturel dont la filiation n'a été établie que par
un jugement, a uniquement le droit de réclamer
des aliments, mais qu'il ne saurait prétendre à
exercer aucun des droits de famille, ni aucun des
droits successifs que le Code a attribués à ceux qui
sont l'objet d'une reconnaissance volontaire (1).
Cette théorie fut vivement combattue dès son appa-
rition par Chabot de l'Allier; depuis elle n'a pas
trouvé grand crédit dans la doctrine. On a d'abord
fait remarquer que cette prétendue distinction des
enfants naturels simples en deux classes, dont l'une
serait traitée avec une grande bienveillance, et
l'autre avec une extrême sévérité est contraire à la
tradition et n'a aucun fondement dans le passé. Or
comment admettre que les rédacteurs du Code aient
introduit une innovation si considérable sans que
rien, dans les travaux préparatoires, nous révèle
leur intention à cet égard? Le grand argument de
Merlin est celui-ci. Les articles du Code qui sou-
mettent l'enfant naturel à la puissance paternelle
(383) ou qui lui confèrent des droits d'héredité
(756) ne parlent que de l'enfant naturel *légalement
reconnu*. Or il serait inexact de dire que l'enfant
dont la filiation a été déclarée forcément contre ses
père et mère, a été reconnu par eux. Donc le légis-

(1) *Répertoire de Merlin, Supplément*, t. XVII, v° *Succession*, sect. II,
§ 3, art. 1, n° 3.

lateur n'a eu en vue dans ces articles que l'enfant qui a été reconnu par un acte spontané, volontaire de la part de ses auteurs ; les expressions employées montrent bien qu'on a voulu exclure l'enfant *judiciairement reconnu*. Et cette distinction s'explique fort bien, si l'on songe que la preuve purement judiciaire ne présente pas les mêmes garanties de sincérité. « L'équité, dit Merlin, ne permet » pas d'assimiler l'enfant naturel dont la filiation » n'est déclarée que par un jugement, à l'enfant na- » turel dont la filiation est authentiquement avouée » par le père ou la mère ; autant il est impossible » que la femme, qui volontairement et par un acte » authentique, s'est reconnue mère d'un enfant, ait » le moindre doute sur sa maternité, autant il est » naturel que la femme qui a été jugée malgré elle » persiste à soutenir qu'elle ne l'est pas. » Pour ré- pondre au premier argument, il suffit de faire observer que c'est dans une section qui a pour titre : « *De la reconnaissance des enfants naturels* », que la loi a établi les règles relatives à la recherche judi- ciaire de la filiation ; donc le législateur comprend ce second mode de preuve aussi bien que l'aveu volontaire, sous la dénomination commune de re- connaissance ; et ce langage correspond à une idée parfaitement exacte, puisque la déclaration conte- nue dans un jugement a pour but d'établir, de cons- tater, de reconnaître la filiation. La distinction proposée par Merlin est contraire à tous les prin- cipes du droit ; aux yeux de la loi la vérité qui ressort d'un jugement s'impose avec autant de certitude que celle qui ressort d'un aveu ; le respect qu'on doit avoir pour la chose jugée s'oppose à ce qu'on ne regarde que comme imparfaitement prouvés, les faits qui résultent d'une sentence judiciaire. *Res judicata pro veritate accipitur* (1).

Cette thèse qui paraissait abandonnée a été reprise avec de longs développements dans un ouvrage récent de M. Morelot (2). L'auteur s'efforce de démontrer que la reconnaissance authentique crée un état intermédiaire entre la bâtardise et la légitimité, une quasi-légitimation qui seule permet aux enfants naturels de réclamer les droits successifs et les droits de famille que le Code leur a conférés : au contraire la reconnaissance forcée n'entraîne pas cette quasi-légitimation et ne crée aucun droit de famille ; son effet se borne à faire naître de la part du père ou de la mère une obligation alimentaire purement unilatérale. Laissant de côté les raisons invoquées par Merlin, auquel il reproche d'avoir procédé par d'étroits arguments de texte, ou de hasardeuses inductions que dédaignerait un imberbe docteur instruit à bonne école, M. Morelot essaie de rajeunir sa théorie en l'établissant sur une base nouvelle qui lui paraît bien plus solide. Il se

---

(1) Chabot, *Successions* sur l'a. 753 n° 3.—Duranton, III n° 255.—Marcardé, art. 342 n° 7. — Demolombe, V n° 539.—Aubry et Rau, VI, § 567, p. 156. — Valette, *Cours de Cod. civ.*, I, p. 455.

(2) Morelot, *De la reconnaissance des enfants illégitimes*, p. 181 et suiv. — Voir aussi p. 93, p. 122, p. 172.

fonde sur ce que la sentence qui constate la filiation naturelle a un effet purement déclaratif; or pour que cette sentence conférât à l'enfant certains droits de famille, il faudrait qu'elle fût non pas seulement récognitive d'un état précédemment acquis, mais bien attributive d'un état nouveau. En effet, dit-il, la cause productive des effets attachés à la reconnaissance volontaire réside dans la volonté même de son auteur. L'enfant ne saurait donc les acquérir par jugement puisque le juge ne peut pas plus imposer au père cette quasi-légitimation, qu'il ne pourrait le contraindre à la légitimation même.

Il nous est impossible de nous rendre à un pareil raisonnement, si nous l'analysons nous croyons qu'il se réduit à une pure pétition de principe et qu'il se borne à résoudre la question par la question. Le jugement nous dit-on ne peut avoir pour effet de créer des droits de famille au profit de l'enfant naturel. Cela est vrai, s'il est démontré que ces droits de famille n'existent pas *de plano* par cela seul que la filiation est établie; s'il est démontré que ces droits ont besoin d'être créés directement par un aveu du père ou de la mère. C'est là le point qu'il aurait fallu prouver, mais nous en avons vainement cherché la preuve. M. Morelot distingue entre l'enfant légitime et l'enfant naturel. Le premier, dit-il, est investi dès sa naissance d'un certain état, en sorte que le jugement qui constate sa filiation lui confère tous les droits de la légitimité, par cela seul qu'en désignant les parents il écarte l'obstacle qui s'opposait à l'exercice de ces droits. Pour l'enfant naturel au contraire, la sentence qui le jugera tel, ne peut pas être déclarative de l'imparfait état de famille dont cet enfant n'a pas même prétendu avoir jamais été investi. Cette dernière phrase contient une pure affirmation à laquelle nous ne pouvons souscrire, car il nous est impossible de trouver aucun motif juridique qui justifie la distinction proposée. Entre l'état d'enfant légitime et l'état d'enfant naturel la loi n'a établi qu'une différence du plus au moins, en ce que l'état de légitimité confère des droits plus étendus que l'état de bâtardise ; mais le fondement de ces droits est toujours le même. Dans un cas comme dans l'autre, c'est la filiation qui est la source, la cause directe des rapports qui existent entre le père et l'enfant. Lorsque le père et la mère sont inconnus, les droits de l'enfant naturel paraissent inexistants, parce que leur exercice est forcément suspendu ; mais en réalité ces droits existent dès le jour même de la naissance ; vienne un jugement qui fasse disparaître cette incertitude, aussitôt l'enfant pourra invoquer tous les effets de la filiation. M. Morelot invoque la parole suivante prononcée par le premier Consul, lors de la discussion au conseil d'Etat : « La reconnaissance forcée entraînant les droits de famille est contre les principes. » Mais il nous semble qu'on ne peut pas attribuer une grande valeur à une phrase prononcée incidemment

daus des discussions où les idées les plus contradictoires étaient souvent émises ; rien dans le texte
ne montre qu'on ait entendu consacrer la pensée
du premier Consul. Il y a plus ; une déclaration fut
proposée au Tribunal, portant que les effets de la
preuve résultant de la recherche de la maternité
seraient les mêmes que ceux de la reconnaissance.
Or elle fut rejetée parce qu'on la considéra comme
entièrement superflue, ce qui montre bien que les
rédacteurs du Code ne partageaient pas le sentiment
du premier Consul (1).

Enfin M. Morelot se retranche derrière des considérations d'équité et d'intérêt général pour refuser la puissance paternelle au père naturel désigné
par un jugement. Ne serait-il pas injuste d'attribuer à cet homme une charge si onéreuse en vertu
d'une sentence contre laquelle il a protesté, et qui
consacre à ses yeux une calomnieuse usurpation ?
Ne serait-il pas dangereux de placer l'enfant ainsi
reconnu sous la dépendance d'un père légalement
présumé, au cœur irrité et profondément ulcéré ?
Sans doute il est possible que ce père déclaré tel
malgré lui soit mécontent de se voir soumis à une
responsabilité qu'il voulait éviter; il est possible
qu'il ne soit guère disposé à bien remplir les devoirs
d'une paternité qu'il a toujours repoussée. Mais est-
là un motif pour l'exonérer de ces devoirs, et faut-

(1) Fenet, X, p. 133.

il que ses dénégations mensongères constituent un privilege en sa faveur? D'ailleurs soutiendrait-on cette opinion au cas où c'est une paternité légitime qui a été judiciairement établie? est-ce que le père ne pourrait pas alors exercer les diverses prérogatives de la puissance paternelle? Est-ce qu'il ne serait pas soumis à toutes les obligations qui dérivent de cette puissance? Nous ne voyons aucun motif de distinguer entre ces deux cas. D'ailleurs si le tribunal estime que ce père est indigne, rien ne l'empêche de confier à un étranger la garde et l'éducation de l'enfant.

Nous repoussons donc absolument cette théorie de la quasi-légitimation, et nous croyons qu'il faut en revenir à ces deux situations extrêmes entre lesquelles il n'y a pas de milieu : ou la filiation n'est pas prouvée ou elle l'est. Dans le premier cas, elle ne produit aucun effet; dans le second, au contraire, elle produit tous ses effets, elle engendre la puissance paternelle, elle crée des droits successifs, elle fait naître l'obligation alimentaire.

Le sens des expressions dont nous nous servons ainsi précisé, nous nous placerons successivement à deux points de vue pour examiner la situation faite dans la famille aux enfants naturels légalement reconnus. Dans une première partie nous étudierons les rapports personnels de l'enfant avec ses père et mère. Dans la seconde nous examinerons ses rapports avec les autres membres de la famille, c'est-à-dire avec les parents de ses père et mère.

PREMIÈRE PARTIE

RAPPORTS PERSONNELS DE L'ENFANT NATUREL
AVEC SON PÈRE OU SA MÈRE

Pour traiter ce sujet avec quelque méthode nous allons diviser en deux grandes catégories les rapports juridiques que la filiation naturelle établit entre l'enfant et ses auteurs, au point de vue du droit de famille.

Dans la première catégorie, nous placerons les rapports qui ont un caractère purement temporaire, qui n'existent que durant la minorité de l'enfant. Nous verrons là surtout la mise en œuvre du devoir de protection auquel sont assujettis les parents naturels. Ces rapports prennent fin lorsque l'enfant est devenu majeur, c'est-à-dire a atteint l'âge de vingt-un ans (art. 488); par exception, dans un cas spécial, le fils ne peut s'en affranchir qu'à l'âge de vingt-cinq ans.

Dans la seconde catégorie, nous ferons rentrer les divers effets juridiques de la filiation qui, à raison de leur caractère permanent, persistent après la majorité de l'enfant et durent toute la vie. Le plus important de ces effets est l'obligation alimentaire, par laquelle se traduit pratiquement le devoir mutuel d'assistance imposé à tous les membres de la famille.

CHAPITRE PREMIER

RAPPORTS AYANT UN CARACTÈRE TEMPORAIRE, C'EST-A-DIRE DESTINÉS A CESSER LORS DE LA MAJORITÉ DE L'ENFANT

Tant qu'un enfant n'a pas atteint l'âge de la majorité, époque à laquelle il est légalement réputé assez raisonnable et assez expérimenté pour diriger lui-même sa personne et veiller à la gestion de ses intérêts, la loi déclare qu'il doit rester soumis à l'autorité de ses père et mère (art. 372). Nous serons bientôt amenés à étudier en détail les pouvoirs attachés à ce droit de surveillance et de direction dont sont investis les parents; pour le moment, nous avons à examiner une question plus générale et plus importante. La puissance paternelle, telle qu'elle est organisée dans le titre IX du livre I de notre Code a été établie en vue de la famille légitime. Nous allons rechercher si les père et mère naturels sont revêtus, eux aussi, du droit de puissance sur les enfants qu'ils ont reconnus. Si cette puissance existe, comporte-t-elle des pouvoirs aussi complets et aussi étendus; a-t-elle un caractère aussi énergique et aussi absolu, que celle qui appartient à la paternité légitime? Dans le cas où l'enfant a été reconnu par ses deux auteurs, quel est celui des deux qui doit avoir l'exercice de cette autorité? La loi française a évité de se prononcer d'une manière bien précise sur ces diverses questions. En l'absence de texte formel, il s'est formé sur ce point un corps de doctrine qui prévaut presque unanimement parmi les auteurs et dans la jurisprudence. Sauf quelques rares dissidents les jurisconsultes s'accordent à admettre que les parents naturels sont pleinement investis du droit de puissance paternelle sur la personne de leurs enfants; mais que les tribunaux ont le pouvoir d'intervention le plus large et le plus absolu, pour suspendre ou restreindre l'exercice de ce droit, toutes les fois que l'intérêt des enfants le demande.

Il est essentiel, croyons-nous, de bien fixer dès le début la valeur de ces règles générales ; leur solution nous éclairera dans l'examen de nombreuses questions de détail que soulève leur application. On nous permettra donc de reprendre avec quelques développements les trois grandes questions que nous venons d'indiquer.

D'abord, que les parents naturels soient investis d'une certaine autorité sur la personne de leurs enfants; c'est là un point indiscutable, la controverse n'est pas possible en présence de l'article 383. En même temps qu'il réglemente le droit de correction appartenant aux père et mère naturels, cet article nous montre que ces père et mère jouissent aussi du droit d'éducation; or la réunion de ces deux

prérogatives constitue une manifestation évidente
de l'autorité paternelle. D'ailleurs, cette autorité a
été établie, surtout dans l'intérêt des enfants, elle
dérive en réalité de l'idée d'un devoir à remplir. On
a fait remarquer avec juste raison que, non-seulement tous les enfants ont un droit égal à cette protection de la part de ceux qui leur ont donné la vie,
mais encore s'il y avait quelque différence à faire
parmi eux, il faudrait la faire en faveur des enfants
naturels. « Malheureux par leur naissance, puis-
» qu'elle est entachée d'illégitimité, ayant moins
» de droits à exercer, puisqu'ils n'ont pas de fa-
» mille, n'est-ce pas un devoir plus strict pour le
» père et la mère de veiller à leur éducation avec
» une sollicitude particulière? Outre l'affection
» qu'ils doivent à leurs enfants, ils ont encore une
» faute à effacer (1). »

Il ne suffit pas de proclamer d'une manière générale l'existence de ce droit: il importe surtout
d'en bien préciser l'étendue. Nous nous trouvons
anssitôt en présence de deux théories diamétrale-
ment opposées. Certains jurisconsultes estiment
qu'on ne doit reconnaître aux parents naturels
que celles des prérogatives de la puissance paternelle, qui leur ont été expressément attribuées par
la loi (2). D'autres enseignent au contraire qu'on

---

(1) Laurent. *Principes de droit civil*, t. IV, n° 352.
2° Roland de Villargues, *Dissertation dans Sirey* 1813, 2, p. 19 § 1. —
Morelot, *op. cit. passim.*, notamment p. 176.

doit en principe, et sauf exception certaine, assimiler les père et mère naturels, aux père et mère légitimes, en ce qui concerne la jouissance et l'exercice des droits qui compètent aux parents sur la personne de leurs enfants (1). Nous croyons qu'il faut s'arrêter à cette dernière solution : les travaux préparatoires nous paraissent démontrer d'une façon préremptoire que c'est celle qui répond le mieux à la pensée du législateur. En effet, dans la rédaction primitive du titre de la puissance paternelle on avait inséré une disposition ainsi conçue : « Les articles du présent titre seront communs aux père et mère des enfants naturels légalement reconnus (2) ». Cet article fut modifié lors de la discussion au conseil d'État, pour devenir l'art. 383 du Code; mais il importe de remarquer que cette modification fut proposée uniquement parce qu'on ne voulut pas attribuer aux père et mère naturels l'usufruit dont les père et mère légitimes jouissent sur les biens de leurs enfants. Ainsi malgré la rédaction trop restrictive de l'art. 383 on n'a eu l'intention de modifier le projet primitif qu'en ce qui concerne le droit de jouissance légale : sur tous les autres points le législateur entendait que la paternité naturelle fût assimilée à la paternité légitime. Les rédacteurs du Code étaient partis de cette idée que la

(1) Loiseau, *Traité des enfants naturels*, p. 530 à 532. — Valette, *Explication sommaire*, p. 309. — Oudot, *Du Droit de famille*, p. 844.
(2) Locré, *Législation civile*, t. VII, p. 14.

puissance paternelle existe indépendamment du droit positif, qu'elle dérive d'un droit naturel supérieur à la loi civile, et ils croyaient que ce prétendu droit naturel ne permettait pas de distinguer entre les enfants naturels et les enfants nés en mariage. Ce point de vue a été fort nettement indiqué par Tronchet lors de la discussion au conseil d'État. Le tribun Réal dans son rapport au Corps législatif s'exprime d'une manière encore plus explicite. « Le « législateur, qui a reconnu que la puissance pater- « nelle, uniquement fondée sur la nature, ne reçoit « de la loi civile qu'une confirmation, a dû pour être « conséquent reconnaître aux père et mère naturels, « qui ont reconnu leurs enfants, une puissance et « des droits semblables à ceux auxquels donne nais- « sance une union légitime (1) ». Devant une déclaration aussi formelle il nous semble que la controverse ne saurait être bien sérieuse. D'ailleurs le système opposé nous paraît conduire à des conséquences évidemment inadmisibles; pour être logiques les auteurs que nous combattons devraient refuser d'appliquer aux enfants illégitimes les art. 371, 372, 374. L'enfant naturel ne serait pas tenu de respecter et d'honorer ses parents; il ne serait pas tenu de rester sous leur autorité jusqu'à sa majorité ou son émancipation. Au fond cela revient à nier l'existence du droit de puissance paternelle, ou du

---

(1) Locré, VII, p. 62, n° 13.

moins à le transformer en un droit purement nomi-
mal et complétement illusoire. Nous ajouterons en
faveur de notre doctrine que l'affection des pères et
mère pour leurs enfants est également vive, également
ment dévouée quel que soit le caractère de la filiation; ne sommes-nous pas autoriéss à conclure de
cette similitude à l'égalité des droits qui prennent
leur source dans cette affection paternelle (1)?

Cette question résolue en voici une autre plus vivement débattue et qui nous paraît en effet bien
plus délicate. Lorsque l'enfant n'a été reconnu que
par un de ses auteurs, il est évident que cet auteur
aura seul l'exercice de la puissance paternelle. Mais
que décider au cas où il a été reconnu à la fois par
son père et par sa mère? Appliquerons-nous l'art.
373, d'après lequel l'autorité doit être exclusivement
remise aux mains du père, et ne peut passer à la
mère que lorsque le père est mort ou dans l'im-
puissance de manifester sa volonté? Dirons-nous au
contraire que les deux parents ayant un droit égal
exerceront cette autorité en commun, sauf recours
aux tribunaux pour trancher les débats qui s'élè-
veraient entre eux? Les auteurs ont l'habitude de

(1) MM. Aubry et Rau (4ᵉ édit., VI, § 571, note 7), professent un
système intermédiaire d'après lequel les parents naturels ne jouiraient,
indépendamment de toute disposition spéciale, que des droits corré-
latifs des devoirs auxquels la loi les soumet. Cette opinion nous paraît
beaucoup trop vague, car la plupart des attributs de la puissance
paternelle peuvent être envisagés à la fois comme un droit et comme
un devoir, et dès lors il semble que la solution à donner devrait chan-
ger suivant le point de vue auquel l'interprète se placerait.

discuter ce point à propos du droit de garde et d'é-
ducation ; mais il nous semble que la question est
plus générale et demande à être envisagée de plus
haut : car en réalité il y a divergence pour savoir à
quelles mains sera confié l'exercice de la p .issance
paternelle,

Un premier système repousse l'application de
l'art. 373 ; car le texte et l'esprit de la loi font également défaut. Le texte c'est évident, puisque la loi
suppose qu'il y a mariage. L'esprit de la loi, dit-on,
ne répugne pas moins à l'opinion contraire. En effet
si on a donné au père la jouissance exclusive de
l'autorité paternelle, c'est afin de maintenir l'unité
dans la famille dont il est le chef. Ce droit n'est que
le corollaire de la puissance maritale dont il est revêtu. Mais là où il n'y a pas de mariage, il n'y a pas
de famille, dès lors il ne saurait y avoir de chef ; le
père n'ayant aucun pouvoir sur la mère il n'y a aucun motif pour que sa volonté devienne prépondérante. La mère est tenue des mêmes devoirs vis-à-
vis de l'enfant ; elle doit donc avoir les mêmes
droits. On invoque encore des considérations pratiques d'une très-grande valeur. Il ne suffit pas,
dit-on, de poser en cette matières des principes abs-
traits ; il importe surtout de se bien rendre compte
de leur application, et pour cela il faut observer
comment les choses se passent dans la réalité. Or
en fait il est très-rare que les père et mère naturels
habitent ensemble, il est encore plus rare que les
enfants habitent la maison paternelle ; c'est presque

toujours la mère qui leur donne ses soins, qui les entretient, qui les élève, c'est elle qui en réalité possède l'exercice journalier de la puissance paternelle. Le père qui très-souvent a négligé ces enfants, objet d'une reconnaissance tardive, ne connaît ni leurs besoins ni leurs aptitudes ; pourquoi lui imposer une obligation qu'il se montre si peu disposé à remplir? Si on objecte à cette opinion que l'art. 158 donne au père naturel voix prépondérante, quand il s'agit de consentir au mariage de son fils, elle répond qu'il n'y a aucune analogie entre le consentement à donner au mariage, fait isolé, accidentel et l'exercice quotidien du pouvoir domestique : il serait téméraire de ce que le père serait meilleur juge d'un projet de mariage, d'en conclure qu'il serait plus apte à diriger l'éducation physique et morale de ses enfants. D'ailleurs ajoute-t-on, cette prérogative accordée au père par l'art. 158 n'est pas un attribut de l'autorité paternelle, ce n'est pas même un attribut de la parenté, puisqu'elle peut être déléguée à un étranger nommé tuteur *ad hoc*. On conclut donc que le père et la mère ont tous deux des titres égaux pour prétendre à diriger la personne de l'enfant. C'est le fait de la possession qui doit déterminer auquel des deux appartient cette direction. Il exercera son droit sous la surveillance de l'autre, sauf recours aux tribunaux en cas de contestation. Quelques-uns des partisans de ce système poposent de déférer l'exercice de l'autorité paternelle d'après la priorité de la reconnaissance; celui qui le premier a reconnu l'enfant a acquis dès lors sur sa personne des droits qui ne peuvent lui être ravis, et dont les tribunaux seuls auraient le pouvoir de le dépouiller (1).

Sans méconnaître la force des arguments invoqués en faveur de cette opinion, nous pencherions plus volontiers vers le second système que nous allons, exposer. Tout d'abord il nous paraît dangereux d'accorder au père et à la mère des droits absolument égaux et de laisser en quelque sorte indivis entre eux l'exercice de l'autorité paternelle. De cette égalité ou plutôt de cette rivalité naîtraient presque toujours des tiraillements, des conflits, forts préjudiciables à la bonne éducation de l'enfant. Il faut donc choisir entre les deux parents ; et il nous semble qu'à cet égard la priorité de la reconnaissance ne doit entraîner aucune supériorité de droit, ce serait faire la loi que d'attribuer à cette priorité un effet aussi important. Nous ne voyons pas davantage que le législateur ait attaché aucun effet juridique au fait de la possession, et parce que l'enfant a été nourri et élevé par sa mère, nous ne croyons pas qu'on soit autorisé à priver le père des droits qui lui sont acquis par la reconnaissance. Si on ne veut pas s'égarer dans des conjectures plus ou moins ar-

(1) Delvincourt, I, p. 251. — Toullier, II, n° 1076. — Duranton, III, n° 360. — Vazeille, *Du Mariage*, II, n° 474. — Ducaurroy, Bonnier et Roustain, I, n° 562. — Demante, *Cours* II, n° 128 bis II. — Oudot. *Dr. de fam.* — Laurent, IV n°° 348 et 349. — Morelat, *op. cit.* p. 498.

bitraires, il faut autant que possible appliquer aux enfants naturels les articles du titre de la puissance paternelle ; telle est du reste l'intention bien formelle du législateur. Dès lors il est bien plus conforme à l'esprit de la loi d'attribuer au père naturel la prédominance que l'art. 373 attribue au père légitime, et de lui confier l'exercice de la puissance paternelle. C'est le père qui donne son nom à l'enfant ; il est donc intéressé à ce que ce nom soit dignement porté ; c'est le père que le Code met partout en première ligne ; il a la supériorité du sexe, supériorité que les interprètes ont pu qualifier de préjugé, mais qui a été formellement consacrée par la loi française, ainsi que le démontre l'art. 158. Le père aura d'ailleurs en général plus d'instruction que la mère, il sera plus propre à bien diriger l'éducation de l'enfant (1).

Voici enfin une dernière question très-importante ; elle est relative au pouvoir des tribunaux. Malgré l'accord à peu près unanime des jurisconsultes sur ce point, nous croyons devoir nous y arrêter un instant, car, l'extension exagérée qu'on donne parfois à la doctrine généralement reçue tend à rendre inapplicables les principes que nous venons de poser. Les auteurs et les arrêts décident tous que la puissance paternelle reconnue aux

____

(1) Valette sur Proud'hon, II, p. 248 note *a*. — Marcadé a 383 n° 2. — Taulier, I, p. 488.—Demolombe, VI, n° 629. — Aubry et Rau, VI, § 571, p. 211, texte et note 8.

père et mère naturels ne peut s'exercer que sous le contrôle de l'autorité judiciaire, en sorte que les juges sont investis d'un pouvoir discrétionnaire en vertu duquel ils peuvent pour le plus grand avantage des enfants, prendre telle mesure qui leur paraîtra convenable. On motive cette désision par les deux considérations suivantes : D'abord, dit-on, les parents naturels à raison même de leur paternité ne méritent pas la confiance pour ainsi dire illimitée que la loi a accordée aux parents légitimes. Ils sont tout au moins convaincus de légèreté, et le désordre de leur conduite les rend presque toujours indignes de gouverner la personne de leurs enfants. De plus le silence de la loi sur les points les plus importants montre bien que le législateur a voulu en abandonner la solution aux tribunaux ; l'insuffisance du texte a pour résultat nécessaire d'augmenter le pouvoir réglementaire des magistrats. Aucun de ces deux argument ne nous paraît concluant. Et d'abord nous croyons qu'il est peu juridique d'invoquer le silence de la loi. Si on admet avec nous que, malgré l'absence d'un texte formel, l'autorité paternelle existe aussi entière sur la personne des enfants naturels que sur la personne des enfants légitimes, n'est-il pas illogique de s'appuyer ensuite sur cette absence d'un texte, pour battre en brèche dans la pratique un principe dont on a reconnu l'existence théorique ? Quant à la première considération, elle est assurément fort grave, mais elle s'adresse au législateur et non à l'interprète. Si cette opinion s'en tenait à ces deux arguments, nous l'écarterions donc entièrement et nous repousserions tout intervention des tribunaux entre un père ou une mère et leur fils naturel, ou plutôt nous n'admetrions cette intervention que dans la mesure fort restreinte dans laquelle nous l'admettons à l'égard des enfants légitimes. Il est certain en effet que si un père abusait de son autorité pour infliger à son fils de mauvais traitements, ou s'il corrompait ses mœurs par de mauvais exemples, la justice chargée de protéger la sécurité des personnes, aurait le droit et même le devoir d'intervenir pour empêcher de pareils abus. La puissance paternelle est un pouvoir essentiellement tutélaire et protecteur, il ne se peut qu'elle devienne un moyen de tyrannie ou un instrument de démoralisation (1). Mais cette ingérence ne ce produira que dans des circonstances fort rares, et lorsqu'elle sera justifiée par des faits d'une gravité exceptionnelle.

On invoque en faveur du pouvoir arbitraire que l'on reconnaît aux tribunaux dans les rapports de l'enfant naturel avec ses père et mère, un dernier argument bien plus puissant que ceux que nous venons de réfuter. Dans le cas de divorce, nous trouvons deux articles ainsi conçus : art. 302. « Les » enfants seront confiés à l'époux qui aura obtenu

____

(1) Demolombe, VI, n° 367.

» le divorce, à moins que le tribunal, sur la de-
» mande de la famille ou du ministère public, n'or-
» donne, pour le plus grand avantage des enfants,
» que tous ou quelques-uns d'entre eux seront
» confiés aux soins soit de l'autre époux, soit d'une
» tierce personne. » art. 303. « quelle que soit la
» personne à laquelle les enfants seront confiés,
» les père et mère conserveront respectivement le
» droit de surveiller l'entretien et l'éducation de
» leurs enfants, et seront tenus d'y contribuer à
» proportion de leurs facultés. »

Or, dit-on, il y a la plus grande analogie entre le
cas prévu par ces articles et le cas qui nous occupe.
Les père et mère d'un enfant naturel sont entre
eux dans la situation où vont se trouver, l'un
vis-à-vis de l'autre, les époux dont le mariage a
été rompu par le divorce. N'est-il pas raisonnable
d'appliquer à un père et à une mère qui n'ont pas
commencé à vivre en ménage légitime, le système
que la loi applique à l'égard de ceux qui ont cessé
de vivre en ménage légitime? L'argument de la
destruction à l'inexistence, de la fin au défaut de
commencement n'est-il pas convaincant ? (1).

Nous pourrions bien objecter que les art. 302 et
303 consacrent une dérogation au droit commun
et ne doivent pas être étendus par voie d'analogie.
Néanmoins la similitude ou plutôt l'identité des

____

(1) Oudot, *Du Droit de famille*, p. 340.

deux situations est si frappante que nous n'hésitons
pas à accepter ce raisonnement. Seulement nous
ne croyons pas qu'il soit possible d'aller au-delà
du texte des articles que nous venons de citer :
Nous accorderons aux tribunaux le droit de choisir la personne à laquelle seront confiées la garde
et l'éducation des enfants ; mais rien de plus, et
quelle que soit cette personne nous réserverons
toujours aux père et mère leur droit de surveillance. On voit que nous sommes bien loin de la
doctrine professée par d'éminents jurisconsultes,
d'après laquelle le pouvoir souverain des tribunaux serait ici tellement inhérent à la puissance
paternelle qu'il en formerait un des éléments, une
des conditions constitutives (1). En réalité cette
doctrine n'aboutit à rien moins qu'à la négation
même de cette autorité paternelle, et sous prétexte
de la limiter on arrive à l'annihiler entièrement.
Ainsi nous ne saurions admettre que l'éducation
des enfants naturels puisse faire à l'avance l'objet
d'arrangements particuliers, soit entre le père et
la mère, soit entre les parents et un tiers. Car il
n'y a pas deux puissances paternelles : l'une d'ordre public et à laquelle aucune convention ne
saurait porter atteinte, l'autre dans le commerce
et pouvant faire l'objet de traités particuliers. Du

(1) Demolombe. VI n° 621. — Dalloz, *Répert.* V *Puissance paternelle,*
n° 180.

moment que cette puissance existe, elle est une institution d'ordre public : toute stipulation tendant à y déroger est par cela même frappée de nullité, et aucun tribunal n'a le pouvoir de la valider. La question s'est présentée, devant la cour d'Amiens dans les termes suivants : Une personne avait fait une libéralité en faveur d'un enfant naturel mineur, en y mettant pour condition que la mère de cet enfant resterait étrangère à son éducation, et s'en remettrait entièrement sur ce point à un administrateur désigné pour gérer les biens légués. La cour a jugé qu'une pareille clause était valable (1); il nous paraît d'autant plus difficile en droit de justifier cette décision, que l'art. 303 réserve absolument le droit de surveillance au profit des parents privés de l'éducation de leur fils. Un testateur ne peut pas défendre à une mère de remplir ses devoirs de mère, pas plus qu'elle ne saurait elle-même se soumettre à une pareille défense (arg. art. 1388); et si dans l'espèce, une clause résolutoire n'avait pas été ajoutée, la condition opposée devait être réputée non écrite (article 900).

Il nous reste maintenant à exposer en détail les attributs de cette puissance paternelle, qui existe sur les enfants naturels mineurs. Nous diviserons ce chapitre en deux sections; dans la première, nous

(1) Amiens, 12 août 1837. — Sir. 38, 2. 157.

traiterons des droits accordés aux père et mère sur la personne de leurs enfants ; la seconde sera consacrée à l'examen des droits qu'ils peuvent avoir sur les biens de ces enfants.

SECTION PREMIÈRE

POUVOIRS DES PÈRE ET MÈRE SUR LA PERSONNE DE LEURS ENFANTS NATURELS MINEURS

Les pouvoirs qui se rattachent au droit de puissance paternelle, dont les père et mère naturels sont investis sur la personne de leurs enfants encore mineurs, peuvent se ranger sous les quatre chefs suivants, que nous allons étudier successivement.

1° Le droit de garde et d'éducation ;

2° Le droit de correction ;

3° Le droit de consentir au mariage et autres actes importants dans la vie du mineur ;

4° Le droit de conférer l'émancipation.

§ 1. *Droit de garde et d'éducation*

Bien que le Code ne contienne aucune disposition formelle à cet égard, nous n'avons pas à nous étendre longuement pour prouver que le droit de garde et d'éducation existe au profit des père et mère naturels. Il nous suffirait d'invoquer l'application du principe que nous avons posé plus haut, à savoir qu'ils ont les mêmes droits que les père et mère légitimes, si une disposition de la loi ne les leur a pas refusés. Mais nous avons encore d'autres arguments à présenter. L'art. 383, par cela seul qu'il a accordé aux père et mère naturels le droit de correction, leur a par là même reconnu ou confirmé le droit de garde et d'éducation ; car ces deux droits sont inséparables, le second n'est que la sanction du premier dont il suppose nécessairement l'existence ; il serait contraire au bon sens et préjudiciable à l'intérêt de l'enfant que ces deux pouvoirs ne fussent pas réunis dans la même main. On pourrait objecter que l'art. 203 faisant dériver du mariage le devoir imposé aux parents d'élever leurs enfants, la loi semble ne reconnaître ce devoir que là où il y a mariage. Mais l'objection n'a convaincu personne, tout le monde reconnaît qu'il y a ici une nécessité évidente plus forte que tous les textes de loi. L'enfant en bas-âge doit être

nourri et élevé, il doit recevoir les aliments du corps
et ceux de l'intelligence ; or, à qui incombe ce devoir,
si non à ceux que la nature a destinés le remplir ?
Les partisans les plus intrépides de l'interprétation
littérale, sont ici d'accord avec avec nous : « L'en-
» fant naturel n'est-il pas doué des mêmes facultés
» que l'enfant légitime ? n'a-t-il pas la même mis-
» sion, celle de se perfectionner, ne faut-il pas par
» conséquent que quelqu'un dirige son éducation,
» tandis qu'il ne peut le faire lui-même ? Inutile
» d'insister ; la voix de la nature crie que le père a
» charge d'âmes par cela seul qu'il est père. » (1)

On peut dire encore que si l'art. 203 rattache cette
obligation au mariage, c'est parce qu'il y a alors un
motif de plus, il s'est formé à cet égard un contrat
tacite entre les deux époux ; mais cet article ne peut
avoir pour but d'exclure le cas où il n'y a pas mariage. Quand la loi, dit M. Oudot, voit dans le contrat de cohabitation légitime, un quasi-contrat accessoire, productif d'obligations envers les enfants
qui en naîtront, ne peut-on pas, par un argument
à simili, voir dans le délit ou le quasi-délit de cohabitation illicite, un quasi-contrat accessoire créant
des obligations analogues ? Plus la condition sociale
où ces enfants vont entrer sera fâcheuse, plus les
auteurs de leurs jours ont le devoir de se dévouer à
leur éducation : à défaut de tout autre texte il suffi-

(1) Laurent, *Principes de droit civil*, III, n° 40.

rait de s'appuyer sur les art. 1382 et 1383 (1). L'existence de ce droit ne saurait donc être sérieusement contestée. Les discussions se sont élevées surtout sur le point de savoir si, lorsque l'enfant a été reconnu par ses deux auteurs, ils ont tous deux un droit égal à diriger son éducation. Nous avons donné plus haut les raisons qui nous portent à admettre que le père sera préféré à la mère.

Ainsi en principe c'est le père qui sera chargé de surveiller et de diriger la conduite de l'enfant, il déterminera le culte dans lequel il devra être élevé, il réglera le genre de vie et le mode d'éducation, il aura la haute main sur ses études soi t littéraires, soit scientifiques, soit professionnelles. A cet effet, il devra être autorisé aussi bien que le père légitime, à prendre connaissance des lettres qui seraient adressées à son fils, et à les retenir s'il y a lieu.

Ainsi encore c'est le père qui fixera le lieu dans lequel l'enfant sera tenu de résider; et s'il quitte soit la maison paternelle soit la maison d'éducation dans laquelle il est placé, le père pourra en obtenant une ordonnance du président du tribunal, l'y faire ramener par les agents de la force publique. Si cet enfant se trouvait aux mains d'une tierce personne, qui refusât de le remettre, le père aurait pour le réclamer une action analogue à la revendica-

(1) Oudot, *Du Droit de famille*, p. 337.

tion, et susceptible d'être exercée par voie de référé (art. 354 C. P.).

De même par application de l'art. 373 l'enfant naturel mineur non émancipé sera tenu de résider chez son père, et il ne pourra s'affranchir de cette obligation, que dans le cas où il voudrait contracter un engagement militaire, pourvu qu'il ait atteint l'âge de 20 ans (L. du 27 juillet 1872 art. 48). Il suit de là qu'en règle générale cet enfant doit avoir son domicile légal chez son père (art. 108), sauf dans le cas où il aurait reçu un tuteur étranger.

Nous avons déjà dit que nous permettions aux tribunaux de priver le père ou la mère de la garde et de l'éducation de leur enfant, lorsqu'il y avait de sérieuses raisons. La question s'est plusieurs fois présentée dans la pratique : nous nous bornerons à rappeler un arrêt de la Cour de Lyon. Il s'agissait dans l'espèce d'une mère qui avait délaissé son enfant, pour continuer à vivre dans le désordre, et l'avait abandonné à la charité d'étrangers qui le recueillirent. Plus tard cet enfant étant devenu riche par les libéralités de son bienfaiteur, elle invoqua sa maternité et prétendit avoir seule le droit de garder et d'élever son fils. Mais la Cour rejeta sa demande et confia l'enfant à un tiers, en se fondant sur le pouvoir que l'art. 302 donne aux juges quand les époux sont divorcés (1).

____

(1) Lyon, 8 mars 1859. — Sir. 60, 2, 431.

Quant aux frais d'entretien et d'éducation, les parents, ainsi que nous l'expliquerons à propos de la dette alimentaire, doivent être tenus d'y contribuer par égale part, s'ils sont tous deux en état d'y satisfaire. Si néanmoins l'enfant possède des biens personnels, c'est sur les revenus de ces biens qu'on devra prélever les dépenses relatives à son entretien. Mais dans ce cas les parents peuvent-ils entamer le capital de l'enfant pour subvenir aux frais d'entretien et d'éducation? La question est discutée à l'égard des enfants légitimes; nous serions porté à la résoudre négativement en ce qui concerne les enfant naturels ; car ces enfants se trouvent dans une condition si malheureuse et si précaire qu'il nous paraît souverainement équitable de leur conserver les biens qu'ils tiennent de la générosité d'un bienfaiteur, et de mettre leur nourriture à la charge des parents qui leur ont donné le jour. Du reste la question ne présente guère d'intérêt, si on se rappelle que l'enfant naturel, qui a des biens personnels, est toujours en tutelle : dès lors c'est au conseil de famille qu'il appartient de fixer quelle somme sera employée annuellement à son éducation, et c'est lui qui appréciera souverainement si cette somme doit être prélevée sur les revenus ou sur le capital.

§ 2. *Droit de correction.*

Ici nous nous trouvons en présence d'un texte, mais la rédaction en est si incomplète et si obscure, qu'il a fait naître une foule de controverses, et en réalité, il sert plutôt à gêner qu'à diriger la marche de l'interprète. Voici comment est conçu l'art. 383 : « Les articles 376, 377, 378 et 379 sont communs « aux père et mère des enfants naturels légalement « reconnus. »

Pour l'intelligence des questions que soulève l'application de ce texte, il nous paraît indispensable d'indiquer à grands traits comment s'exerce le droit de correction à l'égard des enfants légitimes; nous verrons ensuite si toutes les règles indiquées peuvent s'appliquer aux enfants naturels. Telle est d'ailleurs la méthode employée par le législateur lui-même, puisqu'il a procédé par renvoi à des dispositions précédentes.

Sous ce nom de droit de correction la loi ne donne pas aux parents le droit d'infliger à l'enfant des châtiments corporels, elle leur permet de le faire détenir pour réprimer les écarts de conduite dont il se serait rendu coupable. Il leur suffit pour cela de s'adresser au Président du Tribunal de première instance, et de lui demander un ordre d'arrestation contre l'enfant qu'ils veulent punir. Cet ordre peut être obtenu dans deux circonstances différentes ; il peut être réclamé par voie d'autorité ou sollicité par voie de réquisition. La différence entre les deux cas consiste en ce que dans le premier, le Président est tenu de déférer à la demande qui lui est faite, sans qu'il puisse se faire rendre compte des motifs sur lesquels elle est fondée, et en apprécier le mérite. Dans le second cas au contraire, le Président est seul juge de la question, il examine les motifs de la demande, et en s'éclairant des avis du Procureur de la République, il est chargé d'accorder ou de refuser l'ordre d'arrestation ; il est chargé aussi de fixer la durée de la détention. De plus, toutes les fois que l'enfant est détenu par voie de réquisition, la loi ouvre à son profit une sorte de recours en appel. A cet effet, il peut adresser au Procureur général un mémoire tendant à faire modifier ou révoquer l'ordre du Président du tribunal. Le Procureur général se fait rendre compte des motifs de la détention par le Procureur de la République, et il fait un rapport au Président de la Cour, lequel, après avoir recueilli les renseignements nécessaires, et en avoir donné avis au père de famille, est maître d'abréger ou de faire cesser la détention (art. 382, 2°).

L'ordre d'arrestation ne peut être réclamé par voie d'autorité, que lorsque la demande en est formée par le père et sous les trois conditions suivantes : 1° le père ne doit pas être marié en secondes noces ; 2° il faut que l'enfant soit âgé de moins de seize ans ; 3° il faut que cet enfant n'ait pas de biens personnels, ou n'exerce pas un état (art. 376, 377, 380, 382).

Si une de ces trois conditions fait défaut, le père ne peut agir que par voie de réquisition. Quant à la mère, dans le cas où, à défaut du père, l'exercice de l'autorité paternelle est remis en ses mains, elle ne peut faire détenir l'enfant, quel que soit son âge, qu'en employant la voie de la réquisition ; encore n'est-elle admise à user de ce pouvoir, qu'avec le concours des deux plus proches parents paternels, ou s'il n'y a pas de parents dans la ligne paternelle, avec le concours de deux amis du père. Si la mère vient à se remarier, elle perd complètement le droit de requérir la détention de ses enfants du premier lit (art. 381).

La durée de cette détention est fixée selon les règles suivantes. Si l'enfant est âgé de moins de seize ans, elle ne peut jamais excéder un mois, sans qu'il y ait à distinguer si elle est réclamée par voie d'autorité ou par voie de réquisition. Pour l'enfant au-dessus de seize ans, la détention peut se prolonger pendant six mois ; la seule voie possible étant alors celle de la réquisition, c'est au Président qu'il appartient d'en fixer la durée, tout en restant dans la limite légale.

Voici quelques dispositions qui régissent d'une manière générale ce droit de correction, sans qu'il y ait à distinguer par quelle voie il s'exerce et quel est celui des deux parents qui en est investi.

1° La détention n'est pas considérée comme un emprisonnement proprement dit, la loi n'a pas voulu qu'une simple punition paternelle imprimât à l'enfant le titre déshonorant de prisonnier. On a pensé aussi qu'il valait mieux ne pas perpétuer le souvenir d'erreurs de jeunesse dont cet enfant se corrigera un jour. De là, l'absence des écritures et formalités judiciaires usitées dans les cas ordinaires. Ainsi, l'ordonnance du président ne sera pas rédigée par écrit, la remise de l'enfant ne sera pas constatée par un acre d'écrou. L'ordre d'arrestation sera seul écrit : mais il ne doit jamais être motivé (379). De même on a observé au Conseil d'État qu'il faudrait éviter de placer l'enfant dans une maison de correction, où son contact avec des malfaiteurs achèverait de le corrompre ; c'est le pouvoir exécutif qui doit fixer le lieu où sera subie cette détention.

2° Le père ou la mère à la demande duquel l'arrestation a eu lieu, est toujours maître d'en abréger à son gré la durée, tout en conservant le droit de réprimer de la même manière de nouveaux écarts dans lesquels l'enfant pourrait retomber après sa sortie. On a discuté pour savoir si la mère lorsqu'elle veut faire mettre l'enfant en liberté avant l'expiration du temps fixé, est tenue d'observer les mêmes formalités que pour le faire détenir, par exemple si elle doit obtenir le concours de deux parents paternels. Nous croyons que l'affirmative est plus conforme à l'esprit de la loi (1).

3° Le Président ne doit délivrer l'ordre d'arrestation qui lui est demandé que lorsque la personne qui le requiert a souscrit une soumission de payer tous les frais auxquels l'arrestation et la détention pourront donner lieu. Nous croyons aussi que cette personne est tenue de consigner à l'avance les aliments nécessaires durant un mois à la nourriture de l'enfant (art. 378-2°).

Revenons maintenant à l'art. 383 et voyons dans quelle mesure il étend aux père et mère naturels le pouvoir de correction conféré aux père et mère légitims. Il ressort du texte même de cet article que l'enfant naturel peut être détenu tantôt par voie d'autorité et tantôt par voie de réquisition, suivant la distinction faite aux art. 376 et 377. Le renvoi aux art. 378 et 379 indique aussi que la procédure à suivre est en tous points identique, et que les parents naturels ont la faculté d'abréger la détention par eux ordonnée ou requise. Mais sur tous les autres points l'article est muet, il ne contient aucun renvoi aux règles établies par les art. 380 à 382. Doit-on conclure du silence de la loi que les rédacteurs du Code ont eu l'intention de ne pas appliquer ces règles au cas qui nous occupe? Faut-il au contraire ne voir dans cette omission qu'un oubli in-

(1) Marcadé a 382 n° 3. — Contrà, Demolombé, VI, n° 531, Aubry et Rau, VI, § note 23.

volontaire que l'interprète a pouvoir de combler, en se guidant par analogie des règles établies? Grande divergence parmi les jurisconsultes,

Nous ferons remarquer d'abord qu'il est évident, bien que l'article 383 ne contienne aucun renvoi à l'article 375, que les père et mère naturels ne peuvent provoquer la détention de leur enfant que s'ils ont des motifs de mécontentement très-graves; en effet, la loi n'a pu accorder l'exercice du droit de correction que dans les cas où le fondement de ce droit existe. L'article 375, ainsi qu'on l'a fait observer, n'est qu'une espèce d'intitulé de la théorie du droit de correction, intitulé dont les articles suivants sont le développement; renvoyer aux é. veloppements, c'est par là même renvoyer à l'intitulé qui les annonce (1).

Mais voici des points où le doute est beaucoup plus sérieux : 1º Par qui le droit de correction doit-il être exercé? 2º A quelles conditions est soumis son exercice ?

Sur la première question il est évident que si l'enfant n'a été reconnu que par un de ses parents, cet auteur seul exercera le droit de correction. Si tous les deux l'ont reconnu, nous avons déjà dit que ce droit devait appartenir au père seul, sauf le cas où ce père aura été privé par une décision judiciaire du droit de garde et d'éducation, car alors le

(1) Oudot, *Du Droit de la famille*, p. 842.

droit de correction ne serait entre ses mains qu'une arme inutile et dangereuse.

Sur la seconde question, nous nous trouvons en présence des lacunes que nous venons de signaler dans le texte de l'article 383. Voici les principales controverses que le silence de la loi a soulevées.

L'article 380 décide que le père en se remariant perd le droit de faire détenir par voie d'autorité son enfant du premier lit; il est obligé d'employer la voie de la réquisition. Doit-on appliquer cette décision au père naturel qui se marie avec une autre femme que la mère de l'enfant qu'il a reconnu? Non, disent certains auteurs, la loi s'est exprimée clairement : parmi les sept articles relatifs au droit de correction elle en cite quatre qu'elle déclare applicables aux père et mère naturels; elle a donc l'intention d'exclure les autres, sinon l'article 383 n'aurait plus de sens. D'ailleurs, dit-on, d'après la rédaction même de l'article 380, on ne conçoit pas qu'il puisse être appliqué à l'espèce dont il s'agit. Cet article suppose un père veuf qui se remarie; or, les relations illicites qui ont donné le jour à un enfant naturel ne peuvent être assimilées à un premier mariage; lorsque le père de cet enfant abandonne sa concubine pour contracter une union légitime, il n'est pas veuf, il ne se remarie pas. Si on objecte à ces interprètes que leur opinion conduit à ce résultat absurde que les pouvoirs du père naturel seraient plus étendus que ceux du père légitime, les uns se contentent de répondre que le reproche ne les regarde pas et qu'il faut le renvoyer au législateur. D'autres soutiennent qu'il n'y a rien d'illogique à donner une autorité plus énergique au père naturel : l'enfant né hors mariage est, par le malheur même de sa naissance, plus enclin à se montrer insoumis, indiscipliné; dès lors son père a besoin d'une autorité plus forte pour le maintenir dans le devoir, d'autant plus que par sa conduite même, ce père est souvent privé de l'ascendant moral que donne la paternité légitime (1).

Néanmoins une pareille doctrine nous semble inadmissible; si elle a pour elle le texte, elle heurte directement l'esprit de la loi. Et d'abord elle est contraire à notre principe général d'interprétation d'après lequel on doit accorder aux parents naturels les mêmes droits qu'aux parents légitimes, sur la personne de leurs enfants. On objecte que par cela seul que la loi s'est expliquée sur certains points, elle a entendu exclure ceux dont elle n'a point parlé, mais c'est là un argument assez peu probant, il faudrait pour le rendre acceptable montrer que l'article 383 a été rédigé dans un but d'exclusion et de limitation. Or précisément les travaux préparatoires témoignent que c'est le contraire qui a eu lieu; il nous suffit de rappeler les paroles par lesquelles le rapporteur Réal commentait cet article

(1) Duranton, III, n° 360. — Ducaurroy, I, n° 562. — Vazeille, II, p. 272. — Demante, II, n° 128 *bis*, VII. — Aubry et Rau, VI, p. 210. — Oudot, p. 347. — Laurent, *Princ. de dr.*, IV, n° 357.

devant le Corps Législatif. D'ailleurs, en s'attachant strictement à l'article 383, on devrait aussi
déclarer inapplicable l'article 375 , résultat évidemment inadmissible. La rédaction incomplète
de l'article 383 vient probablement de ce que, en
rappelant les dispositions antérieures pour les appliquer autant que possible aux enfants naturels,
les rédacteurs se sont arrêtés devant les articles 380
et 381, parce qu'il y est question du *père remarié*,
de *la mère remariée*, et que ces expressions sup-
posant un premier mariage, ne s'appliquent textuellement qu'à la filiation légitime. Mais en ren-
voyant aux quatre articles 376-379, on a eu l'intention de ne rendre ces articles applicables aux
enfants naturels que dans la mesure où ils seraient
applicables aux enfants légitimes, c'est-à-dire sous
les conditions et modifications inséparables qu'y
apportent les articles 380-382. La raison que
donnent nos adversaires, à savoir la nécessité
de fortifier d'une manière spéciale l'autorité du
père naturel, ne nous paraît pas très-con-
cluante. Si l'enfant a besoin d'être contenu par
un pouvoir énergique, c'est surtout entre seize et
vingt-un ans, alors que ses passions déjà excitées
le poussent à l'insubordination et à la révolte. Or,
à cet âge, il n'est pas douteux que le père naturel
ne peut agir que par voie de réquisition; la loi ne
lui a pas donné d'autres droits que ceux qu'elle a
donnés au père légitime. Pour que la controverse
soit possible, il faut supposer que l'enfant est mi-

deur de seize ans, c'est-à-dire à un âge où il sera
en général facile à l'autorité paternelle d'obtenir le
respect et la soumission. D'ailleurs, toute la question se réduit à savoir si on doit ou non admettre
l'intervention du magistrat, et nous ne croyons pas
que cette intervention soit jamais de nature à com-
promettre l'autorité du père ou de la mère.

Ces objections écartées, nous rappellerons qu'il
serait également contraire à la logique et à la morale d'accorder aux parents naturels des droits plus
étendus qu'aux parents légitimes; il y aurait là
une blessure profonde aux convenances sociales et
une grave atteinte à la dignité du mariage. Enfin
les raisons qui ont fait édicter la disposition de
l'article 380 sont les mêmes, qu'il s'agisse d'un enfant légitime ou d'un enfant naturel, elles sont
même plus impérieuses dans le second cas. Ecou-
tons à cet égard un des auteurs qui ait le mieux
développé ces questions. « Il est reconnu et
» admis par tous que la restriction apportée par
» l'article 380 à l'exercice du droit de correction, a
» pour cause cette malveillance proverbiale d'une
» marâtre poétisée par Virgile :

Est mihi namque domi pater, est injusta noverca.

» et l'irrésistible ascendant d'une femme jeune en-
» core sur un mari qui ne l'est plus, et devient par
» faiblesse ou par une aveugle passion, l'instrument
» docile de préventions intéressées. Or, l'épouse

» succédant à une concubine, verra-t-elle d'un œil
» moins défavorable un enfant reconnu aux temps
» d'une jeunesse orageuse, dont jusqu'au oui fatal
» on lui aura dissimulé l'existence, et qui n'en
» prendra pas moins part aux biens héréditaires,
» qu'elle semblait autorisée à regarder comme de-
» vant être exclusivement le patrimoine de sa
» jeune famille? Ce malheureux enfant, innocent
» d'un silence mensonger, comme de la faute qui
» lui a donné le jour, ne réclame-t-il pas dès lors,
» par la voix de l'humanité, la même protection
» que celui qui est né d'une femme légitime, et que
» la seconde, en devenant sa marâtre, aura pris sur
» ses genoux et embrassé avec une effusion de ten-
» dresse maternelle probablement alors sincère...
» Dans son funeste isolement, le pauvre bâtard
» aura encore contre lui toutes les préventions de
» la société à laquelle appartient l'épouse légitime ;
» et l'intervention des parents ou amis de la mère,
» à supposer qu'elle soit vivante, ne ferait certai-
» nement qu'aggraver son sort (1). »

La controverse que nous venons d'examiner à
propos du père naturel se présente encore dans les
mêmes termes à l'égard de la mère naturelle. Seulement nous ferons remarquer que le défaut de renvoi à l'art. 381 a fait naître ici deux questions

---

(1) Morelot, *op. cit.*, pp, 480-484. — Valette sur Proudhon, II, p. 249,
note a. *et Cours de Code civil*, I, p. 493 et 494. — Marcadé, a. 383, n° 3.
— Demolombe, VI, n°° 645 et 646.

distinctes, toutes deux également discutées. On s'est demandé si au cas où l'enfant a moins de seize ans, la mère naturelle exercera le droit de correction par voie d'autorité, ou si on devra lui appliquer la disposition qui ne permet à la mère légitime que d'agir par voie de réquisition et avec le concours des deux plus proches parents paternels. Les partisans de l'interprétation littérale disent que la loi en plaçant le père et mère naturels sur la même ligne (art. 383) et en évitant de renvoyer à l'art. 381 a bien eu l'intention de donner à chacun d'eux des droits égaux, elle a voulu permettre à la mère d'agir par voie d'autorité dans le cas où le père aurait eu cette faculté. Nous avons déjà dit que ce système d'interprétation ne nous paraissait pas rationnel. Si les rédacteurs du Code ont refusé à l'épouse survivante le droit d'agir par voie d'autorité, c'est, disent-ils, parce que la femme avec son caractère faible, son esprit léger, son cœur passionné, pourrait être trop prompte à s'alarmer et recourir imprudemment à des moyens extrêmes, que dès le lendemain elle-même regretterait amèrement. La mère naturelle, par le fait même de sa maternité, doit être au moins aussi suspecte de légèreté passionnée dans le cœur et de faiblesse dans le caractère.

On objecte contre notre opinion qu'il ne peut être question du concours de deux parents paternels, puisque l'enfant n'a d'autres parents que les père et mère qui l'ont reconnu. Certains auteurs ont répondu qu'ils admettaient la mère à agir seule, sans prendre l'avis de personne; la plupart enseignent que les parents doivent être remplacés par des amis du père. Nous croyons quant à nous que le texte doit s'appliquer à la lettre, il faudra consulter les deux plus proches parents paternels lorsque le père sera connu,

Sur le point de savoir si la mère naturelle qui se marie avec un autre homme que le père de son enfant est complétement déchue du droit de correction, à l'instar de la mère légitime qui se remarie, inutile d'insister. Les arguments que nous avons présentés en traitant la question à propos du père s'appliquent tous avec la même force; la solution doit donc être la même. Les rédacteurs du Code nous disent eux-mêmes que s'ils ont enlevé à la mère qui convole en secondes noces le droit de faire détenir son enfant, c'est à cause de l'autorité maritale, en réalité, ce n'est pas la femme, c'est son nouvel époux qui exercerait le droit de correction. Or il est évident que la fille-mère qui se marie n'est pas moins soumise à l'autorité maritale que la veuve qui se remarie,

Reste enfin une dernière question beaucoup moins discutée que les précédentes, car les plus éminents de nos contradicteurs se rangent ici à notre avis, et plusieurs avouent que le doute ne saurait être sérieux. L'art. 383 ne mentionnant pas l'art. 382, on se demande si l'enfant naturel qui a des biens personnels ou qui exerce un état, pourra être détenu par voie d'autorité. Nous répondrons que non, car il nous semble certain que le législateur n'a voulu accorder aux parents naturels le droit de correction, que sous la réserve des garanties qui doivent dans tous les cas protéger l'enfant contre les abus de ce pouvoir. De même l'appel particulier écrit dans l'art. 382 doit profiter au fils naturel aussi bien qu'au fils légitime.

Résumons ces longs et fastidieux détails dans la formule suivante : Les pères et mères naturels doivent être traités, quant au droit de correction, absolument comme les père et mère légitimes.

§ 3. *Droit de consentir au mariage ou à d'autres actes importants dans la vie de l'enfant.*

Tant que dure leur minorité, les enfants naturels sont soumis aussi bien que les enfants légitimes, à la nécessité d'obtenir le consentement des parents qui les ont reconnus, avant de se décider à certains actes très-importants de leur vie. Nous verrons même plus loin qu'ils doivent à tout âge prendre respectueusement leur avis; la loi a voulu que tous les enfants, quelle que fût leur origine, fussent tenus à la même soumission et à la même déférence envers les auteurs de leurs jours.

Ainsi le fils naturel avant l'âge de vingt-cinq ans, la fille avant l'âge de vingt-un ans, ne peuvent contracter mariage sans le consentement de leur père ou mère ou de tous deux, suivant qu'ils ont été reconnus par tous les deux ou par un seul. S'il y a dissentiment entre les deux parents, le consentement du père suffit (art. 148-149 conc. art. 158.)

Les père et mère naturels étant appelés à se prononcer sur le mariage de leurs enfants, on doit leur accorder aussi le droit de faire opposition à ce mariage, et d'en arrêter la célébration jusqu'à la mainlevée de l'opposition (art. 173). Ce droit d'opposition ne doit passer à la mère que si le père est décédé ou absent, ou se trouve pour toute autre cause, dans l'impossibilité de manifester sa volonté. Les parents naturels de même que les parents légitimes, jouissent de la faculté de s'opposer au mariage de leur fils, bien qu'il n'existe en réalité aucun empêchement dirimant ou prohibitif, de nature à y mettre obstacle. Ils doivent de même être dispensés d'énoncer dans l'acte d'opposition, les motifs sur lesquels cette opposition est fondée (176), et lors même qu'ils seraient déclarés non-recevables, ils ne peuvent jamais être condamnés à des dommages-intérêts (179).

Si le fils naturel mineur de vingt-cinq ans ou la fille naturelle mineure de vingt-un ans se sont mariés sans le consentement de leur père ou de leur mère, ceux-ci auront le droit de faire annuler le mariage (art. 182). Ils ne perdront leur action en nullité que s'ils y ont renoncé expressément ou tacitement, ou s'ils ont laissé écouler sans réclamation, une année depuis le jour où ils ont eu connaissance du mariage, (art. 183). Cette action en nullité appartient conjointement au père et à la mère, toutefois, nous croyons que la mère ne peut l'intenter sans le concours du père tant qu'il vit, et se trouve en état de manifester sa volonté. Il va sans dire que nous rangerons le père et la mère naturels parmi les personnes intéressées, dont parlent les art. 184 et 191 ; nous leur accordons le droit d'attaquer le mariage que leur enfant aurait contracté, soit clandestinement, soit en contravention aux dispositions des art. 144, 147, 161, 162, et 163. Nous leur appliquerons encore la règle de l'art. 186, et nous leur refuserons le droit d'attaquer pour cause d'impuberté, le mariage auquel ils auraient don..é leur consentement. Nous pouvons résumer tous ces détails en disant qu'en ce qui concerne le mariage des enfants, la loi a investi les parents naturels d'un pouvoir de direction et de surveillance identique à celui dont elle a doté les parents légitimes (1).

Nous croyons que ce pouvoir ne peut jamais leur être enlevé par les tribunaux ; en effet nous avons un texte de loi qui le leur attribue expressément, mais nous n'en possédons aucun qui permette de les en priver. Qu'on ne nous objecte pas l'argument d'analogie de l'art. 302, car cet article permet

---

(1) Démolombe, VI, n°° 609 et suiv. — Aubry et Rau, V, § 162, p. 80.

seulement de remettre en mains étrangères la garde de la personne de l'enfant; mais il n'autorise pas le juge à dépouiller les parents des autres prérogatives de la puissance paternelle. Nous croyons encore que les père et mère conserveront ce droit, dans le cas où ils auraient été déclarés déchus de la tutelle de leur fils mineur, pour inconduite ou incapacité, en vertu d'une délibération du conseil de famille.

Ce devoir de direction n'apparait pas seulement lorsqu'il s'agit du mariage de l'enfant, il s'exerce encore dans d'autres circonstances, dont nous allons rappeler les plus importantes. Le fils mineur de vingt-cinq ans ne peut se donner en adoption (art. 346), ni s'engager dans les ordres sacrés (décret du 28 février 1810, art. 4) sans le consentement de ses père et mère; ce consentement lui est encore nécessaire jusqu'à l'âge de vingt-un ans, soit pour se soumettre à une tutelle officieuse (361) soit pour souscrire un contrat d'apprentissage (loi du 22 germinal an XI, art. 9). Ce consentement est aussi requis de la fille mineure qui voudrait prononcer des vœux dans une congrégation religieuse autorisée (décret du 18 février 1809). Toutes ces dispositions doivent être appliquées aux enfants naturels, car les textes que nous venons de citer se bornent à renvoyer aux règles formulées par le Code civil à propos du mariage, et nous venons de voir que sur ce point le Code assimile les père et mère naturels aux père et mère légitimes.

§ 4. — *Droit de conférer l'émancipation.*

L'art. 477, qui accorde aux père et mère légitimes le droit d'émanciper leur enfant, dès qu'il est parvenu à l'âge de quinze ans révolus, doit être étendu aux père et mère naturels; car c'est là un attribut de la puissance paternelle dont nous les avons déclarés investis. Cette décision est acceptée par les auteurs les plus estimés, et elle a été consacrée par la jurisprudence (1).

De même si l'enfant naturel mineur émancipé veut se livrer à des entreprises commerciales, nous croyons qu'il ne le pourra qu'à la condition de rapporter le consentement de ses parents; et nous lui appliquerons l'art. 2 du Code de commerce, ainsi conçu :

« Tout mineur de l'un ou de l'autre sexe âgé de
» dix-huit ans accomplis qui veut profiter de la fa-
» culté que lui accorde l'art. 487 de faire le com-

---

(1) Loiseau. *Traité des enf. nat.*, p. 545. Duranton, III, n° 687. — Marcadé, a. 477, n° 2. — Demolombe, VIII, 373-375.

Limoges, 2 janvier 1821. Sir. 21, 2, 322. Dans le jugement dont l'appel a donné lieu à cet arrêt, le tribunal de Guéret avait rattaché cette faculté à la tutelle légale qui appartient aux père et mère sur leurs enfants naturels; nous croyons qu'il est plus exact de considérer cette prérogative, ainsi que l'a fait Cour, comme une conséquence directe du droit de puissance paternelle. Il suit de là que le père ou la mère en resteraient investis lors même qu'ils seraient exclus ou destitués de la tutelle.

» merce ne pourra en commencer les opérations,
» ni être réputé majeur quant aux engagements par
» lui contractés pour faits de commerce; 1° s'il n'a
» été préalablement autorisé par son père où par
» sa mère, en cas de décès, interdiction ou absence
» du père; 2° si en outre l'acte d'autorisation n'a été
» enregistré et affiché au tribunal de commerce du
» lieu où le mineur veut établir son domicile. »

SECTION II

POUVOIRS DES PÈRE ET MÈRE SUR LES BIENS DE L'ENFANT NATUREL MINEUR

Au cas où un enfant naturel mineur a des biens personnels (ce qui peut arriver lorsqu'il a reçu une libéralité ou lorsqu'il a recueilli la succession d'un de ses parents décédé) nous devons examiner à quel régime ces biens se trouveront soumis.

Tout d'abord les père et mère naturels jouiront-ils du droit d'usufruit légal sur les biens de leur enfant mineur de dix-huit ans? La plupart des jurisconsultes se prononcent pour la négative, et voici les arguments qu'ils invoquent. L'art. 384 qui établit l'usufruit légal des père et mère suppose qu'ils sont

encore mariés ou que leur mariage est dissous, disposition évidemment inapplicable aux parents d'un
enfant naturel, entre lesquels il ne saurait être ques-
mariage. En effet on comprend fort bien quetion de
le législateur n'ait pas cru devoir accorder la même
faveur aux parents naturels et aux parents légitimes;
la paternité naturelle se présente comme une faute,
et il serait immoral de lui décerner une sorte de
récompense en lui attribuant l'usufruit légal. D'ailleurs on pouvait craindre que les revenus des biens
des enfants ne servissent à augmenter une fortune
dont ils n'auraient profité que dans une très-faible
mesure, puisqu'il sont très-rarement appelés à recueillir intégralement la succession de leur auteur.
Enfin, dit-on, cet usufruit légal a lui-même quelque
chose de si exceptionnel qu'il ne faut l'appliquer
qu'en vertu d'un ordre exprès de la loi, et qu'on
doit se garder de l'étendre par analogie. On fortifie
ces considérations en faisant remarquer que l'article 384 est mis dans la loi à la suite de l'art. 383,
qui déclare commun aux parents naturels le droit
de correction; il eût été bien plus simple, si on eût
entendu leur attribuer aussi le droit d'usufruit, de
placer à la fin du titre une disposition qui leur eût
conféré par une seule phrase les différentes prérogatives dont jouissent les parents légitimes (1).

(1) Toullier, II, n° 973. — Duranton, III n°° 360-364. — Proudhon et
Valette, II, p. 252. — Marcadé, II, art. 384, n° 4. — Ducauroy, I, n° 583.
— Demante, Cours, II, n° 128 bis, I. — Demolombe, VI, 649. — Oudot,

Ces arguments ont sans doute une très-grande force ; il en est un néanmoins qui nous semble de peu de valeur, c'est celui qu'on tire des termes même de l'art. 384 ; en effet il y a plusieurs autres textes qui semblent se référer uniquement au cas de mariage et qu'on n'hésite pas cependant à appliquer aux parents naturels ; tels sont par exemple l'art. 373, au titre même de la puissance paternelle, et encore l'art. 203. De ce que la loi suppose l'existence d'un mariage nous ne croyons pas qu'on doive conclure qu'elle a voulu exclure le cas où il n'y a pas eu mariage. A notre avis l'opinion générale trouve son appui le plus solide dans l'étude des travaux préparatoires. On sait que l'art. 6 du projet qui déclarait applicables à la filiation naturelle tous les articles du titre de la puissance paternelle fut modifié uniquement parce qu'il s'éleva de nombreuses réclamations contre l'attribution aux père et mère naturels du droit de jouissance légale ; c'est dans le but de faire droit à ces réclamations qu'on substitua à la rédaction primitive, la rédaction qui forme aujourd'hui l'art. 383.

Après avoir refusé aux père et mère naturels la jouissance des biens de leurs enfants mineurs, leur accorderons-nous l'administration de ces mêmes biens ? La question nous paraît plus délicate ; néan-

op. cit., pp. 336, 337. — Aubry et Rau, VI, § 571, note 18. — Morelot, p. 503 et suiv. — Caen, 22 mars 1860. (Sir. 60, 2, 610). — Contra, Loiseau, op. cit. p. 550.

moins la doctrine se prononce encore presque unanimement pour la négative, et nous acceptons cette solution. D'abord ce droit d'administrer les biens de quelqu'un ne peut résulter que d'une prescription légale, qui fait défaut dans notre espèce. De plus la loi ne donne ce droit au père que tant que dure le mariage (art. 389); il cesse à sa dissolution; il ne peut donc pas exister en faveur d'un père qui est dans la position d'un homme veuf ou divorcé. Cette solution s'impose presque nécessairement au cas où l'enfant n'a été reconnu que par un de ses auteurs; en effet ce n'est qu'autant que les deux parents existent que le père légitime est investi du droit d'administration légale; or il ne serait ni raisonnable ni moral de traiter plus favorablement sur ce point le père illégitime. Il doit encore en être de même au cas où l'enfant est reconnu par ses deux auteurs; car ces deux personnes étant légalement étrangères l'une à l'autre, on ne peut espérer que l'affection et le dévouement de la mère servent de contre-poids à l'autorité du père. L'art. 389 est donc inapplicable; et lorsque l'enfant naturel mineur aura des biens personnels, ces biens devront être administrés tutélairement. Cette soluprésente un intérêt considérable; car l'administration tutélaire entraîne une double garantie résultant de la nomination d'un subrogé-tuteur et de l'existence d'une hypothèque légale au profit du pupille. Et c'est là encore un motif de plus pour décider que les biens de l'enfant doivent être soumis au régime de la tutelle ; les garanties morales que l'esprit de famille et la présence de la mère au foyer domestique assurent à l'enfant légitime faisant défaut dans l'espèce, il est nécessaire de les remplacer par les garanties positives que fournit l'organisation de la tutelle (1).

On pourrait nous objecter que cette décision est peu en harmonie avec notre principe général d'interprétation. Nous avons admis que la puissance paternelle est la même pour le père naturel et pour le père légitime ; on sera peut-être surpris que dans le silence de la loi nous refusions à celui-là un droit qui appartient certainement à celui-ci. Pour écarter ce reproche d'inconséquence, nous ferons remarquer que notre doctrine générale se base sur l'étude des travaux préparatoires ; nous cherchons à appliquer la pensée des rédacteurs du Code telle qu'elle nous a été manifestée par l'art. 6 du projet portant que tous les articles du titre de la puissance paternelle seraient communs aux parents naturels, car nous croyons que cette pensée a survécu à la modification subie par l'article dans lequel elle était exprimée. Mais l'art. 389 dont nous nous occupons en ce moment ne se trouve pas placé au titre de la puissance paternelle, de sorte que rien ne nous au-

(1) Marcadé a 389, n° 2. — Demolombe, VI, n° 610 et 661. — Morelot, p. 507. — Aubry et Rau, VI, § 571, note 13. — Contrà, Favard, *Répertoire*, v° *Enfant naturel*, § 3, n° 2. — Toullier, II, n° 1037. — Laurent, IV, n° 350.

torise à croire qu'on ait voulu le rendre applicable aux parents naturels : les termes dans lesquels il est conçu semblent même contredire cette supposition. Sans doute en réalité le droit d'administration légale peut être présenté comme un attribut de la puissance paternelle ; mais il ne semble pas que les rédacteurs du Code l'aient envisagé comme tel, puisqu'il l'ont inséré comme un préliminaire du titre X, lorsqu'ils ont été amenés à expliquer dans quel cas il y avait ouverture de la tutelle. En réalité notre doctrine peut donc se résumer dans les deux règles suivantes : Nous concédons aux père et mère naturels sur la personne de leurs enfants les mêmes droits qu'aux père et mère légitimes ; mais nous leur refusons ces droits en ce qui concerne les biens de ces enfants.

L'art. 389 étant écarté, il s'ensuit que l'enfant naturel mineur qui possède des biens personnels devra être mis en tutelle, mais quel sera le caractère de cette tutelle ? La question est vivement controversée ; elle divise la jurisprudence aussi bien que la doctrine. Les uns soutiennent qu'il ne peut y avoir jeuqu'à une tutelle dative, c'est-à-dire déférée par le conseil de famille. Les autres enseignent au contraire qu'il y a lieu à une tutelle légale, qui s'ouvrira au profit du père dans le cas où les deux parents existent encore, au profit du survivant, dans le cas où l'un d'eux serait prédécédé. Cette deuxième opinion nous paraît préférable. En effet n'est-il pas juste et utile que celui-là prenne soin des biens des

mineurs qui est déjà chargé de leur personne. Si la
loi a compté assez sur l'affection d'un père naturel,
pour l'investir du droit de puissance parternelle,
pourquoi n'aurait-elle pas eu assez de confiance
dans cette affection, pour lui accorder les prérogatives de la tutelle, qui sont bien moins étendues et
moins dangereuses. D'ailleurs les père et mère naturels sont appelés en première ligne à la succession
de leur enfant mineur, ils ont donc le plus grand
intérêt à la conservation de sa fortune, et il semble
que la gestion de cette fortune ne saurait être remise en de meilleures mains. On fait souvent contre
notre solution une objection, qui paraît très-grave
au premier abord, mais qui en réalité ne nous semble nullement décisive. Il ne peut y avoir, dit-on,
de tutelle légale que celle qui est instituée par un
texte formel de la loi ; o aucun texte dans le Code
n'appelle les parents naturels à la tutelle de leurs enfants. Cette objection croyons-nous, peut se retour-
ner avec une égale force contre nos adversaires: nous
demanderons à notre tour sur quel texte on s'appuie
pour décider que cette tutelle doit être dative: car
un tuteur quelconque, qu'il s'appelle tuteur légal
ou qu'il reçoive une autre dénomination, ne peut
exercer ses pouvoirs qu'en vertu d'une délégation
médiate ou immédiate du législateur; c'est-à-dire
qu'un conseil de famille ne saurait avoir le droit de
nommer un tuteur que dans les cas spécifiés par la
loi. Or il n'existe relativement à la dévolution de la
tutelle dative, que l'art. 405, lequel dispose formel-

lement que cette tutelle n'est ouverte que lorsqu'il s'agit d'un enfant mineur sans père ni mère. En réalité on est obligé de reconnaître qu'il y a dans la loi une lacune; c'est l'interprète qui a mission de suppléer à l'oubli commis par le législateur; nous croyons qu'il n'y a rien de mieux à faire qu'à nous décider par analogie des dispositions qui nous sont connues. Les père et mère naturels ont des pouvoirs très-étendus sur la personne de leurs enfants, quoi d'étonnant à ce qu'ils aient aussi l'administration tutélaire de leurs biens; qu'on ne se retranche pas derrière le silence de la loi, car cette insuffisance du texte devrait logiquement conduire à n'organiser aucune espèce de tutelle soit légale soit dative, ce qui est inadmissible. L'opinion de nos contradicteurs est d'autant moins justifiable, que d'après eux le conseil de famille doit être composé d'amis ou même de personnes charitables, c'est-à-dire de personnes qui sont légalement étrangères au mineur : « Les partisans de la tutelle dative, s'écrie à ce propos M. Laurent, ont vraiment bonne grâce de nous opposer le silence de la loi, alors qu'ils créent un conseil de famille purement imaginaire, et une tutelle dative que le texte repousse » (1). On objecte encore que la loi a dû se méfier des père et mère naturels, à raison de la moralité fort suspecte de leur

____

(1) Laurent, *Principes de droit civil*, IV, n° 116.

conduite, mais notre solution ne présente pas de grands inconvénients, puisque le conseil de famille sera là pour surveiller la gestion du tuteur, et s'il se montre incapable ou infidèle, il sera écarté de la tutelle. Cette solution paraît du reste l'emporter dans la jurisprudence, puisqu'elle compte en sa faveur un arrêt de la cour de cassation (1).

Nous croyons donc que la tutelle appartient de plein droit aux parents naturels, de la même manière qu'aux parents légitimes, et sous les mêmes conditions. Ainsi le père, s'il n'est valablement excusé, sera tenu de l'accepter, la mère au contraire sera toujours libre de la refuser, en se conformant aux dispositions de l'art. 394.

Il va sans dire que les dispositions du titre X qui sont relatives à l'administration du tuteur, aux comptes de tutelle, aux motifs d'excuse, aux causes d'incapacité, d'exclusion et de destitution, sont applicables à la tutelle des enfants naturels ; comme le dit fort bien M. Demolombe (VIII n°376), ce sont là des dispositions absolues qui concernent l'organisation et l'administration de la tutelle en tant que

---

(1) Loiseau, p. 537. — Delvincourt, I, p. 269. — Toullier, II, p. 22. — Cadrès, *Des enfants naturels*, n° 180. — Aubry et Rau, VI, § 571, p. 213, Ch. crim., 29 avril 1850. — Sir 50. 1, 702. — Caen, 22 mars 1860. Sir. 60, 2, 610. — Poitiers, 1er août 1870. Sir. 71, 2, 214. — Contra, Duranton, III, n° 431. — Marcadé, a, 300, n° 2. — Demante, *Cours* II, 138 bis. — Demolombe, VIII. 383. — Valette, Cod. civ., p. 550. — Morelot, pp. 508 et suiv. — Lyon, 11 juin 1856 et 8 mars 1859. Sir, 56, 2, 526, 60, 2, 411. — Rennes, 6 janvier 1867. Sir. 68, 2, 133.

tutelle et indépendamment du caractère de la filiation du pupille. Nous ferons remarquer notamment que les père et mère naturels peuvent être destitués pour les causes énoncées aux art. 443 et s. mais cette destitution n'entraînera pas déchéance des droits de puissance paternelle, il faudrait pour cela une décision spéciale des tribunaux. Mais si une sentence judiciaire enlevait aux père et mère naturels la garde et l'éducation des enfants, nous croyons qu'elle devrait entraîner de plein droit destitution de la tutelle; il y a ici un argument *à fortiori* évident.

A la mort du père naturel, la tutelle passe à la mère naturelle, pourvu qu'elle ait aussi reconnu son enfant. Mais nous ne croyons pas que le père fût autorisé à nommer à la mère survivante un conseil dont elle serait obligée de prendre l'avis pour les actes les plus importants de sa gestion. Ce droit a été accordé au père légitime comme une conséquence de la puissance maritale dont il est investi, il ne serait pas logique de l'attribuer à un individu qui n'a aucune autorité légale à exercer sur la mère de leur enfant commun.

Au cas où le père naturel viendrait à disparaître, nous croyons, par analogie de l'art 141, que la mère naturelle exercerait à sa place la surveillance des enfants mineurs, non pas en qualité de tutrice, mais en vertu de son droit de puissance paternelle. Si lors de cette disparition la mère était elle-même prédécédée, il y aurait lieu de nommer un tuteur provisoire, après un délai de six mois (art. 142).

La mère légitime tutrice légale, qui se remarie,
est obligée en vertu de l'art. 395 de convoquer un
conseil de famille qui décidera si la tutelle légale
doit lui être conservée. Nous appliquerons cette règle à la mère naturelle tutrice légale, qui voudrait
contracter mariage, car les motifs de décider sont
les mêmes ; l'animadversion et la cupidité d'un beau-
père sont au moins aussi redoutables pour l'enfant
naturel que pour l'enfant légitime. La mère de cet
enfant devra donc se conformer aux dispositions
de l'art. 395, sous peine de se trouver de plein droit
déchue de la tutelle ; au cas où cette tutelle lui serait
maintenue, elle aura nécessairement son mari pour
cotuteur (art. 396). On a quelquefois protesté contre
cette extension de l'art. 395, en disant qu'il contient
une disposition pénale, et qu'il est contraire à tous
les principes de droit de l'appliquer par analogie ou
même par *a fortiori* hors des cas textuellement pré-
vus. L'objection ne nous touche guère, se trouver
déchu ou exclu d'une tutelle pour cause de suspi-
cion, ce n'est pas être frappé d'une peine juridique. Il est d'ailleurs bien évident que le texte ne
pouvait pas s'occuper des cas dans lesquels la mère
serait déchue, puisque ce texte ne lui a explicite-
ment conféré aucun droit.

De cette investiture légale de la tutelle au profit
des père et mère naturels, dérive pour le dernier
mourant d'entre eux le pouvoir de nommer à l'enfant mineur un tuteur testamentaire. (397) Mais
ce droit, croyons-nous, ne peut être exercé que par

l'auteur qui au moment de son décès était lui-même revêtu de la tutelle. L'art. 390 dit expressément que la mère perd cette faculté lorsque par son mariage elle a perdu la qualité de tutrice. La décision doit être la même si le père survivant avait été excusé ou destitué de la tutelle, bien qu'il eût conservé l'exercice de la puissance paternelle, car lui permettre de désigner un tuteur testamentaire, ce serait lui accorder le droit de destituer celui qui ce trouverait en fonction lors de son décès ; or nulle part la loi ne lui donne un pouvoir aussi exorbitant.

Il doit y avoir dans toute tutelle un subrogé-tuteur nommé par le conseil de famille ; quand le père naturel sera tuteur, la mère naturelle pourra-t-elle être investie de la subrogé-tutelle ? Nous ne voyons aucune raison pour décider négativement : nous croyons même que c'est elle qui sera le plus souvent désignée, pourvu qu'il n'y ait pas de motifs sérieux de l'en exclure ; l'affection qu'elle est présumée avoir pour son fils est la meilleure garantie de la vigilance avec laquelle elle surveillera la gestion de ses intérêts.

Les auteurs se sont montrés très-embarassés pour régler la composition du conseil de famille qui doit assister le tuteur d'un enfant naturel. La plupart enseignent que le juge de paix devra y appeler des personnes connues pour avoir eu avec le père ou la mère des relations d'amitié, ou même

telle personne honorable et charitable qu'il lui
conviendra de choisir ; la jurisprudence s'est prononcée aussi en ce sens. Mais nous ne saurions
adhérer à cette solution ; ce n'est que dans les cas
exceptionnels où les parents font défaut que l'art.
409 permet d'appeler des amis ; nous croyons (c'est
un point qui sera développé plus bas), que l'enfant
naturel a pour parents les parents de ses père et
mère ; dès lors toute les fois que ses parents sont
connus, ils doivent être convoquée pour former le
conseil de famille, conformément aux art. 407 et
408.

Les règles que nous venons d'établir nous ser-
viront à déterminer le domicile légal de l'enfant
naturel mineur. Si cet enfant n'a pas été placé en
tutelle, parce qu'il n'avait pas de biens personnels,
il sera domicilé chez celui de ses parents qui l'a
reconnu ; s'il est reconnu par tous les deux, nous
croyons qu'il faudra lui donner le domicile paternel. Dans le cas où il sera soumis au régime de
la tutelle l'enfant devra avoir son domicile chez
son tuteur. (art. 108) La question pourrait paraître
douteuse, si on suppose que le père ou la mère
étant pour une cause quelconque privés de la tutelle,
mais restant investis de la puissance paternelle
c'est un étranger qui a été nommé tuteur. Bien
que l'enfant réside chez son père ou sa mère, nous
déciderions avec la grande majorité des auteurs,
qu'il doit être considéré plutôt comme ayant le
domicile de son tuteur ; en effet c'est par l'inter-

médiaire du tuteur, chargé de le présenter, que le mineur exerce ses droits les plus importants, c'est chez ce tuteur qui se trouve le siége légal de ses principaux intérêts (1).

—————

(1) Aubry et Rau, I, § 143, n° 3 et note 9. — Valette, Cours de Code civil, I, p. 136.

CHAPITRE II

Parmi les rapports de ce genre, les deux plus
importants sont le devoir imposé aux enfants d'honorer leur père et leur mère et l'obligation en
vertu de laquelle les parents et les enfant sont
respectivement tenus de se fournir des aliments
en cas de besoin. Après avoir examiné successivement ces deux obligations, nous consacrerons un
troisième paragraphe à étudier certains autres effets
de la filiation naturelle, qui se rattachent directement au droit de famille, et qui n'ont pas trouvé
place dans les explications précédentes.

§ I. *Du devoir d'honorer et respecter les père et mère.*

Tout le monde est d'accord pour admettre que l'art. 371 d'après lequel l'enfant à tout âge doit honneur et respect à ses père et mère s'applique aux enfants naturels aussi bien qu'aux enfant légitimes; c'est là dit-on avec raison, une maxime absolue dont nul ne saurait être affranchi sans un véritable sacrilége envers l'auteur de ses jours. M. Morelot seul réprouve cette manière de voir, il s'indigne à la pensée que le Code aurait pu décréter honneur et respect au concubinage, « aux impudiques caprices d'une passion éphé- » mère », et il qualifie de blasphématoire cette prétendue équipollence du vice à la vertu (1). Il nous est impossible d'adopter sur ce point les idées du savant auteur : à notre avis si les parents sont coupables, il est permis à l'enfant de déplorer leurs désordres, mais tout en blâmant leurs égarements, il n'en doit pas moins leur témoigner cette affection, ce respect filial que la religion et la morale lui commandent en termes absolus, et dans les-

---

(1) *De la reconnaiss. des enf. illégit.*, p. 332 et 333.

quels Cicéron voyait la base de toutes les vertus (1). Du reste nous n'insistons pas : la question posée dans des termes aussi généraux ne présente aucun intérêt juridique. En effet tous les
auteurs proclament que l'art. 371 renferme plutôt
un précepte de morale qu'une règle de droit positif;
les magistrats ne peuvent tirer de ce texte aucune
autre conséquence que celles que la loi elle-même
en a déduites (et sur ces conséquences aucune controverse n'est possible quant aux enfants naturels)
pour ne citer qu'un exemple, on est d'accord à
reconnaître, que si aucun texte n'avait statué sur
ce point, l'art. 371 n'aurait pas empêché l'enfant
créancier de son ascendant d'exercer contre lui la
contrainte par corps; aussi les lois spéciales se sont
formellement prenoncées à cet égard (L. du 17 avril
1832 art. 19. — Loi du 22 juillet 1867 art. 15).

On peut rattacher au principe de l'art. 371 certaines dispositions du Code pénal, notamment
l'art. 299 qui qualifie de parricide le meurtre des
père et mère naturels, et l'art. 312 qui aggrave la
peine encourue par l'auteur de coups et blessures,
lorsqu'ils ont été portés à des père et mère naturels.

L'effet juridique le plus important de ce respect
auquel les père et mère ont droit, durant toute leur
vie, se trouve dans l'obligation imposée au fils de
leur demander conseil sur la question de son ma-

---

(1) Cicéron, Pro Plancio, n° 22.

riage. Nous avons déjà dit que les garçons jusqu'à
l'âge de vingt-cinq ans, les filles jusqu'à l'âge de
vingt-un ans devaient, à peine de nullité, obtenir
le consentement de celui des auteurs naturels qui
les avait reconnus, ou le consentement du père s'ils
avaient été reconnus par tous les deux (art. 158 cbn
art. 148 et 149). Mais si après la majorité fixée par
l'art. 148 l'enfant recouvre son indépendance quant
au mariage, il ne peut prendre aucune décision
avant de s'être éclairé des avis de l'expérience paternelle. Si les père et mère consultés ne témoignent
pas par leur consentement donné lors de la célébration, que leur avis est favorable, la loi a organisé
certaines formalités destinées à contater qu'il leur
a réellement été demandé conseil : nous voulons
parler des actes respectueux. On appelle ainsi un
acte authentique rédigé par deux notaires ou par
un notaire assisté de deux témoins, dans lequel
l'enfant demande à ses parents en termes respectueux de vouloir bien consentir à son mariage. Cet
acte doit être notifié aux parents en personne par
le notaire, et un procès-verbal rédigé dans la forme
ordinaire des actes notariés doit être dressé pour
mentionner leur réponse. Si le père ou la mère re-
fusent de consentir, les fils qui n'auraient pas leur
trentième année et les filles leur vingt-cinquième,
sont tenus de renouveler deux autres fois l'acte
respectueux, qu'ils auraient fait une première fois
sans succès; et chacun de ces actes doit être séparé
par un mois d'intervalle. Mais après l'âge que nous

venons d'indiquer un seul acte respectueux suffit. Dans tous les cas le mariage ne peut être célébré qu'après qu'il s'est écoulé un mois depuis la notification soit du troisième acte respectueux soit de l'acte unique, suivant la distinction qui vient d'être faite (art. 158 cbn art. 151-156).

Mais la loi n'a pas attaché à ces dispositions la sanction de la nullité du mariage, tout le monde reconnait que l'omission ou la nullité des actes respectueux constitue un empêchement simplement prohibitif. L'ancien droit permettait aux parents d'exhéréder les enfants qui avaient contracté mariage sans prendre leur conseil (1) mais cette sanction n'a pas été reproduite dans le Code civil. L'art. 159 se borne à prononcer un emprisonnement d'un mois au moins et une amende de trois cents francs au plus contre l'officier de l'état civil qui a procédé au mariage, sans qu'il y ait eu notification de l'acte ou de trois actes respectueux exigés par la loi. Une autre sanction plus efficace se trouve dans le droit d'opposition accordé aux père et mère non consultés, et grâce auquel ils ont le pouvoir d'arrêter la célébration du mariage, tant que les formalités prescrites par la loi n'ont pas été régulièrement observées.

L'enfant naturel qui voudrait se donner en adoption doit requérir aussi le conseil de ses père et mère

____

(1) Pothier, *Traité du contrat de mariage*, n° 341.

suivant la règle établie à propos du mariage (art. 158 cbn 346). Nous ferons observer seulement que dans ce cas le conseil des parents est exigé pour tous les enfants, sans distinction de sexe, à partir de l'âge de vingt-cinq ans; l'acte respectueux n'a pas besoin d'être renouvelé quand même l'enfant serait mineur de trente ans.

§ 2. *De l'obligation alimentaire.*

Le Code ne dit nulle part que les père et mère naturels soient tenus de fournir des aliments à leurs enfants dans le besoin : cependant personne n'a songé à contester l'existence de cette obligation. Elle était déjà proclamée énergiquement par le droit romain, par le droit canonique, et par les dispositions de nos anciennes coutumes; il serait inadmissible que le Code civil qui a poussé la bienveillance envers les enfants naturels jusqu'à leur accorder des droits de succession assez considérables, leur eût refusé la faculté de réclamer les aliments dont ils ont besoin pour vivre. On fait remarquer avec raison que ce droit se trouve implicitement sanctionné par les dispositions qui attribuent à ces enfants la qualité de réservataires; car la réserve n'est en réalité que l'acquittement par la succession d'une dette alimentaires dont le défunt était grevé durant sa vie. On

peut encore invoquer les art. 762 à 764 qui, permettant aux enfants adultérins ou incestueux
d'exiger des aliments dans la succession de leurs
père et mère décédés, leur donnent *à fortiori* le droit
d'en réclamer durant la vie de ces père et mère ; or
la loi n'a pas pu refuser aux enfants nés de personnes libres une prérogative qu'elle attribue à
ceux qui sont issus de l'adultère ou de l'inceste. Il
est inutile d'insister sur ce point : si les interprètes
ne sont pas d'accord sur la valeur des arguments à
présenter, tous acceptent cette solution, et nous
pourrions redire encore avec Loiseau qu'il n'est pas
un auteur, il n'est pas un tribunal ni une cour, qui
ait prononcé dans un sens contraire (1).

Parmi les divers monuments de jurisprudence,
on nous permettra de reproduire les principaux
considérants d'un arrêt rendu récemment par la
Cour de Toulouse, et parfaitement motivé :

« Attendu que l'obligation de fournir des ali-
» ments à des enfants dérive du fait même de la
» paternité ; que, par rapport à cette obligation, la
» reconnaissance d'un enfant naturel met celui qui
» l'a faite sur la même ligne que le père légitime ;
» qu'en effet les contrats obligent non-seulement à
» ce qui est exprimé, mais encore à toutes les sui-
» tes que l'équité, l'usage ou la loi donnent à l'obli-

---

(1) Loiseau, p. 553. — Delvincourt, 1, p. 221. — Duranton, 11, n° 377. —
Marcadé, art. 203, n° 3. — Demante, Cours 1, 283 bis, IV. — Aubry et
Rau. 1, § 571, n° 2. — Morelot, p. 413.

» gation d'après sa nature (art. 1135); que la dette
» alimentaire étant une charge naturelle de la pa-
» ternité, celui qui en fait l'aveu régulier a néces-
» sairement contracté cette dette envers les enfants
» reconnus par lui, etc. (1). »

La dette alimentaire ainsi que le dit la Cour de Toulouse est une conséquence directe à la reconnaissance, elle existe dès que la filiation est légalement établie, et indépendamment de toute convention à cet égard. Mais nous croyons qu'il est indispensable que la filiation soit juridiquement prouvée soit au moyen d'une reconnaissance volontaire, soit par une reconnaissance forcée. Il s'est élevée à ce propos une célèbre controverse, sur le point de savoir si une reconnaissance sous seing privé serait pour l'enfant qui en est l'objet un titre suffisant à des secours alimentaires.

L'affirmative soutenue par Delvincourt (2) et Proudhon (3) a été longuement développée par M. Morelot (4). Sans nous arrêter à la discussion de tous les arguments émis de part et d'autres nous devons dire un mot des principales objections présentées par ce dernier auteur. M. Morelot com-

---

(1) Toulouse, 25 juillet 1863.—Sir. 64, 2, 137.—Cf. Req. 16 nov. 1808. — Sir. 2. 1, 601. — Req. 27 août 1811. — Sir. 12, 1, 13. — Bordeaux. 22 février 1851. — Sir. 51, 2, 491. — Paris, 9 mars 1860. — Sir. 60, 2, 148. — Pau, 17 mai 1863. — Sir. 64, 2, 141.
(2) *Cours de Code civil*, I, p. 239 et 240.
(3) *Traité de l'état des personnes*, II, p. 174 à 178.
(4) *Op. cit.*, p. 123-454.

mence par établir qu'une reconnaissance par acte
sous seing privé suffît pour conférer une créance
alimentaire aux enfants adultérins et incestueux, et
il en donne cette singulière raison que par cela seul
que le Code civil défend de reconnaître authentiquement les enfants adultères ou incestueux, il
permet de les reconnaître par des actes sous seing
privé. Ce point de départ une fois admis, il est facile d'en conclure par *a fortiori* qu'une reconnaissance sous seing privé doit suffire pour faire obtenir aux bâtards simples des secours qu'elle assure
aux bâtards adultérins ou incestueux ; car comment supposer que la loi ait voulu se montrer
moins facile pour ceux-là qu'elle ne l'était pour
ceux-ci ? Pour réfuter toute cette argumentation, il
suffît de répondre qu'elle s'appuie sur une théorie
tout-à-fait arbitraire et même absolument érronée.
Cette validité de la reconnaissance des enfants
adultérins ou incestueux, que la Cour de Nancy a
cru devoir admettre en 1816 a été victorieusement
réfutée par tous les auteurs, et MM. Aubry et Rau
ont dit avec juste raison que c'était le plus irra-
tionnel de tous les systèmes proposés pour concilier les art. 335 et 762 (1).

Le principal argument de M. Morelot consiste à
dire que c'est une loi naturelle supérieure au droit
positif qui oblige le père à nourrir ses enfants ; il y

(1) Aubry et Rau, VI, § 572, note 13.

a là pour tout homme un devoir sacré, dont aucune loi civile ne saurait l'affranchir, et c'est ici le lieu d'appliquer la parole de Bossuet : « Il n'y a pas de droit contre le droit. » Nous croyons qu'un pareil système d'interprétation ne tend à rien moins qu'à détruire et à abroger toute loi écrite ; en mettant en jeu certains principes de droit naturel plus ou moins bien établis, on arrivera facilement à écarter les textes les plus précis et les plus catégoriques. D'ailleurs l'argument ainsi présenté nous paraît se réduire à un cercle vicieux. Nous admettons que le seul fait de la paternité impose au père l'obligation de fournir des aliments ; il est impossible comme le dit Proudhon, que la paternité soit constante et que la créance ne le soit pas ; mais nos adversaires se gardent bien d'établir directement que la paternité est prouvée dans le cas qui nous occupe. Ils supposent admis que la paternité existe, et de là ils concluent à l'existence de l'obligation naturelle ; ils s'appuient ensuite sur cette prétendue obligation pour montrer combien il serait injuste qu'un acte sous seing privé ne suffît pas à rendre la paternité certaine. Au cours de son argumentation M. Morelot se décerne un facile triomphe en réfutant ce qu'il appelle le ridicule axiome de la paternité indivisible : nous sommes complétement d'accord avec lui sur ce point, et nous reconnaissons que l'indivisibilité de la paternité n'entraîne nullement l'indivisibilité des droits et obligations qui en dérivent.

La question est bien plus délicate lorsqu'un père

qui a reconnu son fils par un acte sous seing privé, a pris dans le même acte l'engagement spécial de pourvoir à ses besoins. De graves auteurs soutiennent que cette promesse doit s'exécuter ; elle est valable en la forme et au fond puisqu'elle a pour cause l'acquittement d'une obligation de conscience. La jurisprudence paraît se prononcer en ce sens. Nous croyons néanmoins qu'un pareil engagement devrait être annulé comme contracté sans cause ou pour fausse cause, car en réalité la véritable cause de l'obligation civile c'est la filiation naturelle, or tant que la filiation n'est pas prouvée légalement c'est-à-dire au moyen d'un acte authentique elle est inexistante, dès lors elle ne peut servir de cause à une obligation juridique (1).

Lorsque l'enfant a été reconnu à la fois par son père et par sa mère, si tous les deux sont également en état de pourvoir à cette obligation, ils sont tenus d'y contribuer par égale part. On décidait jadis que ce devoir incombait principalement au père, et que la mère ne devait être regardée que comme obligée subsidiairement ; en conséquence on lui donnait un recours intégral sur les biens du père, pour répéter ce qu'elle avait fourni. Mais nous avons mentionné ailleurs le changement qui s'opéra sur ce point au cours du XVIIIe siècle ; il était admis dans le der-

(1) Démolombe, V, n° 423. — Contra, Aubry et Rau, VI, § 568 ter, p. 175, note 10.

nier état de l'ancienne jurisprudence que la dette étant égale entre les deux auteurs, ils devaient être condamnés à l'acquitter conjointement. Telle est la solution qu'on doit encore donner aujourd'hui. Elle est d'ailleurs conforme à ce principe généralement reçu que la dette alimentaire doit se répartir entre les divers obligés par analogie des règles concernant le partage des successions. Mais, nous le répétons, cette contribution par égale part suppose que les deux auteurs sont également riches ; car il ne faut pas perdre de vue que c'est la fortune personnelle du débiteur qui doit être pour le juge le premier élément d'appréciation (art. 208).

Il résulte de cette solution, que la mère qui aurait seule fourni à l'entretien de l'enfant, pourrait recourir contre le père pour lui demander au moins en partie le remboursement des dépenses qu'elle aurait faites : et il a été jugé, avec raison par la Cour de Toulouse, dans l'arrêt précité, qu'il n'est nullement nécessaire pour que son action soit recevable qu'elle ait la qualité de tutrice légale ; car elle agit, non pas au nom de l'enfant, mais en son nom personnel et en vertu d'un droit à elle propre, comme tout co-débiteur qui aurait acquitté en totalité une dette dont il n'est tenu que pour partie.

Supposons qu'un seul des deux auteurs, la mère par exemple a reconnu l'enfant et l'a entretenu à ses frais depuis le jour de la naissance : le père ne le reconnaît qu'à une époque postérieure. Dans ce cas permettrons-nous à la mère d'exercer son re-

cours, pour les aliments fournis antérieure ment à la
reconnaissance du père, ou seulement pour ceux
qu'elle a fournis à partir de cette reconnaissance?
Nous croyons que le père sera tenu de rembourser
la somme afférente à sa part contributoire, même
pour l'époque antérieure à l'acte dans lequel il a
avoué sa paternité. On pourrait objecter que le
lien de parenté étant légalement inexistant jusqu'au jour de la reconnaissance, l'enfant est demeuré jusqu'à ce jour sans père connu ; dès lors
c'est sur la mère seule que doivent peser les frais
de son entretien et de son éducation. Mais pour
justifier notre solution, il nous suffira de faire
observer que, en réalité c'est dans le fait même de
la paternité et non dans l'acte de reconnaissance
que se trouve la cause directe et principale de l'o-
bligation alimentaire. La reconnaissance intervient
uniquement pour constater la paternité, mais elle
la constate dans le passé aussi bien que pour l'avenir ; car il répugne à la raison de supposer une paternité qui serait postérieure à l'époque où l'enfant
est venu au monde. S'il est évident que la filiation
existe dès le moment même de la naissance, pourquoi les obligations qui sont un effet immédiat et
inséparable de cette filiation, ne se produiraient-
elles pas dès ce moment? Cette décision nous paraît
en outre la plus conforme à la morale et à l'équité,
car il serait souverainement injuste de laisser peser
sur la mère seule les conséquences pécuniaires d'une
faute dont elle n'a été que complice.

Le père et la mère sont tenus tous les deux ; mais nous verrons tout à l'heure qu'on ne pourrait pas prononcer contre eux une condamnation solidaire.

En principe l'objet de la dette alimentaire consiste en une somme d'argent, que le débiteur doit payer au créancier, afin de lui assurer les aliments dont il a besoin, et sous ce mot on comprend non-seulement, la nourriture mais encore tout ce qui est nécessaire pour vivre, comme le vêtement, l'habitation, les remèdes en cas de maladie. Le chiffre de cette somme est fixé par le juge suivant une appréciation basée à la fois sur les besoins du créancier et sur les ressources du débiteur (art. 208). Par exception l'art. 211 permet aux père et mère légitimes de se décharger de l'obligation de payer une pension à leur enfant, en offrant de le recevoir chez eux et de le nourrir et entretenir dans leur demeure. Cette faveur doit être étendue, croyons-nous aux père et mère naturels ; en effet l'enfant leur doit des égards et de la déférence, il ne saurait y avoir rien d'humiliant pour lui à recevoir l'hospitalité. Toutefois nous devons ajouter, pour parer aux inconvénients pratiques qui pourraient résulter de cette solution, que cette offre de vie commune ne devra être admise par le juge qu'en connaissance de cause. Les magistrats auront toujours le droit de la rejeter, s'ils ont juste sujet de craindre que l'enfant soit exposé à de mauvais traitements dans la maison paternelle ; ils devront surtout se préoc-

cuper qu'il n'y reçoive pas de fâcheux exemples.
Cette appréciation souveraine des tribunaux est
admise lorsqu'il s'agit des enfants légitimes (1), elle
doit l'être à *fortiori* dans le cas qui nous occupe.

Faisons observer que ce n'est qu'autant que les
enfants dont nous parlons n'ont pas de descendants, soit légitimes soit même naturels, en état
de leur fournir des aliments, qu'ils peuvent en réclamer de leurs père et mère (arg. art. 765). Nous dé-
velopperons bientôt le principe d'où découle cette
solution.

L'art. 1558 2° permet à la femme d'aliéner ses
biens dotaux avec autorisation de justice, pour
fournir des aliments à la famille dans les cas pré-
vus par les art. 205, 206 et 207 au titre du mariage.
On s'est demandé si cette disposition devait être
étendue au cas où il s'agissait d'enfants naturels, et
si on devait permettre à ces enfants de faire saisir
les biens dotaux de leur mère. La Cour de Paris a
décidé que l'enfant naturel ne pourrait exercer son
droit aux aliments que sur les biens paraphernaux
de sa mère (2), et cette solution est approuvée par
de graves autorités (3) ; néanmoins nous préférerions l'opinion contraire. L'arrêt se fonde sur ce

(1) Demolombe, IV, n° 59.
(2) Pau, 18 mai 1863. — Sir. 64, 2, 140.
(3) Serizlat, *Régime dotal*, n° 168. — Aubry et Rau, V, § 537, n° 6,
lettre a et note 118. — D'après Rodière et Pont (III n° 1793), les enfants
naturels peuvent saisir la nue propriété des biens dotaux de leur
mère, mais la jouissance du mari doit être réservée.

que les exceptions sont de droit étroit, et sur ce que
l'art. 1558 renvoie à certains articles dans lesquels
il n'est question que de la famille légitime. Mais il
nous parait évident que cette interprétation littérale est contraire à l'esprit de la loi; si on admet
en effet que la dette d'aliments existe entre les père
et mère naturels et leurs enfants, il faut bien reconnaître que cette dette est consacrée au moins
implicitement par les art. 208 et suivants. L'article 1558, en disant que ces biens peuvent être
aliénés pour nourrir la famille emploie une expression générique qui comprend aussi bien la famille
naturelle que la famille légitime; le renvoi qu'il
fait aux articles 203 et suivants n'a pas pour but
de restreindre la portée de ce mot la famille, il est
uniquement destiné à exprimer que la faculté
accordée à la femme d'aliéner ses biens dotaux
n'existe qu'autant que celui auquel elle doit des
aliments est son parent ou son allié au degré déterminé par les art. 203 et suivants.

La réciprocité est le caractère distinctif de l'obligation alimentaire (art. 207); il en résulte que de
leur côté les enfants naturels sont tenus de fournir
des aliments à leurs père et mère tombés dans le
besoin. Cette déduction a été admise à peu près
unanimement par les commentateurs; tous ont
pensé qu'il était équitable qu'au droit d'exiger des
secours correspondit en même temps l'obligation
de les fournir : c'est là du reste une idée tradition-
nelle, elle était admise déjà par le droit romain

d'où elle avait passé dans notre ancienne jurisprudence. M. Morelot appuie cette solution sur le droit de réserve qu'il reconnaît aux parents naturels dans la succession de leurs enfants ; mais c'est là une prémisse fort contestable, et nous croyons qu'il serait dangereux d'asseoir sur une base auss fragile la doctrine que nous professons. A notre avis il suffit d'invoquer le principe formulé par l'art. 207 et proclamé en termes exprès lors de la discussion au conseil d'Etat, à savoir que l'obligation alimentaire est essentiellement réciproque.

Il nous reste à examiner plusieurs questions sur ce point. Au cas où il existe plusieurs enfants naturels, la dette doit se répartir entre eux par égales partis, à supposer qu'ils soient également riches ; sinon chacun en sera tenu en proportion de ses ressources personnelles. Mais cette obligation est-elle solidaire ? Le père ou la mère peuvent-ils à leur choix poursuivre un des enfants et obtenir contre lui une condamnation pour le tout, sauf son recours contre ses codébiteurs ? Telle elle était la doctrine admise dans l'ancien droit. « Cette dette est solidaire, disait Pothier, lorsque chacun des enfants a le moyen de payer toute la pension ; car chaque enfant considéré seul, lorsqu'il en a le moyen est obligé de fournir à son père tout ce qui lui est nécessaire pour vivre, et non pas seulement une partie de ce qui lui est nécessaire (1). »

____

1. Pothier, *Contrat de mariage*, n° 391.

L'opinion de Pothier a été suivie de nos jours par de célèbres interprètes, notamment par Delvincourt, Toullier et Proudhon(1). Suivant une autre opinion qui se rapproche beaucoup de celle-là, la dette alimentaire serait simplement indivisible: chacun des codébiteurs pourrait être actionné pour le tout mais il aurait la faculté de mettre les autres en cause, afin de faire diviser entre eux la condamnation. Il y a, dit-on, indivisibilité *solutione*: en effet, l'obligation doit-être remplie de manière que le but de la loi soit atteint, comme la somme fixée pour les aliments est nécessaire aux besoins de celui qui les a obtenus, et qu'on ne peut faire vivre quelqu'un en partie, il s'ensuit que l'obligation de fournir des aliments n'est pas susceptible d'exécution partielle.

Mais les plus récents commentateurs ont rejeté avec raison cette double théorie. Il est d'abord inexact de dire que l'obligation alimentaire est indivisible dans son objet, car ainsi que le faisait remarquer Dumoulin, le guide habituel de nos législateurs en cette matière, s'il est vrai que l'on ne peut vivre pour partie, cela n'empêche pas que les aliments ne soient en eux-mêmes une chose très-divisible en ce sens que la pension alimentaire peut être payée pour partie par plusieurs personnes. La fameuse maxime : *nemo potest pro parte vivere,*

_____

(1) Delvincourt, I, p. 87, note 5. — Toullier, II, n° 613. — Proudhon, *État des personnes*, I, p. 449.

n'est ici en réalité qu'un jeu de mots; car elle suppose que si l'on retranche au créancier la moindre
portion de ce qui lui est dû, il cessera de vivre.
Dans une foule de cas on dira qu'il vit plus ou moins
bien, dans une aisance plus ou moins grande, suivant la manière dont chaque débiteur remplit son
obligation (M. Valette).

La doctrine de la solidarité doit être également
rejetée. En effet, d'après l'art. 1202, une dette ne
peut être solidaire qu'en vertu d'une convention
expresse ou d'une disposition formelle de la loi. Or
cette prétendue solidarité n'est écrite dans aucun
texte du Code, et elle ne saurait résulter de la convention, puisqu'il s'agit ici d'une obligation légale.

Néanmoins la plupart des auteurs et des arrêts
ajoutent aussitôt une importante restriction : alors
même que tous les débiteurs sont également solvables, le juge peut, eu égard aux circonstances et
utilitatis causâ, condamner l'un d'eux au payement
intégral de la pension, sauf son recours contre les
autres. En effet, dit-on, le seul texte qui limite sur
ce point le pouvoir souverain d'appréciation que la
loi reconnaît aux magistrats est l'art. 208; cet article demande que la condamnation prononcée soit
en rapport avec la fortune personnelle de celui qui
la subit. C'est là la seule question tranchée par le
législateur, toutes les autres sont abandonnées à
l'arbitraire des tribunaux. Cette théorie est formulée dans les termes suivants par la cour de Pau :
« Attendu qu'il n'existe aucune disposition expresse

» de la loi qui imprime le caractère de solidarité à
» l'obligation alimentaire — que toutefois, comme
» la seule règle à suivre par les tribunaux est d'ac-
» corder des aliments dans la proportion du besoin
» de celui qui les réclame et de la fortune de celui
» qui les doit, rien ne s'oppose à ce que l'un des
» débiteurs soit condamné à les acquitter en totalité
» à défaut des autres, sauf son recours contre eux
» pour la part mise à leur charge, etc (1). »

Mais en réalité cette restriction n'est que la re-
production sous une autre forme de l'ancienne doctrine de Pothier. Aussi croyons-nous qu'il est impossible de la justifier en droit. Si la dette n'est pas
solidaire en vertu de la loi, le juge ne peut, sans
excès de pouvoir, lui imprimer un pareil caractère.
Dira-t-on avec Demante que l'expression de la solidarité dans le dispositif du jugement est l'équiva-
lent de la stipulation de solidarité dans un contrat?
Mais alors on crée contrairement au texte même de
la loi une troisième cause de solidarité, et rien n'autorise de la part de l'interprète une pareille tentative. On allègue que le jugement est à l'abri de
toute censure juridique, pourvu qu'il respecte l'article 208; mais nous croyons précisément que l'article 208 est violé dans l'espèce, au moins dans son
esprit. Car du moment qu'on se trouve en pré-

(1) Pau, 26 décembre 1866. — Dalloz, 67, 2. 197. — Cf. Demolombe,
IV, n° 63. — Demante, *Cours*, I, 292 bis II. — Morelot. p. 470.— Valette,
Code civil, I, p. 320 et 321.

sence de plusieurs débiteurs également solvables, comme nous le supposons, si un d'entre eux est condamné à faire l'avance d'une somme que les autres sont obligés de payer aussi bien que lui, ne peut-on pas dire qu'il a été condamné au delà de ses moyens, en appréciant ces moyens en égard à la situation qui lui est faite par la présence des autres codébiteurs.

Lorsqu'il existe à la fois des enfants naturels et des enfants légitimes, tous également aisés, comment répartirons-nous entre eux la dette alimentaire dont chacun est tenu envers les père et mère? Cette obligation pèse-t-elle sur tous les concurrents, ou les premiers n'en sont-ils tenus que subsidairement et à défaut de seconds? On décide en général qu'ils sont obligés concurremment. Pothier enseignait que les enfants naturels ne doivent être astreints à fournir des aliments à leurs père et mère, que lorsque ceux-ci n'ont pas des enfants légitimes, qui soient en état de leur en fournir (1). Cette opinion a été soutenue de nos jours, par un sentiment de convenance. « Il faut éviter, a-t-on dit, de mettre en présence les enfants d'un coupable concubinage et ceux d'une union sainte et honorée, et on ne doit pas appeler, à moins d'une impérieuse nécessité, des bâtards à l'acquittement d'une pieuse dette, au devant de laquelle doivent courir des en-

_____
(1) Pothier, *Contrat de mariage*, n° 395.

fants bien nés (1). » Ces considérations ne nous paraissent pas décisives, nous croyons qu'il est bien
plus logique d'observer en cette matière l'ordre établi pour la dévolution et le partage de l'hérédité.
En effet, c'est d'après l'affection présumée, basée
sur la proximité du degré de parenté, que les successions sont dévolues ; il faut donc tenir compte
de ces mêmes liens d'affection lorsqu'il s'agit de répartir la dette alimentaire. D'ailleurs la maxime
Ubi emolumentum ibi onus exige que chacun soit
tenu de subir les charges de la parenté, dans la
mesure où il a espoir d'en recueillir un jour les
avantages. L'application de ce principe nous conduit à décider que le père ou la mère qui a à la fois
des enfants légitimes et des enfants naturels ne peut
demander à chacun de ceux-ci, toutes choses égales
d'ailleurs, à titre de pension alimentaire, que le tiers
de la somme qu'il est en droit d'exiger de chacun
des premiers (2).

Mais que décider dans le cas où nous trouvons
en présence plusieurs débiteurs qui n'appartiennent pas à la même catégorie de successibles ?
Supposons une personne qui a un enfant naturel
et un ascendant légitime : nous devrions admettre, en vertu du principe posé, que l'enfant naturel sera tenu pour une moitié et l'ascendant pour

<hr>

(1) Morelot, *op. cit.* p. 470.
(2) Demolombe, IV, n°° 32 et s. — Oudot, p. 480. — Aubry et Rau V,
VI, § 571, p. 215.

l'autre moitié (art. 757); telle est la solution donnée par MM. Aubry et Rau. Cependant nous inclinerions à penser que les descendants même naturels, sont tenus en premier lieu avant les ascendants : car nous verrions ici dans la dette alimentaire une sorte de compensation aux soins que l'enfant a reçus durant sa minorité. Si nous devons dans la plupart des cas nous guider par analogie des règles relatives au partage des successions, cette analogie n'est écrite nulle part dans la loi ; dès lors nous croyons avoir le droit de nous en écarter lorsque des considérations particulières nous y déterminent.

L'obligation alimentaire fondée sur des rapports de parenté légitime n'est pas restreinte aux seuls parents ; elle s'étend encore aux alliés en ligne directe au premier degré (art. 206). Doit-on appliquer cette solution à l'alliance dans la filiation naturelle, et doit-on voir dans le mari d'une fille naturelle reconnue par sa mère un gendre ou un quasi-gendre de celle-ci ? La Cour de Paris s'est prononcée pour l'affirmative (1) et nous approuvons cette décision, car les motifs qui ont conduit le législateur à faire peser l'obligation alimentaire sur le conjoint du descendant sont indépendants du caractère de la filiation. La loi a pensé que le mariage en associant la destinée des époux doit

(1) Paris, 28 mars 1840. — Sir. 40, 2, 425.

les associer aux mêmes devoirs d'affection et d'assistance, en sorte que l'un deux ne puisse être tenu d'une dette alimentaire par l'effet de la parenté, sans que son conjoint soit aussitôt tenu de la même dette par l'effet de l'alliance. Nous croyons donc qu'il faut appliquer l'art. 206 à l'alliance dérivant de la parenté naturelle ; ainsi, tant que les enfants issus du mariage existent encore, l'époux survivant est tenu de fournir des aliments au père et à la mère naturels de son conjoint prédécédé.

On s'est demandé souvent si l'obligation alimentaire qui existe entre les père mère et leur fils naturel devait être étendue entre ascendants et descendants ; quelques auteurs se prononcent pour la négative d'une manière absolue (1). D'autres font une distinction, et admettent qu'un ascendant est obligé de fournir des aliments au fils légitime de son fils naturel mais non pas au fils naturel de celui-ci (2). Nous discuterons la question dans notre deuxième partie ; nous nous bornons à dire que nous repoussons ces deux solutions et que l'obligation alimentaire entre ascendants et descendants résulte à notre avis de la parenté naturelle aussi bien que de la parenté légitime.

La combinaison de l'art. 337 avec les principes que nous venons d'exposer touchant la dette ali-

---

(1) Aubry et Rau, VI, § 567, n° 3.
(2) Loiseau, p. 559. — Demolombe. IV, n°s 20 et 21,, V. n°s 550 et 551. Oudot, p. 473.

mentaire soulève une question fort délicate sur laquelle nous devons nous arrêter un instant. Si un époux a reconnu au cours du mariage un enfant naturel qu'il a eu auparavant, d'un autre que de son conjoint, l'art. 337 dispose que cette reconnaissance ne pourra nuire ni à l'autre époux ni au enfants nés du mariage. La loi n'annule pas la reconnaissance, elle se contente de la frapper d'une inefficacité relative, en tant qu'elle pourrait préjudicier aux intérêts pécuniaires du conjoint ou des enfants légitimes. Ainsi il est certain que l'enfant naturel reconnu dans ces conditions ne peut exercer aucun des droits héréditaires qui lui sont attribués par les art. 757 et 758; mais lui refusera-t-on aussi le droit de réclamer des aliments au père ou à la mère qui l'ont reconnu? Marcadé enseigne que cet enfant aura toujours droit aux aliments, car dit-il, ce droit n'est pas considéré comme ayant un caractère pécuniaire. La loi s'est proposée uniquement d'enlever tout droit successif aux enfant naturels; or la créance alimentaire n'est pas un droit de successibilité; quoique les nfants adultérins ou incestrueux n'aient aucun droit à la succession, ils ont cette créance, à plus forte raison doit-elle appartenir à l'enfant dont parle notre article (1). Cette doctrine conduit en

(1) Marcadé, II, art. 337, n° 2. — Cf. Valette, Code civil, I, p. 45 note 1.

pratique à des résultats fort équitables, et nous serions heureux de la trouver consacrée par le législateur mais il nous paraît absolument impossible d'admettre que dans la théorie de la loi le droit aux aliments n'est pas un droit pécunaire.

Pour concilier les exigences de la nature avec les dispositions du Code, la plupart des interprètes ont été amenés à formuler la distinction suivante. Toutes les fois que la personne qui a reconnu un enfant naturel dans les circonstances prévues par l'art. 337 a personnellement la jouissance de tout ou partie de ses biens, elle aura le droit et par suite le devoir de fournir des aliments à son enfant sur ces biens, car alors le conjoint et les enfants légitimes ne peuvent pas se plaindre qu'on les prive de revenus dont il ne leur est pas dû compte. Ainsi le père sera obligé de nourrir son enfant non-seulement sur ses biens personnels, mais encore sur les biens de la communauté, car il a la faculté des dissiper ces biens, à plus forte raison doit-il pouvoir en disposer pour acquitter une obligation qu'il considére comme une dette de conscience. Il peut même employer à eette fin les revenus des biens de sa femme. dans les cas où la loi lui en donne la jouissance, par exemple dans le cas de communauté (art. 1401), de régime dotal (1549) ou de régime exclusif de communauté (1530). Quant à la mère, le payement de la pension ne peut-être poursuivi que sur les biens dont elle conserve l'administration et la jouissance, c'est-à-dire sur tout son patrimoine dans le cas de séparation de biens (1536) et sur ses biens paraphernaux dans le cas de régime dotal (1570) (1). Cette solution ne nous paraît pas irréprochable au point de vue doctrinal : car il nous semble évident qu'on ne peut reconnaître aux enfants naturels le droit d'exiger des aliments, sans diminuer d'autant le patrimoine du père ou de la mère, au préjudice des enfants légitimes, c'est-à-dire sans heurter directement le texte même de la loi. Quant à l'argument tiré de ce que le père ou la mère dont nous parlons ayant la libre disposition de leurs biens peuvent en faire l'usage qui leur convient, il nous paraît facile d'y répondre. C'est précisément pour entraver cette liberté de disposition dont jouissent les parents que l'art. 337 leur défend d'en user au profit des enfants naturels. Les auteurs précités reconnaissent eux-mêmes que le père ou la mère ne pouraient pas disposer par donation ou testament, même sur la quotité disponible, au profit de l'enfant naturel, ce serait sacrifier le droit de la postérité légitime. Or la loi ne fait à cet égard aucune distinction ; toute libéralité adressée à cet enfant est défendu, qu'elle soit faite à titre de pension alimentaire ou autrement ; en réalité la doctrine que nous venons d'exposer revient

(1) Loiseau, p. 435. — Demolombe V, n° 472. — Aubry et Rau VI, § 568 *quater*, p. 185.

donc à dire que les parents sont maîtres d'employer leurs revenus à un usage prohibé par la loi.

La question s'est présentée naguère en jurisprudence dans les termes suivants : Une femme mariée sous le régime de la communauté ayant reconnu un fils naturel au cours du mariage, prétendait que la dette alimentaire dont elle était tenue envers lui devait tomber au communauté en vertu des art. 1409 et 1410. La Cour de Paris (1) admit cette prétention, en se fondant sur ce que les principes généraux du Code font entrer dans la communauté les dettes mobilières personnelles à la femme, dès qu'elles ont date certaine antérieure au mariage, ce qui n'est pas contestable dans l'espèce, puisque la dette résulte du fait même de la maternité constatée rétroactivement par la reconnaissance. Mais une pareille théorie ne pouait pas prévoloir ; l'arrêt vivement critiqué par la doctrine (2) fut cassé par la Cour suprême. L'arrêt de Cassation proclame avec raison que cette dette ne doit pas tomber en communauté. « Attendu que les principes généraux relatifs aux dettes et charges de la communauté sont sans application, puisqu'il est précisément dérogé à ces principes par la disposition spéciale de l'an 337, qui ne permet

<hr>

(1) Paris, 9 mars 1860. — Sir. 61. 2. 237.
(2) Observation de M. Rodière au *Journal du Palais*, année 1851. p. 963 et 964.

pas de confondre la dette exceptionnelle dont il s'agit avec les dettes ordinaires de la femme, pour lesquelles les art. 1409 et 1410 ont disposé » (1).

Signalons, en terminant, quelques particularités que présente la dette alimentaire dans tous les cas où elle existe, qu'elle dérive de la parenté légitime ou de la parenté naturelle. La pension allouée à titre d'aliments ne peut être l'objet ni d'une compensation, ni d'une saisie (art. 1293 3°C. civ. —581 2° C. pr.); celui qui y a droit ne peut pas y renoncer à l'avance, car elle est destinée à assurer son existence et nul n'a le droit de renoncer à la vie. Cette obligation est encore remarquable en ce qu'elle n'est pas transmissible héréditairement ; c'est là un point qui demande quelques explications. D'abord, si on se place au point de vue actif, il est évident que la créance a un caractère personnel et viager, et qu'elle est éteinte par la mort du créancier. Au point de vue passif, il nous paraît également certain malgré les dénégations de quelques jurisconsultes, que, lorsqu'une personne tenue éventuellement de l'obligation alimentaire est morte sans avoir été soumise à une action de ce chef, ses héritiers ne sauraient être tenus à ce titre. Mais si la dette existait au moment du décès, par exemple, si elle avait été formellement reconnue par une convention ou par un jugement, les héritiers seront-ils désormais

(1) Cass., 16 décembre 1861. — Sir. 62, 1. 420. — Aubry et Rau, V. § 508, p. 324, note 40.

tenus de l'acquitter au lieu et place de leur auteur?
La question est fort délicate et elle divise les meilleurs jurisconsultes. La jurisprudence semble se
prononcer dans le sens de la négative, et telle serait
aussi notre décision : nous croyons que i'obligation
dont il s'agit adhère exclusivement à la personne du
débiteur, ce n'est pas une dette du patrimoine et on
ne saurait lui appliquer les art. 1122 et 724. Si elle
passait aux héritiers et successeurs du débiteur,
cette obligation serait dénaturée, car elle existerait
entre personnes également étrangères l'une à l'autre, et dans des circonstances où on ne pourrait
plus lui appliquer la loi essentielle de la réciprocité (1).

Dans l'appréciation à laquelle il se livre pour évaluer la somme destinée à subvenir aux besoins des
enfants naturels, le juge devra faire entrer en ligne
de compte la circonstance de l'illégitimité de leur
naissance. En effet tandis que le vœu du législateur
est que les enfants légitimes soient élevés et vivent
autant que possible dans la condition sociale où les
a placés leur naissance, il suffit que l'existence matérielle soit assurée aux enfants naturels. Ainsi le
père qui aura fait apprendre à son fils né hors mariage un métier dont l'exercice lui permette de ga-

(1) Demolombe. IV, n° 40. — Cass., 8 juillet 1857. — Sir. 57, 1, 809.
— Toulouse, 20 mars 1866. — Sir. 66, 2, 235. — Montpellier, 30 mai
1866. — Sir. 66, 2, 364. — *Contra*, Demante, *Cours* I. 291 *bis*, II. —
Aubry et Rau, VI, § 553, note 10.

gner son pain quotidien, aura rempli à cet égard les devoirs de la paternité (arg. art. 764). Le juge devra également, quand il appréciera la fortune du père, se préoccuper de l'existence et du nombre des enfants légitimes (art. 763).

Nous avons enseigné dès le début que la dette alimentaire résulte uniquement du fait de la paternité, alors même que l'acte de naissance ne contiendrait aucune promesse ou stipulation formelle à cet égard. Bien qu'une pareille clause ne soit pas exigée, elle est assez fréquente dans la pratique et nous devons examiner quels en sont les effets. Supposons qu'un individu reconnaît son fils naturel dans un acte authentique (car la promesse contenue dans une reconnaissance sous seing privé devrot être anulée), et lui constitue dans le même acte une rente à titre de pension alimentaire. L'obligation légale s'efface alors et fait place à une obligation conventionnelle dans laquelle elle est pour ainsi dire absorbée. Le contrat devra s'exécuter dans les termes mêmes où il a été conclu; ainsi la pension fixée à forfait ne sera pas soumise aux variations qui pourraient se produire soit dans la fortune du père soit dans les besoins de l'enfant: les arrérages devront être servis aux termes stipulés, sans que l'enfant soit tenu de justifier qu'il se trouve dans le dénûment (1). Mais nous croyons que les garanties légales destinées à

(1) Paris, 20 avril 1840. — Sir. 42, 1, 983.

protéger la dette alimentaire, par exemple l'insaisis
sabilité, et la défense faite au débiteur de se libérer
par voie de compensention, ne sauraient être étendues à la rente ainsi constituée. Il y aurait lieu à
une estimation de la part du juge, pour évaluer la
portion de cette rente qui serait destinée à subvenir aux besoins de l'enfant et à acquitter l'obligation légale : cette portion devrait seule être soumise aux règles protectrices que nous venons de
mentionner.

§ 3. *Du nom des enfants naturels, et autres effets de la filiation naturelle.*

Tous les jurisconsultes s'accordent à admettre
que l'enfant naturel prend le nom de l'auteur par
qui il a été reconnu. Si cette solution ne peut invoquer en sa faveur aucun texte précis, elle trouve sa
confirmation dans 'a tradition historique. Il suffit
de renvoyer à la partie de notre étude relative à
l'ancien droit. Du reste pour écarter l'objection tirée
du silence de la loi, il suffit de remarquer que le
Code est également muet sur ce point, en ce qui concerne les enfants légitimes ; si ces derniers ont le
droit de porter le nom de leurs parents, nous croyons
qu'on peut en conclure par analogie que le même
droit appartient aux enfants naturels ; la transmis-

sion du nom doit être une conséquence de la filiation ; nous ne voyons aucune raison d'en faire l'apanage de la légitimité. Cette solution, dit avec raison M. Demolombe, se fonde sur la nécessité même ; la transmission du nom est le moyen de distinguer et de reconnaître les rapports de filiation. La loi permettant de constater ces rapports et y attachant elle-même des effets juridiques ; il faut bien qu'elle admette le moyen de preuve usuel et populaire qui leur est propre ; sinon on serait obligé de recourir à une périphrase pour désigner l'enfant (1). Pour montrer que législateur a vu là une nécessité sociale, on peut invoquer un décret du 20 juillet 1808 ordonnant à tous les juifs qui jusque-là n'avaient pas eu de nom de famille, d'en adopter un sous peine d'être expulsés de l'empire.

Pour que l'enfant prenne le nom de son auteur, il suffit qu'il ait été reconnu ; il n'est pas nécessaire que ce nom lui soit attribué dans l'acte de reconnaissance. Cet effet de la filiation se produit même dans le cas de l'art. 337 ; l'intérêt que les enfants légitimes peuvent avoir à empêcher qu'un enfant naturel ne porte un nom qu'ils considèrent comme une propriété de famille ne suffit pas à priver ce dernier de ce droit ; l'art. 337 est destiné à garantir seulement les intérêts pécuniaires de la famille légitime.

____

(1) Demolombe, V, n° 543.

Si l'enfant a été reconnu par ses deux auteurs, nous pensons qu'il doit prendre le nom du père, alors même qu'il aurait par suite d'une reconnaissance antérieure de la mère porté pendant quelque temps le nom de famille de celle-ci.

M. Morelot estime que dans ce cas l'enfant naturel doit porter cumulativement le nom du père et de la mère. Car, dit le savant auteur, il y a ici pour les enfants affiliation à deux familles parfaitement distinctes, et ils doivent dès lors justifier par un double nom patronymique des droits également distincts qu'ils ont à exercer dans l'une et dans l'autre (1).

Le bâtard reconnu a-t-il le droit de porter les armes et les titres de noblesse de son père? On pourrait alléguer pour la négative que l'art. 3 de la Charte de 1814 ainsi que le décret du 24 janvier 1852, en rétablissant la noblesse dans le droit de porter ses titres, ont fait revivre à cet égard les anciennes lois de la monarchie; or on sait que les ordonnances de 1600 et 1629 défendaient au bâtard de prendre les armoiries de son père, s'il n'avait obtenu des lettres royales. Néanmoins l'affirmative est professée par les jurisconsultes les plus autorisés (2).

L'art. 161 prohibe le mariage entre tous ascendants et descendants naturels. Une controverse

----

(1) Morelot, pp. 474 et 475.
(2) Demolombe (4e édit.), V, n° 543 bis.

s'est élevée sur le point de savoir si cet empêchement ne peut résulter que de la parenté naturelle légalement constatée. Un individu pourra-t-il épouser la fille naturelle qu'il a reconnue par un acte sous seing privée? Il est facile de soutenir l'affirmative en disant que la reconnaissance sous seing privé étant non avenue aux yeux de la loi, elle ne peut produire aucun effet juridique. Néanmoins nous croyons qu'il faut répondre négativement. La morale et l'honnêteté repoussent énergiquement une union aussi scandaleuse; et la voix de la conscience publique doit être plus forte que tous les textes de loi. Les Romains l'avaient déjà proclamé bien haut : « *In contrahendis matrimoniis maxime pudor inspiciendus est* (1). » Nous irons même plus loin, et, en l'absence de toute reconnaissance, nous prohiberions le mariage entre deux personnes que la notoriété publique désignerait comme issues l'une de l'autre, pourvu qu'il y eût, bien entendu, une série d'indices et de témoignages propres à constituer une véritable possession d'état (2).

Parmi les autres effets de la filiation naturelle, si nous laissons de côté les droits de succession établis par les art. 756 et suiv., il nous reste à signaler pour mémoire quelques dispositions de la loi qui se rattachent à notre sujet par un certain côté, puis-

---

(1) L. 14, § 2, *De ritu nuptiarum*, 23, 2.
(2) *Contra*, Aubry et Rau, VI, § 568 *ter*, p. 176 et note 12. — Cf. Demolombe, III, n° 107.

qu'elles sont une conséquence directe soit du pouvoir de direction qui appartient aux parents sur la personne des enfants, soit des rapports d'affection qui les unissent les uns aux autres. Ainsi la présomption légale d'interposition consacrée par les art. 911 et 1100 relativement aux donations faites aux père et mère ou aux enfants d'une personne incapable, doit être appliquée en matière de filiation naturelle. La jurisprudence se prononce en ce sens (1).

Notons encore l'art. 918 dans lequel la loi, craignant que les parents ne soient entraînés par une affection aveugle à avantager un des enfants au détriment des autres, déjoue les combinaisons au moyen desquelles on chercherait à déguiser de véritables libéralités sous la forme de contrats à titre onéreux. Ainsi nous croyons que si un père ou une mère vendent certains de leurs biens à leur enfant naturel soit à charge de rente viagère, soit à fonds perdu, soit avec réserve d'usufruit, on devra comprendre la valeur en pleine propriété des biens aliénés dans la part attribuée par la loi à cet enfant naturel. Au cas où cette valeur dépasserait la portion qu'il doit recevoir, l'excédant fera retour aux autres successibles, à moins qu'ils n'aient consenti à cette aliénation.

Enfin l'art. 1075 qui permet au père et à la

(1) Paris, 27 avril 1833. Sir. 33, 2, 421.

mère de faire entre leurs enfants et descendants un partage d'ascendants, s'applique évidemment à l'égard des enfants naturels, puisque ces enfants ont la qualité de succesibles. Il s'ensuit que si un enfant naturel n'avait pas été compris dans le partage fait entre les enfants légitimes, cette omission entrainerait l'annulation du partage (art. 1078).

DEUXIÈME PARTIE

RAPPORTS EXISTANT ENTRE LES ENFANTS NATU-
RELS ET LES PARENTS DE LEURS PÈRE ET
MÈRE

Voici tout d'abord la question fondamentale que nous avons à résoudre sur ce point. L'enfant naturel par le fait de la reconnaissance entre-t-il complétement dans la famille ? Devient-il le parent des parents de ses père et mère, soit en ligne directe soit en ligne collatérale ? Reste-t-il au contraire légalement étranger à ces personnes, et sa famille est-elle limitée au père et à la mère qui l'ont reconnu ? Cette dernière solution est devenue presque un axiome dans la doctrine. Voici comment s'expriment sur ce point MM. Aubry et Rau : « Il n'existe entre un » enfant illégitime et les parents ou alliés de ses » père et mère aucun lien légal de parenté ou d'al- » liance, de nature à conférer les avantages atta- » chés à la parenté ou à l'alliance légitimes (1). »

<hr>

(1) Aubry et Rau, VI. § 567, n° 2. — Adde Chabot, *Des successions* sur l'art. 766, n° 1. — Favard, *Répert.* v° *Enf. nat.*, § 4, n° 1. — Demolombe, V, n° 545. — Laurent, IV, n° 20.

On trouve encore ce principe dans les considérants d'un très-grand nombre d'arrêts (1) ; la principale différence entre les enfants légitimes et les enfants naturels, dit-on, c'est que les premiers ont une famille tandis que les seconds n'en ont pas.

Malgré le concours de si imposantes autorités, nous préférerions adopter l'opinion contraire. En effet au point de vue du droit naturel, ce qui unit les membre d'une même famille ce sont les seuls liens du sang ; la parenté se détermine uniquement par la communauté d'origine basée sur le fait de la procréation. Pour que l'enfant fût exclu de la famille, il faudrait donc une disposition spéciale et formelle de la loi : or une pareille disposition ne se rencontre nulle part. En effet la famille telle qu'elle est organisée dans notre droit actuel n'est pas une création arbitraire et artificielle du législateur ; il n'existe rien d'analogue à cette parenté purement civile et en quelque sorte fictive que les Romains appelaient *agnation* : le rôle du législateur français s'est borné à constater et à sanctionner les liens que la nature à établis. Nous trouvons simplement dans le Code certaines prescriptions restreignant les rapports des enfants naturels avec les membres de la famille. Ces restrictions fondées sur le respect dû au mariage et sur l'intérêt social sont assurément fort légitimes : mais elles nous prouvent que la loi re-

(1) Cass. crim., 10 juin 1813. Sir. 17, 1, 43. — Grenoble, 13 janvier 1840. — Sir. 40, 2, 208.

connaît la parenté hors mariage comme une véritable parenté civile, puisqu'elle a cru parfois nécessaire d'en limiter les effets.

On a quelquefois essayé de donner à la solution que nous repoussons l'apparence d'une thèse juridique. Les enfants naturels, a-t-on dit, n'ont de filiation que par la reconnaissance, laquelle résulte toujours d'un acte ou d'un jugement. Or dans le premier cas l'aveu ne peut être opposé qu'à la personne même dont il émane ; dans le second le jugement est sans effet à l'égard de ceux qui n'ont pas été parties dans l'instance. Donc cette filiation ne peut produire que des effets purement relatifs, restreints à celui qui s'en est avoué ou en a été reconnu l'auteur. Mais il est facile de répondre à l'objection. D'abord il est inexact de dire que ces enfants n'ont de filiation que par la reconnaissance ; la reconnaissance ne crée pas la filiation, elle se borne à la constater ; une fois cette constatation opérée, la filiation doit exister avec tous ses effets ordinaires et de droit commun. Nous appliquons ici l'autorité relative de la chose jugée, en ce sens que nous permettons aux membres de la famille qui n'ont pas été mis en cause de soulever de nouveau la question d'état ; nous les déclarons recevables à contester la paternité établie à l'encontre du père ou de la mère ; mais s'ils restent dans l'inaction par l'enfant le bénéfice de l'acte ou du jugement qui a reconnu sa filiation est entré dans la famille *ergà omnes* ; pour l'en exclure au regard de quelques-uns il faut un nouveau jugement. Mais nous avons une réponse plus péremptoire. Il arrive souvent que la filiation légitime repose sur un espèce d'aveu ou sur un jugement. Néanmoins une fois la preuve faite l'enfant entre complétement dans la famille de ses père et mère; nul ne soutient qu'il reste légalement étranger aux ascendants ou aux collatéraux. Or il n'existe aucune raison de distinguer entre les effets d'un jugement selon qu'il constate une filiation légitime ou une filiation naturelle.

Si le rapport légal de parenté existe dans le cas de parenté illégitime, il s'ensuit que le rapport d'alliance doit exister dans la même mesure entre l'époux d'un enfant naturel et les parents de cet enfant. Nous ne traitons pas ici la question de savoir si l'alliance peut résulter du concubinage, nous nous bornons à affirmer que le mariage d'un enfant naturel fait naître un lien d'affinité entre chacun des conjoints et les parents de l'autre époux.

La théorie que nous cherchons à établir ne présente pas à nos yeux un intérêt purement spéculatif; nous en déduisons cette conséquence très-importante que partout où le législateur emploie les mots *parents* ou *alliés*, sans en restreindre la signification, ces expressions doivent s'entendre des parents et alliés naturels aussi bien que des parents et alliés légitimes. Nous réservons bien entendu les cas où la solution contraire dériverait manifestement des motifs même de la disposition qu'il s'agit d'appliquer; mais dans le doute il nous semble que la question doit toujours être tranchée dans le sens extensif que nous proposons.

Examinons d'abord les cas dans lesquels une disposition formelle de la loi a coupé court à toute controverse. Les art. 161 et 162 disent que la parenté produit un empêchement au mariage entre ascendants et descendants, entre frères et sœurs et alliés au même degré soit légitimes soit naturels. Mais l'art. 163 n'étend pas aux oncles et aux nièces, aux tantes et aux neveux, unis seulement par un lien naturel, la prohibition qu'il impose aux parents légitimes au même degré. Nous croyons que c'est avec intention que les législateurs ont omis de parler ici de la parenté naturelle; il est inadmissible qu'au moment où ils venaient de s'en occuper dans les deux articles précédents ils aient oublié de la rappeler; leur silence ne peut s'expliquer qu'en admettant qu'ils ont voulu éviter de la comprendre parmi les empêchements créés par l'art. 163 (1). Il est évident que la loi du 16 avril 1832 (art. 164) qui permet au chef de l'Etat d'accorder une dispense aux beaux-frères et belles-sœurs s'applique à la parenté naturelle.

A l'inverse une différence certaine entre la parenté légitime et la parenté naturelle est écrite dans les art. 299 et 312 C. pénal. Le premier qua-

<hr>

(1) Demolombe, III, n° 108. — Contra, Loiseau, p. 582.

lifie parricide, le meurtre des ascendants légitimes et non celui des ascendants naturels; le second aggrave les peines encourues par l'auteur de coups et blessures, lorsqu'ils ont été portés à des ascendants légitimes et non à des ascendants naturels. Nous ne saurions justifier une pareille distinction; nous nous bornons à la signaler. Notons aussi que l'article 159 C. civil n'appelle pas les aïeux naturels à consentir, à défaut du père ou de la mère, au mariage de leur petit-fils; cet article leur enlève par conséquent le droit de former opposition à ce mariage, et celui de l'attaquer par une action en nullité; il les prive aussi du droit de consentir à l'adoption.

Voici au contraire une série de décisions à propos desquelles le silence de la loi a fait naître de nombreuses divergences.

D'abord l'application du principe que nous avons posé nous conduit à décider que le conseil de famille de l'enfant naturel devra être composé par les parents ou alliés de son père et de sa mère, conformément aux art. 407 et 408. La majorité des auteurs et la jurisprudence décident que ce Conseil sera formé de personnes connues pour avoir eu des relations d'amitié, soit avec les parents du mineur, soit avec le mineur lui-même. A défaut d'amis le juge de paix, dit M. Demolombe, devra y appeler des personnes honorables et charitables (1). M. Du-

---

(1) Aubry et Rau, I, § 93, p. 381. — Demolombe, VIII, n° 377.

caurroy montre fort bien qu'un conseil ainsi formé au gré du juge de paix ne présente pas les garanties qu'exige la loi ; ce sera dit-il une assemblée telle quelle, qu'on appellera comme on le voudra, mais qui en réalité ne sera rien moins qu'un conseil de famille ; car il sera formé non pas d'amis du mineur, mais d'amis du juge de paix. Aussi le savant auteur enseigne-t-il que les membres de ce conseil doivent être nommés directement par le tribunal civil (1). Mais c'est faire la loi au lieu de l'appliquer ; ces solutions qui seraient peut-être excellentes en législation nous paraissent inadmissibles en droit. Nous croyons qu'on ne devra appeler les amis que dans le cas où il n'y aurait pas en nombre suffisant des parents dans la commune où la tutelle est ouverte ou dans un rayon de deux myriamètres (article 409).

De même nous appliquerons aux descendants naturels l'art. 911, qui annule les donations faites aux descendants d'un incapable, parce que ces donations sont réputées faites à personnes interposées (2). De même en vertu de l'art. 975 nous n'hésiterions pas à rejeter comme témoins du testament authentique, le parent ou allié naturel d'un légataire, jusqu'au quatrième degré.

Ainsi encore nous croyons que les substitutions

---

(1) Ducaurroy, Bonnier et Roustain, I, n° 586.
(2) Metz, 10 juillet 1864. Sir. 65, 2, 64.

au profit des enfants d'un frère ou d'une sœur naturels du disposant, ou au profit des enfants naturels de son frère ou de sa sœur légitime doivent être permises conformément aux dispositions des articles 1049 et suivants.

Nous donnerons encore aux ascendants naturels le pouvoir d'accepter les donations faites à leur petit-fils mineur L'art. 935 contient à ce sujet la règle suivante : « Les père et mère des mineurs émancipés » ou non émancipés, ou les autres ascendants, » même du vivant des pères et mères, quoiqu'ils ne » soient ni tuteurs ni curateurs du mineur pourront » accepter pour lui ». Il n'y a guère de difficultés en ce qui concerne les père et mère naturels ; nous croyons, malgré la controverse, qu'il n'y a pas lieu de distinguer entre les père et mère et les autres ascendants. Les mêmes raisons qui ont déterminé le législateur à autoriser les ascendants légitimes à accepter une donation offerte à leur petit-fils mineur se retrouvent lorsque l'enfant est né hors mariage. L'aïeul naturel doit être aussi bon juge des convenances que le père naturel lui-même, que la loi n'a pas cru devoir exclure bien que la paternité soit pour lui une note défavorable. Refuser ce droit aux aïeuls naturels, ce serait souvent empêcher une donation d'arriver aux enfants nés hors mariage, et la loi ne peut avoir voulu ce résultat lorsque la donation n'enlève à la famille légitime rien de ce qui lui est dû. Ne peut-il pas arriver, n'arrive-t-il pas souvent qu'une fille après avoir eu un enfant, se marie avec un autre homme que son complice, qu'elle abandonne alors aux soins de ses vieux parents le fruit de ses coupables amours, affectant pour complaire à son époux, de se consacrer tout entière à sa nouvelle famille, sans prendre soin de son premier né? le père de l'enfant, ne pouvant le reconnaître, et néanmoins voulant assurer son sort lui fait une donation. La mère mécontente de se voir préférer l'enfant, cédant aux conseils de la jalousie et aux obsessions rancuneuses de son mari, refuse l'offre faite, dans l'espérance que la donation refusée lui sera peut-être personnellement offerte. N'est-il pas humain, n'est-il pas moral, que les aïeux qui ont soigné et élevé l'enfant de leur fille puissent accepter pour lui? Une pareille décision n'est-elle pas conforme aux vœux du législateur?

En vertu du principe que nous avons posé, nous croyons devoir appliquer à la parenté naturelle l'art. 268 C. Pr. d'après lequel nul ne pourra être assigné comme témoin dans une enquête, s'il est parent ou allié en ligne directe de l'une des parties; l'art. 251 C. Civ. qui faisant exception à cette règle en matière de divorce et en matière de séparation de corps, permet néanmoins de reprocher comme témoins les enfants et descendants des parties, enfin l'art. 322 C. Instr. Crim. qui interdit de recevoir les dépositions des ascendants, descendants, frères et sœurs ou alliés au même degré de l'un des accusés (1). Ne retrouve-t-on pas ici tous les motifs de convenance, d'affection présumée, de respect pour les succeptibilités légitimes et les faiblesses honorables du cœur humain, qui ont fait édicter ces articles en vue de la parenté légitime. Ne serait-il pas par exemple révoltant de voir un père naturel forcé de déposer devant la cour d'assises contre l'enfant qu'il a reconnu, et de le perdre peut-être par son témoignage?

Le même principe nous conduit encore à étendre au profit des parents naturels la disposition de l'art. 15 de la loi du 22 juillet 1867 d'après lequel la contrainte par corps ne peut être exercée contre un débiteur à la requête de ses ascendants, descendants, frères ou sœurs, de son oncle ou de sa tante, de son grand-oncle et grand'tante, de son neveu ou de sa nièce, de son petit-neveu ou de sa petite-nièce ou de ses alliés au même degré. Les raisons qui justifient cette prohibition de la contrainte par corps sont les mêmes, qu'il s'agisse de parents légitimes ou de parents naturels. L'affection et le respect qu'un descendant doit témoigner à son ascendant s'opposent à ce qu'il ait le droit de le faire jeter en prison. Si on objecte que la loi n'oblige nulle part l'enfant naturel à respecter son aïeul,

____

(1) Loiseau, pp. 746, et 747. — Boitard et Colmet-Daage, *Leçons de procéd. civ.*, I, p. 482. — Aubry et Rau VI, § 567, p. 154. — *Contra*, Faustin-Hélie, *Traité de l'instr. crim.*, VIII, p. 695. — Demolombe, V, n° 517. Liége, 24 décembre 1823. Sir. 25, 2, 375.

nous répondrons qu'il n'existe pas davantage un texte imposant ce devoir au fils légitime. D'ailleurs l'enfant qui doit respecter ses père et mère manquerait singulièrement à ce respect en retenant en prison des personnes objet de la vénération de ses parents. Et puis cette disposition est basée sur un autre motif; on a craint que les mésintelligences fussent d'autaut plus passionnées, que le lien qui unit ces personnes est plus étroit; *apud concordes excitamentum caritatis* dit Tacite de la parenté, *apud iratos irritamentum odiorum.* Ces inimitiés familiales ne sont-elles pas également dangereuses entre l'enfant naturel et les parents de ses père et mère? Ne peut-on pas craindre que des parents blessés dans leurs sentiments les plus chers par la naissance du bâtard, ne se fassent un cruel plaisir de le retenir en prison uniquement par haine contre lui? Et cet enfant à son tour, pour se venger du dédain dont il a pu être l'objet, ne donnerait-il pas à la société l'affligeant spectacle d'un fils retenant en prison le père ou le frère de l'auteur de ses jours?

Nous interpréterons encore dans le même sens les art. 368 et 378 C. Pr. le premier statuant sur le renvoi d'une affaire à un autre tribunal, parce que l'une des parties est parente d'un membre de ce tribunal, le second décidant que la parenté ou l'alliance du juge avec l'une des parties est une cause de récusation. Nous fortifierons cette décision à l'aide de considérations analogues à celles que nous

invoquions tout à l'heure. Ne peut-on pas craindre
dans ces cas l'influence fâcheuse que peut avoir pour
l'une des parties soit la bienveillante partialité soit
la malveillante inimitié résultant de la parenté naturelle? Tel juge fort honnête pourra, même à son
insu, être fort partial à l'égard de son frère naturel
pour lequel il ressent une vive amitié; il pourra
d'autre part, si son orgueil et sa cupidité ont
été blessés par la naissance de ce frère qu'il
abhorre, se montrer injustement rigoureux à son
égard.

Néanmoins nous n'étendrions pas à la parenté
naturelle la disposition d'après laquelle les soustrac-
tions frauduleuses commises au préjudice d'ascendants,
de descendants ou d'alliés au même degré ne
peuvent donner lieu qu'à des réparations civiles
(art. 380 C. P.). Nous ne croyons pas en cela violer
le principe sur lequel nous nous appuyons, parce
qu'il nous semble que l'origine de la règle dont il
s'agit commande impérieusement de la restreindre
aux seuls parents légitimes. En effet cette règle nous
vient de l'ancienne tradition romaine, d'après laquelle les enfants étaient co-propriétaires du patrimoine de la famille, en sorte que s'ils s'emparaient
d'un objet de ce patrimoine, ils n'avaient pas à proprement parler soustrait la chose d'autrui. Il y
avait là, suivant les paroles employées par le rapporteur du Code pénal, M. Faure, plutôt un manque de délicatesse qu'un véritable délit. Or ceci ne
pouvait s'entendre que des enfants soumis à la

puissance paternelle ; les autres avaient le privilége de posséder en propre tous les biens qui leur advenaient, mais ils ne pouvaient prétendre aucun droit sur le patrimoine commun. Mais en nous attachant ainsi à l'origine historique de l'art. 380 C. P., nous ne l'appliquerions pas même entre l'enfant naturel et son père ou sa mère (1).

Nous ne saurions davantage étendre aux ascendants, autres que le père ou la mère, le droit de répartir leurs biens entre leurs descendants naturels d'après les règles des art. 1075 et suiv. Cette faculté de régler par anticipation le partage d'une succession entre les divers ayants-droit, ne se comprendrait pas vis-à-vis de personnes qui ne sont investies d'aucun droit héréditaire.

Nous voici arrivés à l'examen d'une question qui présente un grand intérêt pratique, et dont la solution nous paraît fort délicate au point de vue doctrinal. Existe-t-il une dette réciproque d'aliments entre les enfants naturels et leurs ascendants autres que les père et mère ? Nous croyons devoir nous prononcer pour l'affirmative. Qu'on ne dise pas qu'il est évident d'après le texte des art. 205 et 207 et d'après l'intitulé du chapitre sous lequel ils ne trouvent placés, que ces articles concernent uni-

____

(1) Chauveau et Faustin-Hélie (*Théorie du Code pénal*, VI, p. 81), appliquent l'art. 380 dans les rapports de l'enfant naturel avec son père ou sa mère mais non avec ses aïeux.

quement les ascendants et descendants légitimes (1).
L'objection ne prouve rien, car si elle était exacte
elle prouverait trop : il faudrait alors refuser aux
enfants naturels le droit de demander des aliments
à leur père et mère, conséquence rejetée par tous
les auteurs.

De l'aveu de nos adversaires eux-mêmes, c'est à
tort que les textes relatifs à la dette alimentaire ont
été placés au titre de mariage, car cette dette
dérive uniquemment du fait de la paternité.
Dès lors de quel droit viendraient-ils nous opposer l'autorité d'un texte dont ils sont les premiers à
s'affranchir? On a allégué encore que la reconnaissance ne doit produire d'effet que contre celui dont
elle émane; il serait injuste que les ascendants fussent liés par le fait d'autrui. Mais nous répondrons
que la reconnaissance ne crée pas la dette alimentaire; d'ailleurs, en matière de filiation légitime, ne
peut-il pas arriver que les ascendants soient liés
malgré eux? Plaçons-nous, par exemple, dans l'espèce de l'art. 314, l'aveu de la paternité est purement facultatif de la part du mari, néanmoins personne n'en conclut que les effets de la filiation
doivent être restreints à la personne de celui qui
s'en avoue l'auteur. Et nous ferons remarquer qu'un
pareil résultat n'a rien d'injuste, car cette obligation à laquelle nous soumettons les ascendants

(1) Aubry et Rau, VI, § 567, note 8.

trouve une juste compensation dans le droit que nous leur accordons de demander eux-mêmes des aliments à leurs descendants naturels. On invoque enfin contre nous l'art. 756, d'après lequel les enfants naturels ne sont pas héritiers des parents de leurs père et mère ; nous répondrons qu'entre les droits successoraux et le droit de réclamer des aliments il n'existe aucune corrélation, aucune connexité nécessaire. Sans doute nous admettons que l'interprète peut se guider pour régler la dévolution de la dette alimentaire, par analogie des règles concernant la dévolution de l'hérédité ; mais il n'y a là rien d'absolu ; pour le prouver, il nous suffit de rappeler que le conjoint est tenu avant tous autres de fournir des aliments à son époux, tandis qu'il n'est appelé à lui succéder qu'au dernier rang parmi ses héritiers.

Ces objections écartées, nous nous retrouvons en présence de la règle que nous avons établie dès le début, à savoir que la parenté naturelle doit produire, sauf exception formelle, les effets attachés à la parenté légitime. Ce principe ne saurait recevoir une application plus équitable plus rationnelle que celle que nous proposons actuellement ; il s'agit ici d'une dette essentiellement favorable, d'une obligation que la nature a imposée à tous les parents : pour la restreindre aux parents légitimes il faudrait une disposition spéciale de la loi. Nous sommes encore confirmés dans cette décision par l'autorité de la tradition. Dans le droit romain où l'obligation alimentaire pesait sur la mère naturelle, il était admis que cette obligation devait remonter aux ascendants maternels. Merlin nous apprend que les parlements d'Aix et de Grenoble se prononçaient également en ce sens.

Néanmoins la jurisprudence actuelle paraît bien fixée en sens contraire. Un arrêt de la Cour de Douai du 9 mars 1816 qui tranchait la question comme nous venons de le faire, a été cassé le 7 juillet 1817 (1). Parmi les auteurs, tandis que les uns restreignent la dette alimentaire aux rapports personnels du père ou de la mère avec l'enfant (2), les autres enseignent que cette dette existe seulement entre un ascendant et les enfants légitimes de son fils naturel (3) ; mais nous ne saurions nous arrêter à cette dernière solution, et la logique nous conduit à admettre une obligation alimentaire réciproque, non-seulement entre un ascendant et les enfants légitimes de son fils naturel, mais encore entre cet ascendant et les enfants naturels de son fils naturel.

(1) Sirey, 1817, 1, 289.
(2) Aubry et Rau, VI, § 567, p. 151.
(3) Demolombe, IV, n° 21, V. n°˙ 550 et 551. — Oudot, p. 173. — Morelot, pp. 117 et 118.

POSITIONS

—

DROIT ROMAIN

I. — Le concubinat ne mettait pas à l'abri des déchéances prononcées par les lois caducaires contre les *cœlibes* et les *orbi*.

II. — La présomption *Pater is est* était applicable aux enfants nés du concubinat aussi bien qu'aux enfants légitimes.

III. — Les enfants issus du concubinat étant appelés par le préteur à la succession de leur père, au rang des cognats.

IV. — La rédaction d'un *instrumentum dotale* était nécessaire pour légitimer les enfants nés du concubinat.

V. — Entre personnes présentes le mariage se forme en droit romain *solo consensu*.

VI. — La maxime *dies interpellat pro homine* n'a jamais été reçue en droit romain comme un prin cipe général.

DROIT FRANÇAIS

I. — La reconnaissance forcée assure aux enfants naturels les mêmes droits que la reconnaissance volontaire.

II. — Les père et mère naturels sont investis de la tutelle légale de leurs enfants, aussi bien que les père et mère légitimes.

III. — L'enfant prend la nationalité du père naturel qui l'a reconnu, à moins que la loi nationale de ce dernier n'attribue pas cet effet ou n'attribue aucun effet à la reconnaissance.

IV. — La possession d'état n'est pas une preuve de la filiation naturelle.

V. — En matière de filiation naturelle l'acte de naissance ne suffit pas à prouver le fait de l'accouchement.

VI. — Le mot *vol* ne doit pas être entendu dans l'art. 2279 2° du Code civil suivant le sens strict attribué à cette expression par le Code pénal.

DROIT CRIMINEL

I. — La diffamation envers les morts n'est pas un délit qui tombe sous le coup de la loi du 17 mai 1819.

II. — Les simples particuliers sont autorisés en vertu du décret du 19 septembre 1870, à poursuivre directement les magistrats et fonctionnaires en matière correctionnelle et leur droit ne saurait être paralysé par l'inaction du procureur général.

DROIT DES GENS

I. — Les principes du droit des gens réprouvent entre nations civilisées les représailles de guerre exercées contre les biens et surtout contre la vie des particuliers.

II. — Lorsque des prisonniers de guerre parviennent à s'échapper, reprennent les armes et tombent encore une fois au pouvoir de l'ennemi, ils ne peuvent pas être punis pour avoir pris autrefois la fuite.

Vu par le Président de la thèse,
C. BUFNOIR.

Vu par le Doyen,
G. COLMET-DAAGE.

VU ET PERMIS D'IMPRIMER,
Le vice-recteur de l'Académie de Paris.
A. MOURIER.

TABLE DES MATIÈRES

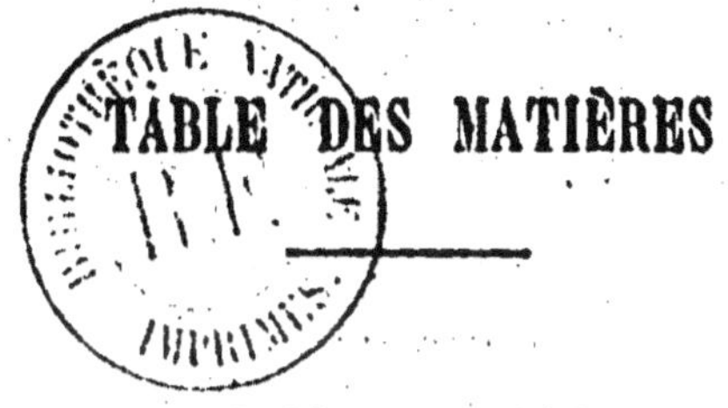

DROIT ROMAIN

ANCIEN DROIT

LÉGISLATION INTERMÉDIAIRE

DROIT CIVIL FRANÇAIS

PREMIÈRE PARTIE

DEUXIÈME PARTIE

III · PARIS. — IMPRIMERIE F. PICHON, 14, RUE CUJAS

PARIS. — IMPRIMERIE F. PICHON, 16, RUE CUJAS